JAPANISCHE ARCHITEKTUR

建築家・吉田鉄郎の
『日本の建築』

JAPANISCHE ARCHITEKTUR, 1952

吉田鉄郎＝著

薬師寺厚＝訳
伊藤ていじ＝註解

鹿島出版会

JAPANISCHE ARCHITEKTUR
by
Tetsuro Yoshida
Copyright © 1952 by Ernst Wasmuth G.m.b.H. Berlin, 1952
All rights reserved
including the right of reproduction
in whole or in part in any form.
Published 2003 in Japan
by Kajima Institute Publishing Co., Ltd.
Japanese translation rights arranged
with Ernst Wasmuth Verlag GmbH & Co.
through Japan UNI Agency, Inc., Tokyo.

日本建築学会賞 1952年度 第3部会（業績）

表彰業績に対する推薦理由

日本建築学会賞委員会

　この著書は同君が既に1935年同じWasmuthから発行した"Das Japanische Wohnhaus"（日本の住宅）と共にドイツ語で書れた著述である。その工夫された独特の記述によって、日本の建築を広く外国に紹介し外国人に日本の建築の特性を理解させ各国の研究者に好評を博しつつあり寧ろ唯一のより処ともなっているなどその功績は極めて顕著なものがある。然もこの「日本の建築」は優れた建築設計者としての著者の史観と説明を以て組立てられ、挿図の選択作成まで細心の注意を払われた点、すべての著者の芸術的作品ともいうべき労作である。

　学会賞委員会はこの著書の上記の功績と同時に、優れた著述として推薦し、昭和27年度の学会賞を贈る価値あるものとして推薦したのである。

拙著『日本の建築』について

吉田鉄郎

本書で筆者は一建築師の立場から、外国の建築家併びに建築に関心をもつ教養階級の外国人に日本の建築を紹介し、できれば日本文化の一端にも触れてみたいと思った。従って専門的に余り固くせず、文化史を背景にしながら自由に批判も加えて面白く書いてみたいと思った。勿論そう思ったところで、学識のない、語学の素養に乏しい筆者などに、そう注文通りにいく筈もないが……。

まず建築と環境との関係を強調し、建築を環境から切放さずに常に環境も関連して扱うことにした。次に日本建築の中心は日常生活のための建築、つまり住宅であって、仏寺建築の場合でも優れたものにはやはり住宅的な色彩が濃いというところから、この色彩を主題として書物を単一的に纏めたいと思った。挿絵にはわれわれの眼でみてほんとうに美しいと思うものを選び、たとえ建築史的に有名でも、現代建築の発達に貢献しないとか、有害だとかいうようなものはすべて省いた。「外国人向き」などという妥協的な考えをもたなかったことは勿論である。

序言でこんなようなことを述べ、本文を1 概説、2 史的概観、3 原始住居、4 神社、5 仏寺、6 帝都と皇居、7 城と城下町、8 公卿住宅と武家住宅、9 茶室と茶庭、10 農家 に分ち、それに結語をつけた。劇場等の章も一応考えてはみたが、調子が違うので止めた。

概説では、まず日本建築の二重性を指摘し、ヨー

ロッパの木造建築と対比しながら日本建築の特性を、日本の風土、民族性を基礎に多方面から観察した。史的概観の章では、原始時代、古代（飛鳥、奈良、平安）、中世（鎌倉、室町）、近世（桃山、江戸）、現代の四時代に大別し、ヨーロッパの歴史と連絡をとりながら日本の文化、建築の時代的特性を明らかにした。特に桃山、江戸の両時代は従来とはやや違った角度から眺めた。なお本章では従来の時代名もあげたが、他章では何世紀とのみ記した。

　神社の章では、建築と環境との関係を特に強調したいと思い、絵巻物の手法などを取入れ多少工夫して作った配置図を添えた。日本建築、特に神社では建築様式、細部などよりもその環境と配置の問題がいかに重大な意義をもつかということ、神社のこういういかにも自然な在り方が今日の記念建築に何かすばらしい暗示を与えるのではないかということを力説した。日光廟の建築そのものよりも却って日光街道を重視したのもこういう意味からであった。以上の見解から神社様式の変遷などに余り興味をもたなかったのは当然で、寧ろ神道、神社の文化史的な説明に力をいれた。仏寺の章では、法隆寺には大陸的色彩が少なくないとか、法華堂、特にその背面は仏寺建築の代表作であるとか、夢殿よりも栄山寺の八角堂がいいとか、鳳凰堂はどちらかといえば工芸的建築である上に、大衆的で薫りの高さがないとか、勝

手な批判を加え、円覚寺の舎利殿その他唐様系統の
ものには、その繁雑さの故に共鳴せず、また唐様とか
天竺様とか和様とかいう様式上の詮索にも余り興味
をもたなかった。

　帝都と皇居の章では、建築の背景として都市を相
当丁寧に扱った。城と城下町の章では、ヨーロッパ
の城と比較しながら城の構造を説明した。天守閣そ
の他城の建築は防火建築の発達という点からは興味
深いが、美的には余りいいものではなく、城の価値は
寧ろ城全体の人工的自然美にあるという見解から、
例えば天守閣をもたない旧江戸城、つまり今の皇居
を取上げ、土堤、石垣、濠などを含む一体の地を現代
都市の中心地として世界無比のものだろうと述べた。
公卿住宅と武家住宅の章では、桃山式の豪華な書院造
をヨーロッパのロココ、バロッコ（原文ママ）に比べ、
徳川幕府の建築制限令によって住宅が却って健康に
なったという風にみた。飛雲閣は傾向の全く違う諸
要素の欲ばった寄集めで、その効果は騒々しいと評
した。

　茶室と茶庭の章では、余りひねくらない素直な例
をあげ、伝説なども織りまぜて茶の美学を分かりや
すく説明したいと思った。

　結語では、日本建築の特性は結局、自然とのすばら
しい融合、材料感の発揮、清純性、日常性、規格統一な
どにありとし、特に規格統一には建築過程の簡素化

という実際問題に意味があるばかりでなく、型によって小我を殺し、型を越えて大我を生かすという、日本芸術に特有な、型の尊重の概念も含まれているものとみ、日本建築の控え目な、落着きのある、倫理的な美しさは大いにこの規格統一と関係があろうと述べた。そして以上の日本建築の特性こそ世界の新建築の道標になろうと結んだ。

　乞われるままに手前味噌をならべたてたが、学識のない筆者が幼稚きわまる書物を作り、せっかくの日本建築を冒瀆しなかったかと実は心配である。それにしても兎に角一書に纏め得たのは全く建築史その他各方面の学者各位の御蔭であって、茲に改めて厚く御礼を申し上げる。

『建築雑誌』vol.68、no.799、1953年6月号より転載

本文中の脚註とルビは註解者による

▶ 原書は日本人建築家がドイツ語で執筆し、1952年にドイツの出版社エルンスト・ヴァスムートから刊行されたものである。また、訳書の初版は1972〜73年に東海大学出版会より『日本の建築──その芸術的本質について I・II』(東海大学文化選書)と題されて刊行されている。今回の再刊にあたっては、この訳書のテキストを使用した。

▶ 原書、訳書初版、そして本書と、刊行時期が三世代にわたることになる。その間に日本建築の史的研究も展開し、原書と訳書初版のそれぞれには今日の一般的な学説と異なる記述もある。
本書の脚註は、こうした点を補足することを第一義としている。同時に、歴史的な事象の解説を加えることで、原書と訳書初版の叙述の背景を補完することを企図している。
原書に註記はない。訳書初版での註記については、脚註のなかで明記した。

▶ 用語や語句の使用については、訳書初版のテキストを基本としたうえで、今日の読者に読みやすいように漢字の開閉や単位の表記などを整理した。
なお、レイアウトについては、原書のイメージをできるだけ踏襲するように努めている。原著者は図版の選択や字体のデザインなどに細心の注意を払って著作をまとめたといわれるからである。

カバーデザイン=山口信博
本文デザイン=高木達樹

我が敬愛なる友人、
京都帝国大学教授・三浦百重博士に捧ぐ

参考文献

洋書

Balzer, F., Das Japanische Haus.Eine bautechnische Studie., Berlin 1905
Balzer, F., Die Architektur der Kultbauten Japans, Berlin 1907
Berliner, Anna, Die Teekultur in Japan.Japan-Bibliothek der《Asia Major》Band I. Leipzig 1930
Brinckmann, Justus, Kunst und Handwerk in Japan, Berlin 1889
Fujii, K., Japanese Dwelling House. Tōkyō 1930
Harada, J., The Lesson of Japanese Architecture.Ed.by C.G.Holme.(The Studio) London, New York 1936
Kishida, H., Japanese Architecture (Tourist Library:7). Tōkyō 1935
Kishida, H., Japanische Architektur.Übersetzt von A.Petzold (Japan-Bücherei 2)., Tōkyō 1941
Kümmel, O., Japanische Baukunst in《Wasmuth Lexikon der Baukunst》., Berlin 1929
Morse, E., S., Japanese Houses and their Surroundings., London 1886
Okakura, Kakuzo, The book of Tea.Second edition. Sydney 1935.(Zuerst 1906 in Amerika erschienen,wo das Buch viele Auflagen erlebt hat.)
Okakura, Kakuzo, Das Buch vom Tee.Insel-Bücherei 274., Leipzig
Taut, Bruno, Grundlinien der Architektur Japans., Tōkyō 1936
Taut, Bruno, Fundamentals of Japanese Architecture. Tōkyō 1937
Taut, Bruno, Houses and People of Japan., Tōkyō 1937
Tsudzumi, T., Die Kunst Japans. Leipzig 1929
Yoshida, Tetsuro, Das Japanische Wohnhaus, Berlin 1935

和書

足立康	『日本建築史』、1940、東京
天沼俊一	『日本建築史図録』、1933～39、京都
藤島亥治郎	『日本建築史』、1930、東京
藤田元春	『日本民家史』、1937、東京
堀口捨己	『草庭』、1948、東京
堀口捨己	『利休の茶室』、1949、東京
石原憲治	『日本農民建築』、1934、東京
伊東忠太	『日本建築の研究』2巻、1937、東京
喜田貞吉	『帝都』、1939、東京
岸田日出刀	『過去の構成』、1927、東京
岸田日出刀	『日本建築史』、1932、東京
今和次郎	『日本の民家』、1923、東京
大岡實	『日本建築様式』、1934、東京
大類伸・鳥羽正雄	『日本城郭史』、1936、東京
太田博太郎	『日本建築史序説』、1947、東京
大田静六	『日本の古建築』、1943、東京
田辺泰	『日本住宅史』、1928、東京
田澤坦・大岡實	『図説日本美術史』、1935、東京
関野克	『日本住宅小史』、1942、東京
関野貞	『日本建築史講話』、1940、東京
関野貞	『日本の芸術と建築』、1940、東京
保岡勝也	『茶室と茶庭』、1924、東京

目次

日本建築学会賞　表彰業績に対する推薦理由　3
拙著『日本の建築』について　4
参考文献　10

序言	13
I. 概説	16
II. 史的概観	26
III. 原始住居	41
IV. 神社	48
V. 仏寺	76
VI. 帝都と皇居	108
VII. 城と城下町	126
VIII. 公卿住宅と武家住宅	140
IX. 茶室と茶庭	167
X. 農家	194
結語	213

訳者のことば　216
註解者のことば　219
索引　225

序言

　1935年の『日本の住宅』発行以後、著者は日本建築の全領域を包含する第二の著書の発表を志した。戦前にその仕事はすでに終了していたが、戦争の勃発によって発行がさまたげられた。今日の立場から考えると、著者が戦後再び著作に努力し、根本から書き直し、長年の仕事をついに完成することができたのは幸運であったように思われる。これは何年間もなおりにくい病に悩まされている著者にとって大変うれしいことである。

　日本建築はこの著書において、建築史的に、また芸術的見地から取り扱われる。そしてアーキテクトである著者にとって後者が決定的な意義をもったことは自明のことであった。

　建築芸術についての多くの著作は、建築物自体を取り扱い、建築物と環境の間の関係についてあまりにも考慮していない。

　しかしその環境と無関係な建築は考えられない。真によい建築の名に値する建築は、必ずその環境に適合し、両者の間の調和した結びつきが、その美しさを完全に発揮する。このことはすべての国の建築、なかんずく建築がしばしば自然の環境に従属する日本建築についていえる。この原則をここでとくに強調したい。なぜなら例えば周囲の自然と無関係な神社建築は考えられないし、また芸術的につくられた自然というべき庭園と無関係に住宅は理解できないからである。

　最初は日本庭園もこの著書で取り扱うつもりであったが、著作の範囲が拡がりすぎる。しかし茶室を取り扱う際、茶庭と離すことは、両者が互いに混じり合って、時には茶室が茶庭の一部として考えられるので、全く不可能である。著者は茶庭についての章が同時に茶庭に強く影響されている日本の一般的な庭園の理解に役立つことを希望している。

　都市計画と村落形態についても詳細に取り扱った。個々の建物は都市や村落と関連してのみ正しく評価することができるからである。

　結論として著者は、日本建築においては記念的建造物ではなく、日常生活

のための建築、すなわち住居用建築が最重要の位置を占めることを示すのに重点をおいた。傑作として万人の認める日本の建築物は、中国から由来した建築の場合でさえも、ほとんどいずれも住宅建築の性格をもっている。この書の図版はこのことを明らかに表現しているであろう。

　この著作は文化史的な範囲に限っている。そして、それゆえ専門的な著作につきまとう無味乾燥を避けることが望ましい。確かにそれには種々の文化の領域に対する幅広い知識が必要であり、それを著者はもちろん完全である自負はなく、限られた自分の知識をはっきり自覚しているが、最善の努力を払って求めることに努力したつもりである。

　その他に言語上の困難が仕事を難しいものにした。それで著者は目指した目標が、ただ部分的にしか達せられなかったように思っている。しかし後の機会に著作の補追をすることにして筆を置いたのである。

　最初は非常に多数の図版があったが、繰り返し整理された。真に善いもの、真に美しいもの、何らかの方法で近代建築の母体となるもの、そして新しい建築の創造に寄与することのできるものが採用された。もちろん文化史的に興味のあるもの、建築の発達の理解のために著書に必要なものもまた採用された。しかし一方、単に建築史的に有名なものであっても、現代には有用でなく、むしろ害となりうるものはすべて放棄された。

　著者はこのささやかな仕事が、専門家また一般の方々にも日本の建築と日本の文化をよく認識して戴くのに役立つことを希望している。

　著者は参考として使わせて戴いたすべての書籍の著者に感謝しなければならない。また貴重な写真をこの著書に使用することを快く許された方々に心からの感謝を表明する。同様に、この著書の完成に必要な図面の作製、写真の収集などに献身的な助力をしてくれた、多くの若い友人達にここで感謝の意を述べる。

　以前はBerlin、今はLondonに居られる、Charlotte Jolles博士の、彼女の原稿の整理、印刷についての長年の助力については、著者の感謝の念は筆に尽くしがたい。彼女の友情にあふれた細心の助力がなかったら著書の発行は不可能であった。

　最後に著者はGünther Wasmuth氏の変わらぬ友情ある心づかいを感謝し、併せて将来の御多幸をお祈りする。

1951年5月　東京にて

　　　　　　　　　　　　　　　　　　　　　　　　　　　　　　著者

I. 概説

　日本の国土は、アジア大陸から近い太平洋の中の島である。そして日本民族は、北方、東方、南方アジアから移住した、各種の混合民族であり、最古の日本の歴史が語るように、原始的な日本建築の発展の共通の基盤を形成している。

　西暦6世紀の半ばに仏教と共に、技術的には非常に高度に発達した、しかし本質的には全く異なる大陸の建築が日本に伝来された。

　日本の原始的な民族建築は、基本的性格を失うことなく、大陸建築の影響によって洗練され、導入された大陸建築は、その大陸的性格を全く失うことなく次第に同化され、日本建築の重要な構成部分となった。

2　古来有名な中部日本の木曽地方の檜と椹の森林

　日本建築はそれゆえ、我々が日本の民族建築と呼ぶ土着の日本建築と、日本にとり入れられた大陸建築を包含している。それで日本の建築は、一方では神社、宮殿、住宅、茶室のような単純さと明快さを示すが[*1]、他方で仏寺その他がもつ一種の装飾的な複雑さといかめしい形式主義的な面をもつ、二重性[*2]が生じている。そして最初に述べた方向が、日本建築の主流を形成している。

　19世紀の終わり、開国と共に西洋の文化に伴って、材料、構造、形態の点で、すべて本質的に在来の日本建築と異なった西洋建築も流れ込んだ。この時以来、日本の建築は純アジア的ではなくなり、

[*1] 形態の見かけの二重性は存在しているが、神社などと仏寺とを対比させるのは、事実とは合わない。例えば日光東照宮は神社であるが、装飾的で単純明快な建物とはいえない。

[*2] 建物の種類を問わなければ、「二重性」があるのは事実である。B.タウトは、それを「天皇の建築と将軍の建築」と対比させたが、同一人物が、廟のような装飾的な建物をつくるかと思うと、数寄屋普請のような簡明な建物をつくることの二重性は、日本人の思想の構造そのものにかかわりがあるようにみえる。

国際的になった。ヨーロッパとアメリカの近代建築の発展と並行して、日本にも近代建築*3が浸透し、今日では指導的な立場にたっている。当初はヨーロッパから導入された新しい建築を「西洋建築」と呼び、一方伝統的建築を前者と区別するため「日本建築」と呼んでいた。日本建築は単に過去の芸術の記念物として価値あるのみでなく、新しい建築の母体となった。

それゆえ、この伝統的な日本建築の叙述はこの書の大部分を占めている。日本建築には、建築の種類と建築様式が多くあるが、当然国土と民族による、自然と人間の条件に基づく共通の特性がある。これらをここで説明しよう。

3 東大寺境内の校倉造宝庫／奈良

根本的な日本建築の特徴は古代から今日に至るまで、木造建築に終始してきたことにある。

世界の多くの国々でも、最古の建築は木造であった。しかし時の経過と共にほとんど石造、煉瓦造に移行していった。これに対して、日本の家屋は大都会においても今日なお大部分は木造のままである。日本には花崗岩が多量にあり、古代でも墓地に使っていた。しかし花崗岩も、中国から導入された煉瓦も、家屋の建築には使用されなかった。その理由は良質の建築用木材が無尽蔵にあったからである。

日本は古来豊かな降雨量と多湿のため、多量の良質の木材を供給する森林に最近まで覆われていた国であった。サイプレスの一種である檜 (Chamaecyparis obtusa Sieb, et Zucc.)、檜の一種であるヒバ (Thujopsis dollabrata Sieb. et Zucc.)、同じく檜の一種サワラ (Chamaecyparis pisifera Sieb.et Zucc.)、ヘムロック樅の一種であるツガ (Tsuga Sieboldii Carr.)、スギ科の一種である杉 (Cryptomeria japonica D. Don)、赤松 (Pinus densiflora Sieb.et Zucc.)、黒松 (Pinus Thunbergii Parl.)、ケヤキ (Zelkova Serrata Makino)、などが主な建築用材である【図2】。とくに美しく腐朽しにくい木材は檜である。古来重要な建築には檜材がつねに使用され

---

*3 古典的な様式の西欧建築と原著者の設計思想に近い近代主義 (モダニズム) 建築を指している。これらがほとんど同時に入ってきたという意味である。同じアジアでも、インドなどでは西欧風の建築が先に入り、近代主義建築は戦後独立して後のことといってよい。

4 京都桂離宮の一部／藤島亥治郎教授撮影

てきた。実例として約1,300年前の有名な法隆寺はこれで建てられ、今日までよく保存されている[*4]。神道で最高に神聖な伊勢神宮は7世紀以来、通常20年ごとに新しい檜材でつくりかえられている。

日本の神話で明らかなように、我々の遠い祖先は、すでにこの材を最善の建築材と認めていた。

日本には大体、組積造と架構構造（または柱構造）の2種の木造建築がある。組積造は木材の豊富な地方では一般的であり、今日でも中国、インド、ソ連、スカンジナビア、ドイツ、スイスおよびアメリカの一部で住宅建築として建設されている。組積造は日本にも古くは存在したが、多分、気候上やその他の理由から続いてつくられず、ただ倉庫建築にのみ用いられ、今日なお奈良の皇室の宝庫・正倉院[*5]、および古い寺社の施設にその実例が伝えられている【図3】。組積造建築の壁は、日本では主として三角形の断面の梁状をしている。角材の壁は極めて稀である。

木造の架構構造（柱構造）もまた古くから、東洋でも西洋でもよく知られ普及していた木の家屋構造である。日本の建築はほとんど全部が、柱が構造の荷重を受け持つ架構構造になっている。柱の間の部分は通常、煉瓦、粘土、厚板または他の材料で埋められるが、空のままにしておくこともできる。日本の家屋の場合には、ほとんどすべての柱の間は引き開けることができ、取り外しの可能な戸がつけられている【図4,5】。これらの戸は精巧に組まれた木の格子でできていて、外壁には採光のため、うすい、白い、光を透す紙が貼られる。一方、間仕切壁として使用される戸は、両面に厚手の壁紙のような紙が貼られている。場所によっては、うすい木材の引戸を使う。西洋建築の導入以来、紙の他にガラスと木材も使用される。

引戸と襖を開くこと、または取り外すことによって、家屋と外界の境界

[*4] 現在の法隆寺境内には、各時代の建物が存在している。
[*5] 正倉院は元来は普通名詞で、古代の中央地区官庁などの正倉（税物などを納める倉）一画地を指している。ただ寺院では東大寺に正倉院が存在し、その中の一棟の正倉が現存のものである。宝庫という美称があたえられているのは、聖武天皇ゆかりの御物が納められる倉であるから。

はほとんど完全になくなる。このような家屋の開放性は、壁が荷重を支える構造的な耐力となっている石造や煉瓦造の建築では不可能である。多分、木造建築の変化の可能性は、日本の気候の条件と密接な関係があり、なぜ木造を固守したかの根本的な原因であ

5　京都桂離宮の障子のついた縁側

ろう。中国や北ヨーロッパの国々のようなきびしい気候の下では、寒気に対する防護のため木造から石造または煉瓦造に移行することは必要である。日本の気候はしかし大体温和であり、日本で最も不愉快な季節は夏である。日本の緯度は低く、東京は北緯35度41分であり、夏には太陽はほとんど直上にあって、夏季の熱は高い。暑さはしかし耐えられないほど悪くはない。夏の気候を不愉快なものにするのは、空気が多量の湿気を含むことであり、それは夏に非常に高く、これに反して冬は低いのである。

ヨーロッパのベルリン、パリ、ロンドンのような大都会では空気中の湿度は6月に最低であり、12月に最高になる。東京ではそれが反対になる。気温が最高の季節6〜9月の間は最高の湿度に悩まされ、一方最も乾燥した季節は12〜2月である。このことは夏季の東京では、気候条件の同様な本州の他の部分と同じように、多湿が人体からの発汗を困難にすることを意味する。人は汗をよくかき、重苦しい、不愉快な、蒸し暑さに悩まされる。これに反して島国である日本の位置から生ずる海洋性の気候は、冬の乾燥した寒さを柔らげる影響を与える。このように日本では夏の気候が、冬よりずっと不愉快であり、建築においては夏季の気候に真先に注意が払われるべきである。これに反して北欧の人々は、逆にとくに冬の気候を考慮しなければならない。

夏季の気候の考慮は日本の建築の根本となる原則である。有名な仏教徒の隠遁者、吉田兼好(1283年ごろ〜1352年以後)はこの問題にすでに関心をもっていた。彼の有名な随筆集『徒然草』(余暇の記録)中で「家の造りやうは夏を

むねとすべし、冬はいかなる所にてもすまる。暑き頃わろき住居は堪へがたき事なり……」[*6]と述べている。

気温は高いが湿度の低い国々では、エジプトやイタリーの家屋に見るように、熱気に対する防御は厚い壁と、熱気を室内に入れぬよう密閉した小さな窓によるのが最上の方法である。しかしこの方法は、高温の他に多湿が加わり、人の体が彼をとりまく湿気にみちた空気によって、体から水分の蒸発が不可能で、つねに汗まみれになっている日本では、全く解決策にならない。ここでは強い通風によってのみ涼しさが得られる。それで純粋に気候上の理由から、日本の家屋に開放性は絶対的に必要であり、木造が日本の気候に最も適合している。日本にはそれゆえこれ以外、木造が石造や煉瓦造に変わらなかった原因も必要性も全くない。

この材料面での木造堅持の前提条件に、日本人の本質に根ざした精神的なものが加わっている。日本人のとくに清純さを愛好する心に根ざした、新鮮な、素地のままの木材に対する好みは重要な役割を演じている。この清純を愛好する心は、衛生的な清潔さよりは、精神的、審美的な意味が強く、恐らく神道から由来したものであろう。このうえにつねに人生の無常を説き、家の崩壊や焼失もまた自明のこととする仏教徒の諦観的な考え方が加わっている。

さらに日本においては都市の発展はおくれ、都市の住民は市民精神と責任に欠け、耐火建築の発達を阻害した。現在の東京の前身・江戸は19世紀の半ばに100万人以上の人口があった。人口に関するかぎりでは東京は当時世界最大の都市であった。しかし本質的にはひとつの大きな村落にすぎず[*7]、市民は農民であるにすぎなかった。彼らは自分の家をしばしば起こる火災から守ることを怠り、そのうえそれを彼らの非利己性のしるしとして誇りにさえ思っていた[*8]。

日本の架構構造は種々の点で、ヨーロッパのものと異なっている。後者にあっては柱の間の部分は主として煉瓦である。日本では煉瓦は柱と柱の間の壁を埋めるのに用いられなかった。神社では普通、組積造の壁から由来すると思われる厚板が柱間の壁として使われる。一方、他のすべての種類の建物、

[*6] 兼好が住むような住宅形式では、そうであったということであろう。当時の民家では寒さを防ぐことに重きをおかなければならず、小規模で建具をつくるのは高価であったから、夏をむねとする住宅をつくることは、民家ではなかったと考えられる。ただし原著者は、当時の中流上流の住宅を考えているから、夏をむねとするのは説得力をもち、原著者の時代の住宅の設計思想にもつながるということであろう。
[*7] 大火など考える必要のない農村同然という意味であると思われる。実際の江戸には農民も住んでいたが、大部分は、将軍・旗本・大名とそれらの家族、勤番の地方武士、商職人およびその他サービス提供者。
[*8] 「火事と喧嘩(けんか)は江戸の華」という俚言を指しているのかと思われる。

6 京都の土蔵造の連続した酒倉*10
7 京都のある街路の長い土蔵
8 東日本の宇都宮地方産の多孔の軟石張り（大谷石）の連続した土蔵

仏寺、宮殿、住宅、茶室には、竹の小舞を使って、粘土壁がつくられる。

なお日本の架構構造では柱間の壁の厚さは、いつも柱の太さより薄く、柱の中心に置かれる。それで柱は外部からも内部からも見ることができる。柱は構造上の意義ばかりでなく、装飾的要素として、内外の構成に支配的な役割をもっている。ヨーロッパの中世の架構構造では、大体、柱は外部にのみ表れるが、内部は覆いかくされている。

神社と仏寺の場合、柱は太く、主として丸い断面である。一方宮殿や住宅では細く角形の柱が使用される。茶室にはより細い丸太を使う*9。この種の建築法の架構

には斜めの部材はなく、方杖もない。それゆえ日本でしばしば起こるふたつの自然現象、台風と地震に対して抵抗力がない。これらの構造的欠点はただ構造的知識の欠如によるものか、あるいは様式上の考慮によるものかは明らかでない。

---

*9 このような一般化は事実とあわない。丸柱、角柱はどの種類の建物でもといってよいくらいみられ、1棟のうちで丸柱、角柱を混用する例もみられる。しかしここではこの件は、原著者の見解としてみるのがよいと思われる。
*10 京都市内のうちの伏見らしくみえる。

近世になって初めて、しかもただ天皇、将軍、大名の城廓の一部の特殊な家屋にのみ、現在の立場からみれば極めて原始的な耐震的構造がみられる。日本の建築は大地震を考慮して発達したとしばしば主張される。しかしこれは大変うたがわしい。日本建築の架構構造はすでに述べたように、斜材の欠如、家屋の開口性のために柱が少ないなどの理由で、少なからざる構造の弱点をもっている。そのうえ架構は、それに固定されず、ただ載っているだけの非常に大きく重い屋根を荷っている。しかし以上のことにもかかわらず、日本の建築が木造に終始し、煉瓦造や石造に変わらなかったことは、木造が石造や煉瓦造よりは地震に対して安全であるので、幸いな現象であったといえよう。現在の進歩した技術によれば、木造は地震に対して全く安全につくれる。

　一方で火災に対しては、これを完全に防ぐことはできない。しかし日本には2、3の多少の耐火性のある建築法が発達した。都市や村落の富裕な家々には、一棟ないし数棟の土蔵と呼ばれる倉庫が附属している。このような倉庫は厚く漆喰で塗られた架構構造で、中には貴重品が、火災、盗賊から守られている【図6〜8、287】。土蔵はすでに日本の中世からあった。そして16世紀に城廓建築が発展したとき、土蔵の構造法が採用された。

　1657年に江戸に起こった大火後、半耐火的な商家[*11]が漸次発達した。これも土蔵の建築様式でつくられ、土蔵造と呼ばれるようになった（「造(つくり)」とは様式を意味する）。

　日本の建築はつねに長く突出した、大きな屋根がついている。それは普通の住宅では、ただ榱(たるき)[*12]を延長してできている。仏寺とこれに影響された建築では、とくに突出した屋根とそれに関連して芸術的な、桝組(ますぐみ)と呼ばれる肘木の組立が見られる【図94】。日本建築の屋根の大きな広がりは、もちろん気候条件に原因するもので、日本の大きな降雨量によるものである。雨は日本では一年を通じて降り、しばしば強い風を伴う。東京の年間平均降雨量は1,537mmであるのに、パリでは723mm、ロンドンでは610mm、ベルリンでは582mmである。このように日本では北欧の2〜3倍の雨が降る。初夏は、梅雨(ばいう)または「つゆ」と呼ばれる雨季である。こまかい雨が毎日毎日約1ヵ月も続く。そして生ずる暖かい湿気は人間に不快で不健康であるのみならず、糸状菌の発生を促し、木材その他のものを腐敗させる。換気をはかるためには降雨時でも窓を開けねばならない。それで広く突出した屋根は日本の建築に

---
*11　江戸の土蔵造の店舗（店蔵）を指しているもののようである。関西の土蔵造より壁が厚く、腰巻、腹巻と称し、外壁下部と軒下部分をとくに厚くしている場合もある。
*12　もとは「垂木」と書いていた。「榱(すい)」は「むち」という意味であったが、江戸時代に「垂木」を一字につめて「たるき」の意と同じにした。

欠くことのできないものである。またそのうえ、これは夏季に扉や窓、または同様に壁面を直射日光から守り、一方冬季には日光の差し込むのを妨げない大きな意味をもっている。屋根はその深い影によって日本の建築に水平な、静的な、安定した外観を与える日本建築の本質的な特徴である。

一般的な屋根の形は、切妻、寄棟、およびその他に寄棟の変形で入母屋と呼ばれる、切妻の妻部に降り棟のついたものである【図66】。これは極東と南海の島々にのみ多く、とくに中国、朝鮮および日本で発達した。普通、屋根葺材は瓦である。瓦、そしてヨーロッパの「僧と尼僧」に相当する特殊な形式の瓦*13は、大陸から仏寺建築に伴って輸入され、主として仏寺建築に使用される。屋根面は平面でなく、やや凹面で軒は両端でいくらか上方に反っている。これは屋根に一種の美的な外観を与える。これはもちろん中国の建築の影響によるものであるが、中国の屋根とくらべると、日本のはごくすこし反っているだけ安定した感じである。神社には古来から今日に至るまで、瓦屋根は明らかに好まれていない。

一般の住宅は17世紀に日本で発明された桟瓦で葺かれている。ここでは屋根面は大体平面で、凹面のものは稀である。瓦は日本ではほとんど全部銀灰色で、霧の多い日本の風景ときわめてよく調和している。日本独特の屋根は檜皮葺きである【図154】*14。これは檜の皮の小片で葺かれたものである（「ひわだ」とは檜材の靱皮をいう）。檜皮葺きでは薄い、良質な檜の皮の小片を何層にも交互に葺き、精巧に仕上げられる。日本建築の美しさは、宮殿や神社で見受けるように、この屋根によって初めて完全に発揮される。

日本建築は通常、高い、地下室のつくられていない床の上に建てられる。日本の建築はいわば柱上家屋の一種である。この床の形式が日本固有のものか、もしくは日本への民族移動の際にもたらされたものかは明らかでない。ともかく日本にこの方法が実施されたのは、自然な発展であった。日本の地表面は大量の降雨のため湿っている。そして高い床下の開放された空間は、地面の湿気の家屋内への侵入、同時に木材の腐朽を防ぐ空気の循環によく役立っている。

この気象条件と関連して、家に入ると靴を脱ぎ、屋内では畳を敷いた床に坐る日本人の習慣がある。多くの民族がその原始の状態でもち、現在でも東方の諸国に残っている坐る方式は、日本では高い床と畳の使用、そして茶の

---

*13　訳者註には「日本の本瓦葺と似た丸瓦を組み合せて葺く方法」とある。このあとの本文説明をみると、本瓦葺のことで、丸瓦と平瓦を交互に重ね葺く方法のようにみえる。
*14　檜皮は長野県以東では使われない。檜皮を止める竹釘が腐りやすいからとされている。長野市の善光寺は、現在は檜皮葺きであるが、1707年建設当初の本堂は柿（こけら）板葺きであった。

湯の文化と結んで、意識的に洗練された生活様式にまで発展した。西洋文化の導入以来、公的、そして部分的には個人生活にも西洋風の椅子式が一般的になったが、伝統的な坐式への一般的な愛着はいまだ大きい。

日本建築の形と色彩は全く単純で控え目である。合目的の美が特殊な装飾的な要素の付加なしに追求される。存在するものは構造的なものと一致している。それゆえ主として木材からできている日本建築で、直線が支配的なのは自然なことである。また色彩は材料の自然のままのくすんだ色が支配的なので弱いものである。例えば木材は、木目、自然の艶と色彩が完全な効果を発揮するように、室内はもとより屋外も大体塗装されない。日本人は手工業に大きな天分をもっているので、建築の工作は精巧で入念に実施されている。

構造法は不完全であるにもかかわらず、日本の建築はすばらしい技術を示している。それで日本建築の木造の技術はギリシアの石造建築のそれと比較することができるだろう。このように建築用材のすぐれた品質と相俟って、一見単純な、しかし大変精巧な日本建築の美は成立している。日本には一方では複雑な線と強い色彩の例えば仏寺、その他仏寺建築に影響された建築も稀ではないにせよ、これは中国の影響の結果である。ここではねじれ反った屋根の軒、豊かに飾られた破風、強い朱や緑色が使用されている。しかし中国のもとの手本にくらべれば日本の造形はずっと単純化され、色彩の使用も大変穏健であるように思われる。

日本建築の最も重要な特徴のひとつは、室内および外部の非左右対称的な構成である。また建物の配置においても、中国や西洋の建築では大きな意味のある左右対称を全く重んじない。中国にその起源をもつ仏寺においてさえ、左右対称は次第に失われた。左右対称の形式的な観念は現実的な日本人とは縁遠いもので*15、ただ自然で合目的なものが根本である。この傾向は人工的、形式的で不自然な左右対称の原則を否定した茶の儀式（茶の湯）の影響の下で、一種の特別な美学にまで深められた。

日本の風景が日本建築の本質に及ぼす影響もまた注目すべきである。日本列島は東北の方向に弓形に伸びている。大部分は火山性の山脈が列島を長辺に沿って貫いている【図1】。日本海と太平洋の両側に向かって山は急斜面をなして下っている。日本にはそれゆえ平原がない。河は短く、その流れは急で水は清らかである。海岸線は長く屈曲に富んでいる。到るところに規模は小さく、せまく限られた空間に、緑の山と水晶のような河が一緒にある。そ

---

*15 　左右対称否定を日本の文化に共通なものとして一般化しているのは、原著者は非対称な建築に日本的なものを見出そうとしているからと思われる。実際には左右対称の建物も多い。

れで日本の風景は変化に富むが、偉大でも威圧的でも支配的でもなく、魅力的で愛らしい。これらはラインやドナウやセーヌのゆるやかな流れのあるヨーロッパの広い平原や、高くそびえる山脈と、平原が限りなく広がり、その中を揚子江のようにラインの4倍も大きい大河が悠々と流れる中国と全く強く対照的である。

日本の風景の本質と雰囲気は、穏やかな気候と相俟って建築の中に反映している。それは何度も述べたように、単純で愛らしく、純粋で中庸を得たもので、繊細で、控え目で、自然であり、複雑、華美、強力、巨大でなく、威圧的でも記念的でもない。

これらの日本建築の本質的な特性は、結局また、日本人の本性である繊細でやさしい感受性、神道から由来する清純性の偏愛、儒教に影響された中庸の理想、仏教的、厭世的な、存在の無常をさとった人生観、そして禅に影響された、非利己的な道徳の感情と密接な関係にある。

最後に日本建築の技法上の特性について注目したい。定まった規格寸法から、構造的、意匠的部分を計算するものである。それは木割法[*16]と呼ばれ、ヨーロッパの古典建築の計算法と似たものである。この方法は多分中世の終わりごろから発生し、近世になって完成されたものである。これはまず少数の有能な大工の棟梁が、その弟子の仕事をやりやすくするのに使われたが、段々と広まり大工達の一種の黄金律にまでなった。木割法は諸種の建物を機械的につくることを可能にした。この方法の注意深い採用は、規準として有効であるが、無条件の墨守は結局建築の堕落に導く。悲しむべきことであるが、近世の日本建築そして主として宗教建築[*17]がこれに陥り、無気力なものになったことは議論の余地のないことである。一方これによって、建築の規格化、統一化は実現され、とくに住宅文化の発展に寄与するところが多かった。（木割法についてはTetsuro Yoshida: *DAS JAPANISCHE WOHNHAUS*, Verlag Ernst Wasmuth G.m.b.H., Berlin, 1935.参照／邦訳『建築家・吉田鉄郎の『日本の住宅』』、鹿島出版会）

[*16] ドイツ語の原文では「Kiwari-hō-Methode」、つまり「木割法」と表記されているが、現在は単に「木割」とするのが慣例。
[*17] 実際は、殿舎、社殿、塔、門などにまでおよんでいる。たとえば平内政信（へいのうち・まさのぶ）が著わした『匠明』（1608）に詳しい。

II. 史的概観

　文化と芸術はその根を国土と民族にもつ、しかしその発展は時代精神と時代の出来事に無関係ではない。このようにしてすべての国の芸術と文化に時代的特徴が生ずる。日本は大陸から遠く離れていない島国で、古来大陸の影響下にあって、各時代の影響の範囲によって、その時代の性格がはっきりしている。大陸の文化と芸術の影響の少ない時代は、それまでに導入された文化と芸術の要素の同化がきわだっている。日本の建築は従って、直線的に発展しているけれど、種々の多面的な時代的性格を示している。

　以上の重要な文化上の出来事の概観は、日本建築の発展の時代的条件を明らかにするためである。しかし時代の変化も建築の発展も目立って急に進行するものではないので、以下の区分はもちろん主な傾向に限られている。

1. 原始時代（〜552）*18

　アジア大陸の東南方の洋上に、深い、緑の森で覆われた日本列島は並んでいる。この静かな島々に、いつか人類が、一部は多分南アジア、なかんずく南方諸島の国々から、他方、蒙古、満州、朝鮮半島のようなアジア大陸の北の地方から日本海を渡ってやってきた。これらの民族移動の詳細については不確実であるが、この島国の最初の人類は新石器時代からであることは確かである*19。彼らは狩猟、漁獲、植物の採集によって生活していた。彼らは簡単な粘土の容器を使用し、竪穴の住居に住んでいた。太陽、山、森、海のような自然界は驚異の対象であって宗教的に尊敬された。こうして神道の原始的宗教が起こった。新石器時代は日本では数千年もの長い間続いた。多分紀元前1〜

9　仁徳天皇陵／大阪近傍

---
*18　原著者によれば、552年を仏教公伝の年とする『日本書紀』の記述に従っている。これだと古墳時代は原始時代のうちとなる。
*19　訳者註によれば「現在の研究では、旧石器時代から住民が居たことが確実視されている」とある。

2世紀に、青銅器と鉄器が相次いで輸入され、石器も併用された。それで日本の文化は新石器時代から直接にEneolithikumに移行した[*20]。一方その間人類の文化は、大体において石器時代から青銅器時代をへて鉄器時代へと発展した。

金属器の輸入と、文化水準の高い土器の製造、同時に米の栽培が一緒になり、社会構造の根本的な変化が起こった。米の栽培によって人類は台地から低地に移り、大きな集落をつくった。生産の急激な変化によって富裕なものと、貧しいもの、支配者と被支配者の間の差が生じ、貴族階級が生まれた。人は以前のように多くは竪穴式住居に住んでいたが、一部はすでに米の栽培と同時代に発達した高床式住居に住んだ。高床式の家屋はしかし当時はただ、貴族階級の住居として使用され、一般的には倉庫として建てられ始めた。

西暦3～4世紀に日本列島では、大和地方（本州の中央部）、出雲地方（本州の北西海岸）、九州の北と南の地方に、いくつかの原始的国家が生まれた。中部日本の大和地方では多くの強力な氏族が、現在の皇室の祖先と連合して強力な大和朝廷を形成した。大和朝廷は友好的手段でまず出雲地方を支配下におき、次に北九州、南九州を、最後に本州の東部地方、東北地方を征服した。4世紀後半、ほとんど全国土は大和朝廷の支配の下におかれた。

皇室と、有力な氏族は、彼らの力を示すために多数の奴隷の仕事を示す、巨大な墳墓[*21]の建造を競った。現在その古い墳墓の丘陵は、全国内に発見され、その中心地帯は奈良、大阪地方である。それでこの時代はまた古墳時代と呼ばれる。これらの墳墓の丘陵の一部は円形の平面で、他は前方が角形で後方は半円形である。これらは一、二ないし三重の堀で保護されている。大阪付近の仁徳天皇陵と呼ばれる墳墓の丘陵は特別巨大である。前方は角形平面、後方は半円形で、三重の堀にかこまれている。全体の施設は巨大な規模があり、約46.20haに広がり、墓の施設としては、世界無比のものである【図9】。

この時代の住居建築は貴族階級の成立、大陸の進んだ技術の導入によって著しく発展した。多分当時、天皇や貴族階級の指導的氏族の巨大な宮殿が建てられたろうが、後世には何も残っていない。しかし伊勢神宮はその全構造が当時の宮殿建築を伝えていると思われるので、当時の宮殿の姿が想像される。

[*20] 今日ならば日本の読者に対しては、（石器と土器を使う縄文時代から、青銅製祭器と鉄製工具をほとんど同時に使い始める）弥生時代と書く。しかしそれではヨーロッパの文明発展段階といささか異なり、ドイツ語版読者に混乱が生ずると考え、縄文時代を新石器時代に含ませ、次いで弥生時代つまりEneolithikum（青銅、鉄、石併用時代）に入ったと説明変えをしたのだと思われる。
[*21] 古墳のこと。

2. 古代 (552〜1185)

　文化史的観点からは、日本の古代は前期と後期に分けられる。古代前期はさらに飛鳥と奈良の両時代に分けられる。

　飛鳥時代は仏教の伝来によって仏教文化が支配的であり、それは続く奈良時代に最高の開花期を迎えた。古代前期はそれで仏教文化の時代といえよう。

　古代後期は、ふたつの平安時代を含んでいる。すなわち平安前期または弘仁時代 (794〜894) と平安後期または藤原時代 (894〜1185) を含み、二時代の間に中国との公式国交は中断した。平安時代にはそれまでに輸入された大陸の文化と芸術が同化され、貴族的な自国の文化が形成された。それで平安時代は、日本的な、また貴族的な文化の時代と名付けることができる。

a) 飛鳥時代 (552〜645)

　昔から朝鮮は日本と大陸との間の掛け橋であった。この橋をわたって西暦6世紀の半ば、当時朝鮮に入った仏教が、大きな力で日本に入り、ひとつの新しい仏教文化の基礎を築いた。この仏教の公式輸入 (552)[22] から大化の改新 (645) まで約90年続いた時期を飛鳥時代[23]と呼ぶ。飛鳥は現在の奈良県の北方[24]の部分の名前で、当時の政治と文化の中心であった。

　仏教の侵入は多くの有力な氏族間に、仏教信仰を受容するか、または拒否するかに関して、憎しみの闘争をひき起こし、最初は宗教的な争いであったのが、ついには政治的闘争になった。この争いは進歩的な氏族・蘇我氏の支持を得た聖徳太子の勝利に終わり、以後仏教は国教として扱われた。仏教はつねに政治と結びつき、神道と共に日本の文化と芸術の最も強力な要素となった。

　仏教と共に中国の六朝 (265〜618) の仏教文化と芸術が朝鮮を通して日本に渡来した。六朝の芸術は中国固有のものであるが、インドのみならず、ペルシア、それにギリシアの要素も含んでいた。そして今や日本において、建築、彫刻、絵画、工芸の領域で活発な活動が始まった。日本の国は突然先史時代の夢から、咲き誇る文化へと目覚めたのであった。

　急速にこれまでの建物とは比較にならない大きな華麗な仏寺が、飛鳥地方

---

[22] 552年は百済 (くだら) の聖明王が仏像・経論を献じた年、つまり仏教公伝の年にあたる。もしそうだとすると、それは538年とする説もある。
[23] 時代区分は諸説あり、定説はない。政権の所在地をもって区分することが無理な政治段階であったから。
[24] 奈良盆地の南部とした方がわかりやすい。

10〜13 ガラス器、黒柿材の書棚、蓋付金属器と金銅壺／8世紀、奈良正倉院

につぎつぎ建てられた。しかしこの時代の仏教の建築は完成されたものではなく、明らかに古拙な性格のものであった。また神社は仏教建築の影響を受けず、そのまま土着の様式のままであった。

b) 奈良時代 (645〜794)

　仏教側に立ち政治力を握った蘇我氏は次第に強力になり、朝廷と対抗するようになった。この状態は氏族制の衰微を露呈し、大陸文化の新しい影響の下で社会的変革の機が熟してきた。

　645年、中大兄皇子は蘇我氏を亡ぼし、画期的な政治の改革、大化の改新の主導者となった。この改新によって氏族制は消滅し、朝廷への政治力の集権化が確立された。この大化の改新後710年に創設された首都・奈良を、平安

14 仏教の教巻の表紙の装飾／12世紀

に移すまでの約150年間続く時期を奈良時代*25と呼ぶ。この時代の初めから大陸文化は、段々強く初めのように朝鮮を経由してではなく、中国から直接流れ込んできた。

中国では唐朝（618〜907）の下で文化は世界に類のないほど高度に発達し繁栄していた。ヨーロッパでは当時古典文化はすでに衰え、混乱した暗黒時代が始まっていた。しかし唐朝の首都長安から文化の光が四方に輝き日本にもとどいてきた。日本と中国との交通は殊に盛んで学生や僧侶*26が何百人も、中国で勉強するために定期的に派遣*27された。彼らは長期間の留学の後日本に帰り、日本の文化と芸術の発展の主要な担手になった。

すべての芸術分野において、これまで指導的だった六朝様式に、最高度の発展を示し、完成された表現をもつ唐様式が代わった。710年には長安を手本として大規模な首都・奈良が設けられた。それまでは比較的小さかった宮殿の施設は、統治の交替ごとに移されていたが、今や宮殿のある大規模な奈良が長期の皇居となった。

その間に仏教もまた次第に強力に発展した。8世紀の後半、聖武帝の御代に仏教の力は最高点に達し、日本の仏教芸術は最高の完成と美を示した。首都・奈良は華々しさに溢れ、東大寺とその他多くの建物が相次いで建設された。各国にも他の寺院と並んで、主寺院が建てられ*28、その地方の文化的発展に強く寄与した。奈良の宝庫・正倉院に良好な状態で保存されている工芸品は、この時代の文化と芸術の高い水準の産物である【図10〜13】。

大体において奈良の芸術は、飛鳥時代の芸術が六朝の模倣であったと同様に、唐朝のそれの模倣である。しかし両者の場合とも、その時代の傑作には、古代日本の強い同化力と生き生きした創造力が明白に認められる。

*25 通説では奈良に都（平城京）のあった時代を指し、710〜784年を指す。
*26 留学生（るがくしょう）、留学僧という。仏教では呉音で発音される場合が多い。
*27 日本からいえば遣唐使であるが、唐王朝からいえば、臣属の礼をとりにくる朝貢使である。
*28 国分寺、国分尼寺を指す。

c) 平安時代（794～1185）

朝廷と貴族階級の間での熱狂的な仏教の活動は、奈良時代の間に僧侶階級と政治の密接な結びつきを生ずるまでに至って、不健全な社会的政治的な結果を生じた。そのうえ発展する国民にとっては、奈良という都市は、地理的見地からも、もはや首都として適当でなくなった。それで桓武天皇は794年（ヨーロッパではカール大帝時代に相応する）に仏教性の強い奈良から、現在京都と呼ばれる平安の地に皇居を遷す決心をした*29。爾来京都は1867年に至るまで1,000年以上の間日本の首都*30となった。それは1,000年以上の間日本の文化と芸術の中心地であった。京都の最盛期は皇居の移転から始まって400年間、都市の名にちなんで名付けられた平安時代であった。この時代は12世紀の終わり、鎌倉の地に武家政治が始まるまで続いたのであった。

15　平等院鳳凰堂の天蓋の一部／11世紀　京都近傍

この時代の初めには中国の影響はまだ相当強かった。すでに日本の文化と芸術に非常に大きな影響力のあった仏教の教えは、中国から日本に再び新しく導入された。仏教は神道と融合しはじめ、建築においては仏寺と神社は相互に影響するようになった。1世紀の後、中国との公式交通の中断によって、そこからの影響は全く停止した。かれこれするうちに、日本に採り入れられた大陸の文化と芸術は根本的に吸収され、ひとつの新しい全く外国的でな

16　平等院鳳凰堂棟飾りの金銅の鳳凰

---
*29　実際は桓武天皇は、784年から長岡京に遷り、わずか10年後の794年に平安京をもって都にした。
*30　ここでの首都は天皇が住んでいた都市、すなわちミヤコまたは主要な都市という意味と考える。例えば政治的権力の所在地とすると、江戸時代の首都は江戸とするのが穏当だろう。

い、本来の土着の新しい日本の文化と芸術が形成された。

この時代に藤原一族は、朝廷と婚姻関係で結びつき興隆し、高い名声と勢力を得た。生活は強い美的な主張をもち、風光の非常に美しい首都とその周辺に調和した豪奢なものとなった。そしてこの藤原一族の政治的、文化的優位の時代に、日本の貴族的文化と芸術は洗練され、最高の発展期を迎えた。

神社建築は今や特別に注目され、完成の域に達した。しかしこの時代を建築的に最も強く特徴づけるのは「寝殿造(しんでんづくり)」と名付けられた貴族階級の宮殿建築である。寝殿造では家屋は自然と最も美しく調和し、その一部と感じられる。同様に神社と仏寺も自然の環境と密接に関連して建てられるようになった【図69、121】。自然に則した配置は平安時代の建築の主な特徴である。それと並んで形のやさしさと柔らかさに格別の価値がおかれた。それで屋根は柔らかい檜材の皮で葺かれ、ゆるやかな勾配となった。建築の部材は細く、繊細で、比例は上品であった。彩色法は落ち着いてくすんでいる。

この時代の建築はそれで、重厚で力強い奈良時代の建築に対して、特別に繊細で上品で対照的であり、貴族的・都会的である。このような首都・平安と近隣の地方の貴族的で、都会的な文化と芸術の繁栄と関連して、それの島国の離れた地方への伝播はこの時代の注目すべき現象である。東北日本に勢力ある藤原氏[*31]によって、首都・平安の模範に従って華麗な都市・平泉(現在の岩手県内)が建設された。これはこの地方の平安文化と芸術の中心となった。日本西部では風光の殊に美しい瀬戸内海の、今日の広島から遠くないところに、絵のように美しい厳島神社の施設がつくられた。平氏一族の繁栄の象徴であって、平安時代の終わり、政権が藤原氏の手から離れた直後のものである。ここから貴族的な文化は西部日本にと遠く広がった。

3. 中世 (1185〜1573)

日本の中世時代は鎌倉時代と室町時代のふたつの主な部分に区分される。鎌倉時代には武士道の影響と、精神的な禅の流れによって、素朴で力強い、武家文化が生じた。それは室町時代に至って、武家階級の中で洗練された貴族的形成をとり、高度の精神文化にまで発展した。それゆえ日本の中世時代を単なる暗黒時代ということは決して出来ない。

[*31] ここでいう藤原氏は、京の貴族の藤原氏とは血縁的な関係はなく、陸奥(むつ)すなわち東北地方の豪族。

a) 鎌倉時代（1185〜1333）

　平安時代は事実、貴族文化の黄金時代であった。しかし最先端の文化を発展させていた間に、統治の仕事はなおざりにされ社会的な欠陥が生じてきた。貴族階級は次第に衰え、その間に武家階級[*32]は領地の取得と、それに附属する村落の発展が盛んになるにつれて社会的意義を獲得した。これらの階級の一門の中で勢力の強かったのは、西部日本の平氏と、東部日本の源氏であった。平氏がまず日本の中央部で力をもった。しかし彼らの支配は貴族的に上品にしすぎたことによって間もなく力を失い、彼らの対抗者源氏によって亡ぼされた。1192年[*33]源頼朝によって、東京からほど遠くない東部日本の小都市・鎌倉において幕府政治が始まった。貴族階級に骨抜きされるのをできるだけ避けるため、政治の場所をここに定めたのである。社会の実力は武士階級にあり、彼らは今や権力を手中にし、武家文化の時代を実現した。源氏の支配は実際には長く続かなかった。しかし鎌倉の幕府政治は、婚姻によって源氏とは血縁の北条氏によってなおも続けられた[*34]。平氏の滅亡から北条氏の滅亡まで約140年間続いたこの時期を鎌倉時代と呼ぶ。

　新しい武家政治の中心である鎌倉には、素朴な、しかし力強い、郷土に結びつき自然と大地から生じた新しい武家文化が生まれ、一方京都は以前のように洗練された貴族文化と芸術の中心を形づくっていた。それで日本文化は一種の二元的状態にあり、東北と西方文化に分割された。しかし相互作用がなかったわけではない。なかんずく若い、吸収力の強い武家文化は貴族文化によって、積極的な意味で豊かにされた。それで古い文化も新しい時代にあっても、新しく生まれた文化の母体としてなお意義をもっていた。

　この時代に中国との国交が再び採り上げられ、宋朝（960〜1279）と元朝（1279〜1368）[*35]の文化が日本に導入された。文化的発展の面では、禅宗の入り込んで来たことが一番後まで影響した。直観的で自制的な禅の本質は、単純で明快な武家階級の心情と大変よく一致し、禅は全武家文化の根本となった。しかし、禅は武士道の特殊な精神的態度の形成に寄与したばかりでなく、その影響は文化と芸術のすべての領域に広がった。武士道と禅は共同

[*32] 平氏、源氏などはもともと京都の貴族であり、武力をもって公家（朝廷）に奉仕していた。源頼朝の鎌倉の邸宅に寝殿があったという記録があるが、それで当然ということになる。
[*33] 源頼朝が「征夷大将軍」に任ぜられた年。すでに1185年に平氏を滅亡させ、1190年に彼は上洛し、朝廷と権威を分有し、朝廷が「三大造営事業」のひとつとしていた東大寺再建の貢献者となっていた。
[*34] 1203年に北条時政が執権として幕政を掌握して以後のことを指す。1333年滅ぶ。
[*35] 今は1271〜1361年とする場合が多い。

して、実際的で、明快で、素朴で力強いこの時代の文化を形づくった。

　活発な時代精神は当然建築にも反映している。この時代の初頭に焼亡した奈良の東大寺の再建に当たって、新しい南中国からの建築様式*36が導入され、そして禅の普及と共に、同じく南中国から第二の建築様式*37が輸入された。住居建築についてはこの時代に、次の時代に広く発展する武家階級の新しい住宅の形式の始まりが見出される。

b) 室町時代 (1333〜1573)

　鎌倉幕府の滅亡後、政治の権力は再び皇室に帰属したが、効果は上がらず長続きしなかった。間もなく再び武家階級の足利氏が政権を掌握し、京都に幕府を設けた。北条氏の滅亡から足利将軍政治の終わりまで、約240年続いた時代を室町時代または足利時代と呼ぶ。室町は再び政治の中心となった首都・京都の新しい官庁地区の名前である。

　一見この時代の文化は鎌倉文化の継続のように見えるが、よくみると足利武家文化の特殊な性格が観察される。足利幕府の創設者・足利尊氏は、鎌倉幕府政治を模範として採用し、真の武家支配を実行した。しかし次第に武家階級は貴族階級に影響され、14世紀の後半、豪華好みの足利義満将軍の時代にはやくも強い貴族的な傾向を示した。それで決定的な武家政治の下で再び、芸術の繁栄によい土壌を供給した貴族的文化が発展した。特に8代将軍・足利義政 (1436〜1490) は、偉大な芸術の愛好者、保護者であった。彼は本当にメディチ家*38風の人であった。彼が注意をはらわず、保護をしなかった芸術の種類はひとつもない。墨画、建築、庭園、茶道、生花等は彼の保護の下で花開いたものである。それで15世紀の半ばには、美の強調を目標とする将軍義政の生活によって、高度の文化的、芸術的水準に達した。芸術史上この時代は、義政の山荘*39のあった京都の場所の名にちなんで「東山時代」と呼ばれる。

　この時代の文化と芸術の中心点は茶道 (茶の湯) である。禅哲学の精神的要素、宋、元の文化、そして日本の民族性がここ茶道文化にひとつの調和した統一体として融合されている。静寂な、根ざすところの深い茶道文化の思想

---
*36　大仏様のこと。原著者の時代には天竺様 (てんじくよう) と称されていた。
*37　禅宗様。原著者の時代には唐様 (からよう) といわれていた。ここで注目すべきことは、原著者は建築様式の観点からとらえるのに興味をもたず、評価もしていなかったということである。したがって様式的細部など、原著者にとってはどうでもよいことであり、様式に重点をおく従来の建築史とは趣きを異にしている。
*38　訳者註によれば「イタリアルネッサンス芸術のパトロンであったフィレンツェの豪商の一家」とある。14世紀に台頭、15世紀全盛期。
*39　東山殿 (ひがしやまどの) と称する。今の慈照寺の地。

世界、その特殊な美学は、この時代のすべての芸術の本質を形づくっている。その時代の全文化と芸術が茶道文化の強い影響下にあるのみならず、日本文化と日本人の生活感情の発展は近世までも含めて茶道文化の精神的構造にさかのぼるものである。

建築においては禅宗の寺院建築が最盛期に達し、その技術的影

17　京都醍醐寺の勅使門扉の浮彫／1599年建造

響は建築の全領域にわたって大きかった。しかし禅宗の精神的作用の方がより強かった。武家の住宅はこの時代に「書院造」（しょいんづくり）と呼ばれる高度に洗練された住宅形式に発展した。次の時代に芸術的に広く発展する。今日の日本の住宅がこれを基として発展した数奇屋（すきや）*40と茶室の発生もこの時代にあたる。

足利家の支配は日本の文化の発展に非常に大きな意義があったが、日本の国の政治的状態の理解には熟達していなかった。絶え間なく一揆と内乱が起こった。1467年に勃発した応仁の乱は、約11年間続いた。首都・京都は戦の舞台となり最も被害を受けた。神社、仏寺、宮殿、そして市民の家は大部分破壊された。繁栄していた京都は焼野原と変わった。将軍の統治力は終局に近づき、領主の間の競争の時代とかわった。しかしこのような力の分散は地方の市民都市、商業都市の繁栄を促進し、地方文化の発展に役立ったのであった。この時代のちょうど終わりに*41、一隻のポルトガルの商船が日本の海岸につき、最初のヨーロッパ人が日本の土を踏んだことは、軽くは評価できないことである。彼らは日本に火器をもたらし、それは戦術と築城に大きく影響した。またポルトガル人の来訪数年後、日本で初めてキリスト教が布教された*42。

4. 近世（1573〜1615）

近世は桃山時代と江戸時代のふたつの時期に区分される。

---

*40　数奇屋はもともと茶室と同じ意味であるが、ここでは茶室風に建てられた建物の総称、つまり数奇屋普請の建物のこと思われる。
*41　1543（天文12）年、種子島に漂着。
*42　1549年イエズス会の宣教師フランシスコ・ザビエルが鹿児島に上陸。イスパニア人である。

18 京都大覚寺襖画／17世紀初頭

a) 桃山時代 (1573〜1615)

　織田信長は1573年足利氏を滅ぼし、国の混乱の終結の準備をした。このうえ彼は日本の諸国の統一に着手し、それは彼の後継者・豊臣秀吉の下で完成された。織田信長の権力掌握の時から、豊臣氏の滅亡 (1615) までの間の時代を、秀吉の城のあった京都附近の地名にちなんで桃山時代と呼ぶ。

　桃山時代は中世から近世への過渡期である。新しい時代の始まりにあたって、ヨーロッパのルネッサンスと同様に人間の真の発見は、世界の構造と社会におけるその立場を根本的に変改した。宗教は人間に対する力を失った。素姓と階級の垣はなくなった。すべての因習に対する反抗は大きかった。それは徹底的に人間の意義を自我と能力に求める個人主義の起こり始めた時代であった。この時代の文化と芸術にはこの新しい精神がどこにも反映している。芸術では宗教的なものから、世俗的なものへとモチーフが移り変わった。芸術はすべての伝統から解放され、芸術家は自分の理想を自由にはばたかせることができた。力強い華麗さがすべての芸術に展開されたのであった。

　建築においてはこれまで指導的な役割をもっていた宗教建築に、宮殿や城廓のような世俗的建築がとって替わった。建築的造形は非常に大胆で、自由で拘束されないものであった。彫刻と絵画は建築に多く応用されるようになり【図17〜19】、建築はそれによって、しばしば力強い生気をもったが、また応々にして誤った方向に陥った。恐らくこの建築様式はヨーロッパのバロック、ロココ様式と比較することができよう。

　前の時代の単純で素朴な建築に対し、この新しい建築は全く対照的である。

それにもかかわらず、光と華やかさを好んだこの時代にちょうど、室町時代に生まれ、平静と内省を人生の最高の理想にかかげるひとつの文化の支流、茶の湯・茶道がその最盛期に達したのであった。茶道は外面的な華麗さと生気から内面への逃避、自然への復帰であったのに、その最盛期になった主な原因は、恐らく茶の湯を格別に愛好し、後援した権力者・豊臣秀吉、それを完成せしめた茶の宗匠・千利休、このふたりの人物の存在したことによるものだろう。しかし地位と階級差の廃止によって市民階級を向上せしめた社会変革もまた茶道の非常な普及に大いに力があった。この時代の大胆な創造的精神は、それで数奇屋*43と茶室の構成にも反映しているのが見出される。

19 京都高台寺の豊臣秀吉の厨子の扉の漆の画／17世紀初頭

キリスト教はこの時代にほぼ全土に広まり、多くの信者を獲得した。あちこちに教会が建設されたが、明白なひとつの様式にまで発展するに至らなかった。

b) 江戸時代（1615～1868）

豊臣氏の滅亡（1615）後、徳川家康が政権を掌握し、彼によって江戸の封建政治が始まった。徳川氏の支配は明治維新（1868）まで250年間も長く続いた。この長い平和な時代を江戸時代または徳川時代と名付ける。

都市・江戸は行政の中心点で、同時に新しい徳川文化の中心であり、西日本では京都は古い文化の中心として残り、大阪は国の経済的中心をなしていた。また多くの地方都市は今や次第に経済的、文化的に成長してきた。この時代の社会構造はなお全く強力な階級制度に基礎をおいていた。支配階級はもちろん武家*44であった。それに続いて社会的価値によって農民が続き、それか

---
*43 数奇屋は茶室と同じ意味にも使われ、また茶室風の建築すなわち「数奇屋普請」の意にも使うが、ここでは後者の意であろう。なお両者を含めて数奇屋ともいい、三者の使い方は曖昧である。
*44 「武士」とする方がいいと思われる。「武家」は「公家」「寿家」「社家」に対する語で、権門貴族的な者、中下級の武士については使わない。ここでは「士農工商」の社会的位置づけに対しているから「武士」と包括的にとらえた方が穏当だろう。

ら手工業者、そして最後は商人であった。工業の発達、都市の発展そして平和の持続と共に市民階級は次第に富と力を得はじめ、ついには社会の指導的階級となった。それで江戸に新しい明らかに市民階級的な文化が形成された。その頂点に達した茶道文化も、市民文化の発展によって少なからず推進された。

徳川将軍家の政治は完全に消極的なものであった。諸外国との交通はほとんど全部[*45]はばまれ、キリスト教は厳禁された。すべての独創的な力や思想は抑制された。職業の世襲は強力に規定され、学問や文化の領域にも及んだので、誰もが彼にすでに定められた途を歩まねばならなかった。それゆえ芸術はすべて型にはまったものになった。建築においても職業は世襲制で、偉大な棟梁の子孫が一等の地位を占め、彼の一家の技術から一歩も踏み出すことをしなかった。それで建築芸術は非創造的で魂の抜けたものになってしまった。しかし一方この型にはめる傾向と、特に住宅建設の職能化の確立の結果として、すべての建物の部分の標準化と様式化ができ、それは江戸のしばしば焼失した多数の家屋の再建を促進したばかりでなく、住文化の普及と技術的発展に寄与した。茶道文化もこの発展に影響を与えた。

この時代に建築制限令がしばしば発令されたことは注目すべきである。これは江戸に何度も起こった火災に対する防災基準として、また倹約の要請と、階級差の保持に役立った。

また劇場建築が市民の娯楽の場所として建てられ【図20、21】、学校の建築もこの時代に初めて行われるようになった。

20〜21　劇場外の夜景と劇場内部／17〜19世紀の版画

---

*45　オランダとは公的に認められ、中国の清(しん)とは自由であり、李王朝の朝鮮とはきわめて限られた通信(外交)と通商があったのみである。したがって原著者のような表現になる。

5. 現代（1868から現在まで）

　約700年間の武家政治の時代の後、1868年明治天皇の即位によって、政治の権力は皇室にもどった。この歴史的事件は明治維新と呼ばれる。首都・江戸の名前は東京と改められ、新しい日本の帝都となった。すでに250年将軍の居所、江戸時代の市民文化の中心であった東京は、今や帝都として新しく成長する文化の中心となった。しかし東京と並んで1,000年の歴史をもつ帝都・京都は日本の文化と芸術の保持者として古くからの役目を確保した。

　しかし新しい日本の生成を最も強く決定したものは、200年間の鎖国の後再開された西洋諸国との交通であった。ヨーロッパとアメリカの近代の文化は国に流れ込み、むさぼるように採り入れられた。日本の社会的、文化的状態は完全な変革をなしとげた。このような新しい状況下で建築ももちろんその様相を変えた。直ちに煉瓦造、石造がヨーロッパから導入された。停車場、官庁、学校その他の公共建築が、昔、仏寺がアジア大陸の建築家によって建設されたのと同様に、ヨーロッパの歴史的様式でヨーロッパの建築家によって建設された[*46]。これらのヨーロッパの建築家の指導によって、日本人は西洋建築の技術を学び、間もなく独自で「西洋風」の建築を建て始めた。しかし日本に移しかえられた西洋建築は全くヨーロッパ的で日本の気候に適さなかった。また日本にしばしば起こる地震に対して考慮されないままであり、そして日本人の美的感覚、また生活の習慣も全く注意されなかった。しかしこれらの建築の模倣が無批判に熱中して行われた。

　20世紀初頭に日本の西洋建築は、鉄骨、鉄筋コンクリート構造のアメリカとヨーロッパからの導入によって大きな技術的進歩をした。第一次世界大戦（1914〜18）の後、都市は経済的向上の結果急激に発展した。大都市には鉄骨造、または鉄筋コンクリート造の高層の事務所建築が、急速に相次いで建設された。1923年、東京と横浜地方に起こった巨大な悲劇的地震の惨事と、それにより起こった火災はこれらの都市を一日にして廃墟と化してしまったが、同時に近代的都市計画を大規模に実行し、耐震、耐火的構造の材料を発達させる絶好の機会を与えた。以来耐震構造の理論的研究と実施は大きく発展し非常に高い水準に到達した。

　軍国主義の台頭と共に建築にも、反動的な建築様式、「日本的趣味」による

---
*46　前提として、社会が近代化し、社会機能が分化し、近代的交通、官庁、学校、事務所、病院などに固有な建築形式の建物が求められ、そうした新しい型の建築は江戸時代まではなく、ヨーロッパから導入せざるをえない事情があった。したがってヨーロッパの歴史的様式の採用は、必然的な結果であったと解釈される。

民族主義的建築が起こった。しかしそれは伝統的な日本の木造建築の、新しい材料と新しい技術による表面的な模倣に過ぎなかった。この反動的建築は、構造的な合理性も、材料の質感にも欠けていた。幸いなことにこの種の建築は建築界の一部に限られていた。大多数の新しい建築は進歩的な建築家によって、現代的な建築方式によってつくられ、新しい材料と新しい構造から、国際的であり同時に日本的な形態をつくろうとする試みが実行された[*47]。

　西洋の文化と芸術の導入によって、結局日本の文化と芸術は、その根本からゆり動かされたように見える。それは一部では新しい場所をつくるために、考え無しに破壊された。2、3の極端な例をあげると、奈良の興福寺の境内では、幾晩も木造の仏像が焚火にされた。この寺の五重塔は大変安い価格で金具を利用するために買収された。しかしこの仏塔の取りこわしに多額の費用を要するので幸いに破壊を免れ、日本の芸術が保存されたのであった[*48]。このような古い日本の記念的芸術品を破壊する気持ちは、長い間閉ざされていた日本の世界に、溢れるように速く激しく西洋の文化要素が侵入してきたことによる一時の反動に過ぎなかった。自己の文化の再自覚とその価値の認識には長い間を要しなかった。1897年、古社寺保存法が、その最重要なものを国家によって保護するために発布された。それと並んで次第に伝統的なものを、その精神を近代的なものに再び生かすために再認識することが始まった。

　太平洋戦争(1941〜45)中に東京と他の大都市は大部分焼失した。しかし古い帝都・奈良と京都は幸いにも不幸を免れ、古い芸術の記念物はほとんど被害を受けなかった。戦前には大都市においても、公共的建築や、事務所建築のみが耐火的材料で建築され、都市の建築の大部分を占める住宅はほとんど全部伝統的な木造建築であった。戦後5年以上たった今日初めて[*49]、徐々にではあるが耐火的な家屋の建設が始まってきた。

[*47] この期間については、次のように推定できる。原著者は1919(大正8)年大学を卒業しているが、その主たる最初の作品が竣工する1922年から1943年ごろまで。特に軍国主義の台頭の点に着目すれば1922〜1941年で、原著者の逓信省での活躍期にあたる。戦時中にも東京鉄道郵便局(1940)や高等海員養成所、灯台寮男子部・女子部(以上1943)など、木造建築によって近代主義的な提案はなされていた。
[*48] 奈良では、維新政府から神仏分離令の出た1868年から1880年ごろまでを指している。
[*49] ここで「今日」とは、この本の序言を書いた1951(昭和26)年を指しているとすべきだろう。

III. 原始住居

島国日本での人間の生活は、すでに述べたように新石器時代以降たどることができる*50。人々は漁獲、狩猟、または植物の採取によって生活していた。日常の生活用器としては土器が利用された。覆いかぶさった岩や、たれ下った枝の葉が多分掩護物として利用され、そのうち住居としてはまずほら穴、実際にはこれまで人工的なほら穴住居の跡が発見されないので多分自然のほら穴を使用したのだろう。

最初の先史時代の住居建築は多分、竪穴住居であったようで、その発見は全国にまたがって、群をなして水に近い台地のふちに存している。これらの竪穴住居は、円形、楕円形、または角が円い四角形の平面で、通常5〜6mの直径で、深さは最大のもので1mある【図22】*51。すべての竪穴には中央近くに炉があり、周辺に多分屋根を支えた柱を差し込む数個の穴がある。このような竪穴住居の上部の構成については明確ではない。地面に直接に載っている角錐、寄棟、または切妻以外のものではなかったろう【図33〜35】。竪穴住居の遺跡と併存してこのような地表住宅が発見されている。これらは前者と全く同様で、ただ地表がここでは直ちに床として利用されている。発掘によって床には主として粘土または玉石が敷かれていたと推論される。竪穴から地表住居への自然な発展に技術の進歩が関係していると想像できる。

新石器時代の終わり、すなわち西暦紀元前1〜2世紀に農耕用建築の時代が始まった。多分、南方アジアから由来した米がとくに栽培された。青銅器と鉄器が間もなく相次いで導入され石器と併用された。新石器時代は金石併用時代と変わった。土器はその製法の発達によってこれまでより固く美しくなった。住居地は台地から平地にと移され、そこに大きな集落が発生するようになっ

22 姥山の竪穴住居跡／東日本、千葉県

---

*50 訳者註によれば「現在の研究では旧石器時代から住民が居たことが確実視されている」とある。既掲出。
*51 ここに例示されているのは、千葉県市川市柏井町にある姥山貝塚の竪穴住居跡を指している。縄文時代のもので、竪穴住居の発見としては、最初のものとして知られている。1893年最初の発掘。1926年の大発掘で住居跡23、1948、1949年で重複住居跡多数発見。

23 銅鐸に刻まれた非常な高床の切妻家屋

24〜27 奈良県佐味田発掘の青銅鏡の裏面に彫られた家屋の4つの形式*54

た。近ごろ静岡県の登呂に一大集落が発掘された*52。ここに村落の始まりを見ることができる。人々は以前と同じように竪穴または地表が床の住居に住んでいた。

しかし高床式の家屋は、その普及の範囲は確かではないが同時代にすでに実用化された。この家屋の形式の存在を示す考古学的発掘物はおよそキリスト誕生ごろにさかのぼる。銅鐸と呼ばれ、現在は大橋氏の所有になっている青銅器に彫り込まれたひとつの家の図である。この使用目的については明白でないが、一般的には宗教的な祭式の器具として使用されたと認められている。この上にしるされた家屋は、梯子で昇る非常に高い床をもち、切妻の端部が強く傾いた、すなわち棟が軒より異常に長い切妻屋根で、2本の柱が棟木の先端部を下から支えている【図23】。この家は今もなお南方アジアから南洋諸島によく見られる水上家屋に大変よく似ている。

また5世紀の前半に年代づけられる奈良県の佐味田の宝塚古墳出土の古い青銅の鏡*53は、日本の原始家屋の研究に非常に重要な考古学的発掘物であ

---

*52 静岡市登呂。1947〜1950年発掘。12棟の住居跡と、2棟の高床の倉跡発見。3世紀ごろのもの。現在、竪穴住居と高床倉が復元再現されている。原著者が「村落の始まりを見る」と書いているのは、約75,000m²ほどの水田と中央水路を伴っていて、仮称登呂川沿いの農村集落の存在が想定されるから。
*53 「家屋文鏡」と称されている。奈良県葛城郡河合町の地で1881(明治14)年に発見。鏡の裏の鈕座(じゅうざ)の各辺を地にして、4棟の建物が配されている。

III. 原始住居

28〜32　群馬県赤堀村発掘の家形埴輪
28 母屋／29 附属屋／30 高床切妻屋根の倉庫／31 高床寄棟屋根の倉庫／32 物置

る。その背面に4つの家屋形が彫り込まれている【図24〜27】。1軒の竪穴住居らしく見える屋根形の小屋、1軒の平地住居、そして2軒は高床式住居で、このうち1軒は切妻屋根で、1軒は寄棟の上に小さな切妻屋根がのっている。高床式の正面切妻の家は前述の銅鐸にある家の形とよく似ている。それは後の章で取り扱う、日本の原始住宅を伝えると一般的に考えられている出雲大社を想い出させる。

　長い間、高床式住居は屋根型小屋または竪穴式住居から、地面の湿気を防ぐために発展してきたと考えられていた。この見解とは反対の、このふたつの広く行われた住居形式は、北方アジアと南方アジアからの民族移動によって日本に導入され併存していたとする意見が今日では有力である。高床式家屋は米の栽培と共に東南アジアから導入され、一方竪穴式住居は北方アジアから伝来したと信じられている。発生と経過の詳細はいまだ未解決の問題となっている。最もおそい場合でも、米が一般的に栽培された西暦期限の始まりごろ、3つの住居形式、すなわち北方的な竪穴式住居、南方的な高床式住居、

*54　左下の図は、天地反対になっている。ここでは原本のままとしている。原著者が「竪穴住居らしく」見えるものとしているもの。入口扉とみなされるものが、棒状のもので斜めに立て、押しあげている。

33 伊勢神宮の附属屋のひとつ　　　　34 中部日本の山村の原始的な農家*56

そしてこれら2形式の中間に、平地住居が存在していたことは確かである。しかし高床式家屋が元来、住居として使用されていたかは疑問である。多分、貴族階級のみが高床式の家に、他の者はすべて平地または竪穴式住居に住んでいたのだろう。宮殿建築が前者の住居形式から発達したように、農家は後者から発達した。一方、高床式家屋形式は倉庫建築として広まったように考えられる。それですべての高床式家屋は倉庫であり、元来住居ではないとの説がある。

紀元2～3世紀に鉄器が大量に使用されるようになり鉄器時代が始まった。勢力のある一族の巨大な墳墓の丘が建設され、前述のようにその時代の名称となった。このような墳墓の丘をとりかこんで、色々な物を土器で模した「埴輪」が置かれ、これらの中に、多分死者の魂の住居として考えられた土器の模型家屋、すなわち家形埴輪が発見された。これら埴輪家屋、時にはその一団が、時々古い墳墓の丘から発掘された。これらはヨーロッパの青銅時代の家屋銅器と同様に、日本の原始家屋形の研究のよい資料となっている。

1929年、4～5世紀に建設された群馬県の茶臼山古墳*55から、家形埴輪の集団が発掘され、当時の富裕な農民の住居の施設のよい姿が得られた【図28～32】。これらは8個の土器の模型家屋から構成され、ひとつの主家屋、ふたつの副家屋、4つの倉庫、ひとつの小さい納屋らしい家がある。主屋と副家屋は多分平地式の切妻形式を示している。これに反し倉庫は高床式の家屋形式である。主屋と副家屋は根本的には主屋の屋根の棟に直交して多くの短い勝男木と呼ばれる木製の円筒が置かれているので区別される。

---
*55　この名称で呼称されている古墳は、関東から九州に至るまで数多くある。これは現在の群馬県佐波郡赤堀町に所在のもの。埴輪としては、家屋のほかに、腰掛、高杯なども発見されている。
*56　富山県五箇山、岐阜県白川すなわち庄川すじの谷間にあったものと推定される。「原始的な」とは、建設年代が古いということではない。そうみえるというだけのことである。社会的要因でこのような形式となっていると考えるのが穏当。

勝男木は当初は棟木の補強に使用された構造材であった。しかしすでに当時その構造的意味を失い、装飾として退化していたように見える。雄略天皇(〜479)*57について、彼がある時勝男木のついた家*58を見て怒ったと記されている。多分、主な氏族の家のみが勝男木を取り付ける習慣であったのだろう。これらの家屋集団に見られるような平地家屋と高床式倉庫の併存が多分古代の代表的農家の典型だったのであろう。

　4世紀ごろ以後の住居建築は朝鮮との交通によって、大陸の技術に影響され次第に発達したように認められる。ある伝説から推量すると、当時の皇居は高床式の家で、地下に深く達した掘立柱であった。単

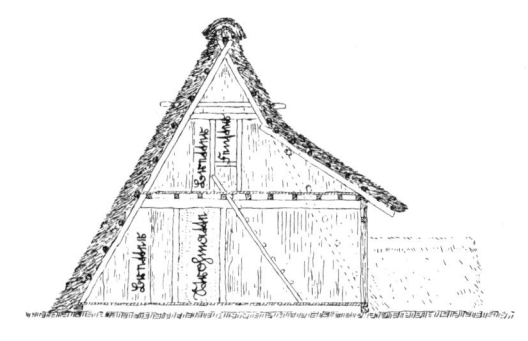

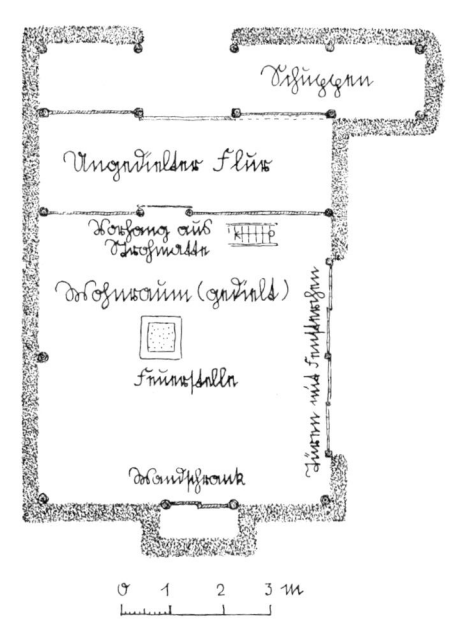

35　北日本の僻地の原始的な農家の断面と平面。図33〜35は屋根形小屋の原始形を想像させる(書き入れ ── 断面上左:板／上右:窓／下左:板／下右:むしろ／平面上より:物置、土間、むしろの垂幕、居間(板張)、炉、壁付戸棚／右:窓のついた戸)

---

*57　『日本書紀』によれば、418〜479年。王権の伸長期にあたる。なお当時は「天皇」の称はなく「大王(おおきみ)」。

*58　今の奈良県磯城(しき)郡の地にあった県主(あがたぬし、地方組織の長)の家とされる。

純な切妻屋根は蘆で葺か
れ、その両端は交差し延長
された千木という妻桓で
飾られた*59。棟木に直角
に短い丸い木の円筒、勝男
木が置かれた。それは現在
の伊勢神宮【図47】とほと
んど差がない。伊勢神宮そ
して他の神社、また宮殿も
幾重にも垣を巡らされた。
垣の中に厚板造の高床式
の宝庫があった。このよう
な宝庫は奈良の正倉院と、
その他の社寺の宝庫【図3】
にその姿をのこしている。
新天皇の即位後の初の収
穫の祭りの、大嘗祭の古い
原型に基づく、一時的な祭
儀用建築、大嘗宮*60は多分
また原始時代の建築法の
一種を伝えている。それは
丸太の柱と梁で構築され、
茅で葺かれ、壁はむしろで
作られている【図36、37】。

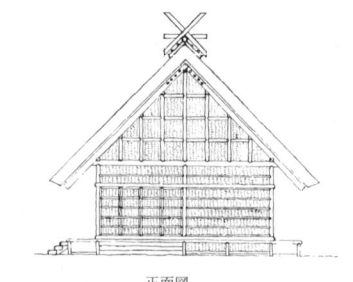

正面図

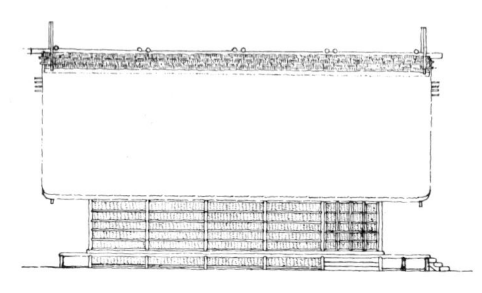

側面図

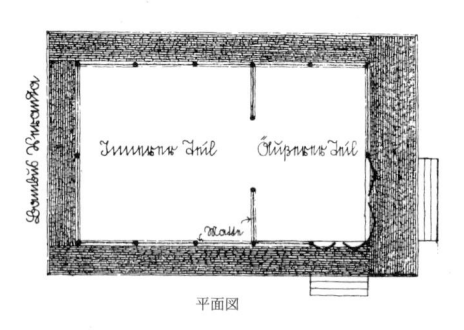

平面図

36　重要な皇室の祭典大嘗祭用の
仮設祭典用建物大嘗宮の悠紀殿
(平面図書き入れ—左より:竹製の縁、
奥の部分、外の部分／下:むしろ)*61

---

*59　両端の垂木(たるき)だけは、交差しながら屋根をつきぬけているという意味。そのつきぬけている部分を「千木(ちぎ)」という。
*60　「大嘗宮(だいじょうきゅう)」は建物ではなく、一般には柴垣を使い、囲われた地区。内部は黒木造の建物群で構成されている。
*61　大嘗祭(だいじょうさい)は天皇即位ののち最初に行われる新嘗祭(しんじょうさい、にいなめさい)のこと。悠紀殿(ゆきでん)と同形式の主基殿(すきでん)が左右に併立する。いずれも前室を「堂(どう)」、奥の部屋を「室(しつ)」と称する。室には八重畳の座が設けられ、坂枕が配される。悠紀殿では夕御食(ゆうみけ)、主基殿では朝御食の神事が行われる。ユキは聖域、スキは副次の意とする説がある。
*62　仮設の建物である。4日にわたる祭事ののちは、直ちに撤去される。

III. 原始住居

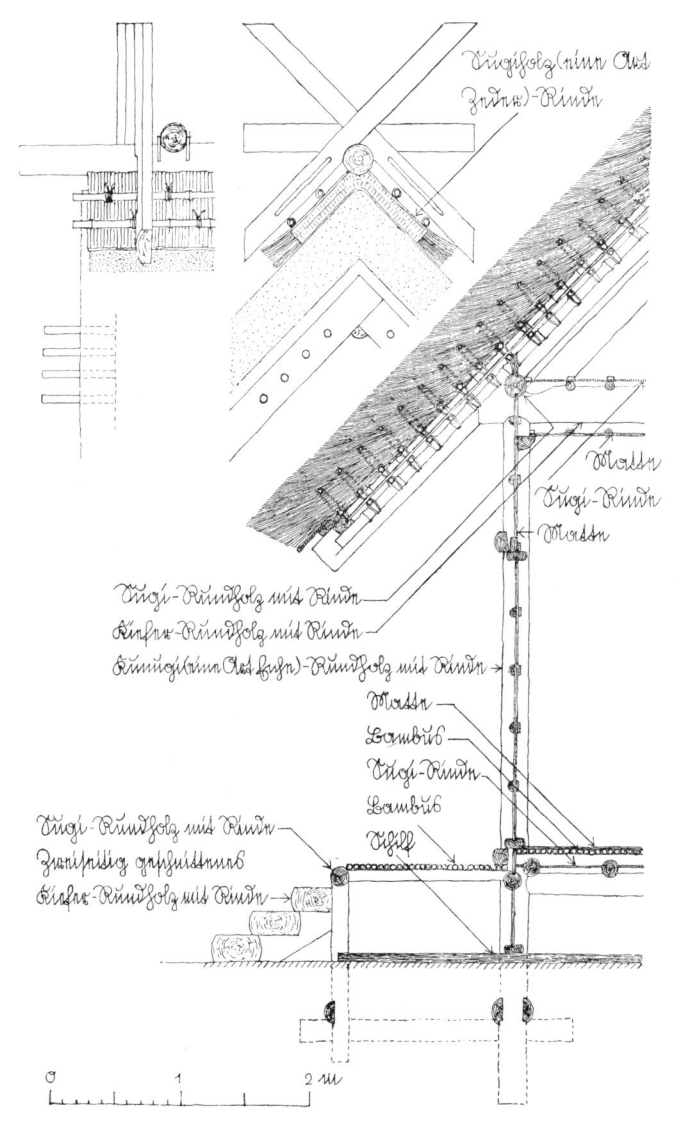

37 大嘗祭の悠紀殿の詳細
(書き入れ—上より：杉皮、むしろ、杉皮、むしろ、杉皮付丸太、杉皮付丸太、櫟皮付丸太、むしろ、竹、杉皮、あし、杉皮付丸太、二面を切った松皮付丸太)*62

IV. 神社

　神道は日本の民族宗教であって、古代から日本国民の生活、思想と一体のように組み合わさっている。それはひとつの宗教というよりひとつの世界観であろう。神道の外面的に具体化されたものは神社である。それは全国にわたって、海岸または山深く、大都市にも村落にも散在している。その数は11万以上に達している。

　遠い昔神道は自然と魂の祭式として発生し、氏族と祖先の神々の祭式にと発展した。征服者の氏族の権力の掌握によって、その氏族の女神・天照大神（あまてらすおおみかみ）は他のすべての氏族の神の上におかれ、そしてついには全国民の祖先の女神として尊敬された。自然神と祖先神の全世界は、天照大神を最高の女神とする秩序と階級ある組織となった。元来は自然神と祖先神の間には鋭い分離はなく、自然神はしばしば祖先神となった。例えば最高の神、天照大神は征服者である氏族の母としての祖先であり、同時に太陽の女神で耕作の守護の女神であった。神話時代の神々の他、日本の皇帝や英雄達も祖先神の身分に昇格された。これらの神道の神々は、かみ（すなわち上位）と名付けられ、超人間的性格と考えられ、しかもまた全く人間的に感じられていた。国民は神々を親しいものと感じ、あたかも生けるものとして奉仕した。後に詳述する神社の種々の建物および施設の構築はこれを証明している。神々に近づくことのできる絶対の条件は、肉体と精神の浄めの実行であった。

　純粋の自然祭式と精霊信仰の時代には神社の建物はなく[*63]、山、森、巨大な木や岩が垣をめぐらすことによって神聖なものとしるしづけられた。現在までいくつかのこれらの神聖な場所が保存されている。これらの領域には神の家は存在せず、生い茂った森に覆われた山が、崇拝の対象になっている。現在でも、すべての神社の境内が深い森で覆われているのは、単に風致上の意味ばかりではなく、自然崇拝の神道信仰の初期の段階にまでさかのぼるものである。

　祖先崇拝の発展と共に最初の神社の建設が始まった。それは恐らく当時の住居建築と同様なものであったように考えられる。それは森林地帯に正面を南または東に向けてつくられた。すべての神社の建築は大抵ある特定の神に捧げられ、その象徴として鏡、剣のようなものがそこに保管された。古い神

[*63] 奈良県桜井市の大神（おおみわ）神社はその典型的な一例。拝殿はあるけれど、本殿はない。神が宿るのは三輪山とされる。なお大分県中津市の薦（こも）神社では池で、正面にあるのは神門で、本殿ではない。

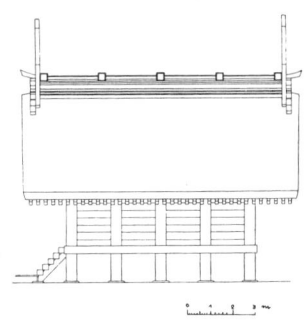

38 出雲大社本殿／島根県、西日本　　　　　　　　39,40　大阪の住吉大社本殿とその側面図

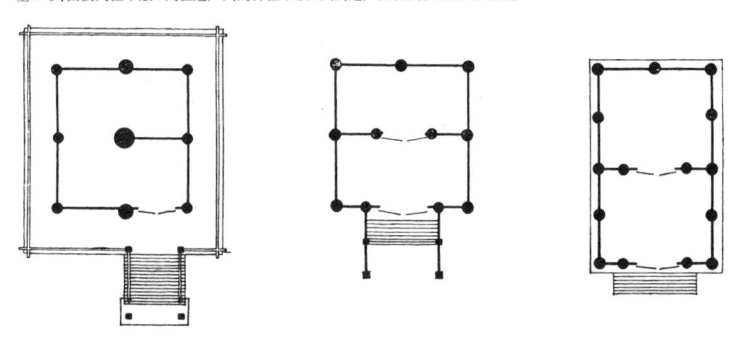

41〜43　大社造の神社本殿とその変形
左から、出雲大社本殿：大社造／大鳥神社本殿：大鳥造／住吉大社本殿：住吉造

道には神の像は存在しない。神は社に住み目に見えないものと信じられた。原始日本人の信仰によれば、人はみな、その死後も見えないものとして生き続けるとされた。それで神社の神にも生けるもののように奉仕した。

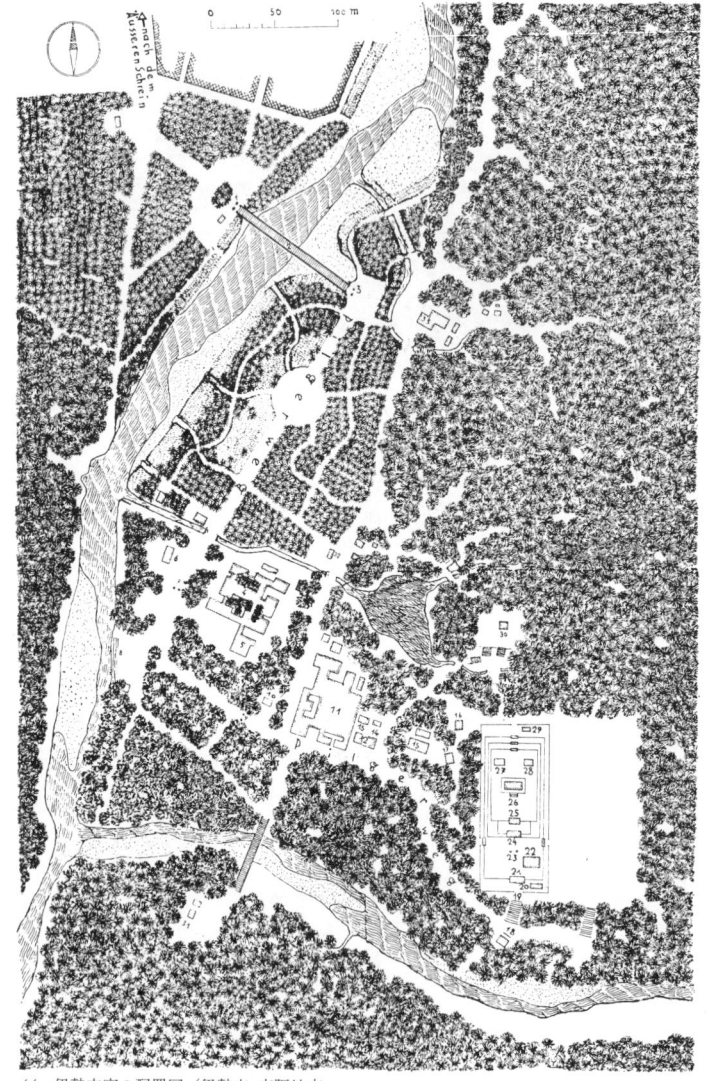

44 伊勢内宮の配置図／伊勢市、京阪地方
1、3、7、9、19、23.鳥居 2.五十鈴川の橋 4.祭館 5.行在所 6、8.手水舎と手洗場 10、32.神馬の厩 11.神楽殿 12.直会殿院。この中で神への供物の下りを祭典参列者が食する 13、14、17、30、31.摂社 15.忌火屋殿 16.外幣殿 18.御贄調舎 20、29.南および北宿衛舎 21、24、25.外玉垣南御門、内玉垣南御門、瑞垣南御門 22.四丈殿(雨天の祭場) 26.正殿 27、28.西宝殿および東宝殿 33.社務所

神社の境内への入口には、神聖な境内を外の世界から分離する象徴的な門、鳥居が立っている【図46、64】。神社の近くには大体、小川、池、泉があり、神社の参拝者はそこで身を浄める。

　島根県(西日本)にある出雲大社(大社とは大きな神社を呼ぶ)の本殿に最古の神社建築が伝えられ、この建築様式は大社造(造とは、「建築法」または「様式」を指す)と呼ばれている。この神社には大国主命が祭神として祭られている。日本の神話によれば、嵐の神・須佐之男命の子息・大国主命は現在の島根県を中心とする日本海の北部沿岸地方を支配していた。天からの使者が大国主命に彼の支配する国土の部分をすべて、日本国の支配者として天から降下した、太陽女神、祖先神、耕作神の孫、瓊瓊杵尊に譲るように要求した。大国主命は無条件で太陽女神の孫に彼の国を引き渡した。それで瓊瓊杵尊が感謝のしるしとして出雲に宮殿を建てたのが出雲大社であった。

　現在の出雲大社の建築【図38】は18世紀半ば*64に建てられたものである。妻入りの一辺12m*65の方形の建物である。床は4mの高さで当初は恐らくもっとずっと高かったらしい*66。屋根と詳細には近世の特徴が反映しているが、平面は当初のものとほとんど同一である。建物の中心にとくに太い柱が立ち、それから間仕切壁が右方の外壁に達している。この間仕切壁の背後に神座が左の外壁に向かって置かれている*67。建物の周囲には濡れ縁が巡らされている。社殿の妻の正面の右半分に入口が設けられ、木造の屋外階段が設けられている。この建物の平面は当初の住居の平面を伝え、言い伝えのとおり、最初は神社として考えられたものではないと認められている。社殿の入口が記念的建造物の採用する正面の中央にはなく、さらに室内の中央に柱が立ち神座が側面に向かっていて参拝者に向かっていない事実が、この見解の確かな証拠である。切妻壁面の中央の柱が外部の他の柱より太く、壁面から幾分前方にあることもまた注目すべきである*68。

　これらは多分、例えば後に詳細に取り扱う伊勢神宮に見られる切妻面の独立柱の退化したものである。

　大社造の神社建築は旧出雲地方である島根県に散在している。この社の形

---

*64　延享元(1744)年。
*65　実際は9.09m。ちなみに棟高は17.4m。
*66　970年の『口遊(くちずさみ)』に「大屋の誦」として「雲太、和二、京三」とあり、雲太は出雲大社の本殿、和二は東大寺大仏殿、京三は平安京の大極殿を指すと説明している。当時の本殿の高さ12丈(36m)とする。1391年の史料では、その高さ、もと16丈、次いで8丈、今4丈5尺とする。
*67　本殿の正面は南向きで、神座は東北の隅で西向きということになる。異例。
*68　四隅の柱の中心線から、わずかに外へずれていることを指す。このことを独立柱(伊勢神宮正殿の棟持柱に相当する柱)の退化と、原著者は語っている。

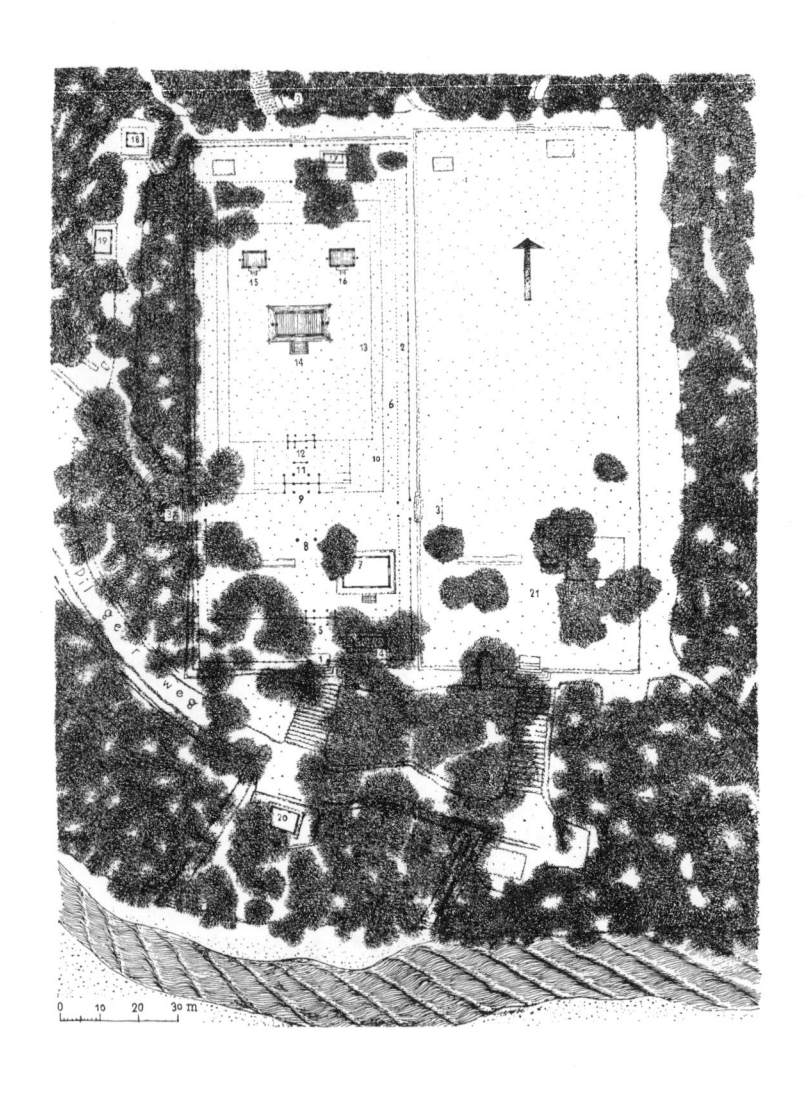

45 伊勢内宮の主要施設

1,8.鳥居 2.板垣 3.蕃塀(入口前の短い板垣) 4,17.南および北宿衛舎 5,9,12.外玉垣南御門、内玉垣南御門、瑞垣南御門 6,10.外玉垣、内玉垣 7.四丈殿(雨天の祭場) 11.簡単な門 13.瑞垣 14.正殿 15,16.西および東宝殿 18.外幣殿(現在は古い神宝などの保管に使用される) 19.御稲御倉 20.御贄調舎 21.社殿再建新築用の東側用地

式の変種もまた存在している【図39〜43】。大阪に近い大鳥神社の本殿は大社造の発展した段階を示している。ここでも平面は方形であるが、中央に開き戸の入口のある壁が外陣と内陣の仕切となっていて、内陣の室にはこんどは神座が参拝者に向かって設けられている。社殿への入口は正面の中央に設けられている。

　一層の発展を大阪の住吉大社の本殿は示している。ここでは2室はその奥行が深くなっている。建物の正面は依然として妻側にある。

　大社造とその変種と並んで、なおひとつの建築様式、神明造（神明とは、「太陽女神」または「太陽女神の社」の意味）*69がある。ここでは大社造とその変種の切妻正面型と反対に、入口は切妻家屋の軒面中央にあり、それによって社殿は一層記念碑的性格を得ている。この建築様式の最も重要な実例は伊勢神宮の本殿である【図45, 47】。

　三重県伊勢市の伊勢神宮は神道の最高の神殿である。内宮と外宮、すなわち「内側」と「外側」の約5km離れているふたつの神社から成りたっている【図44〜50】。内宮は西暦紀元前5年につくられた。それは太陽女神、天照大神をまつり、その象徴として皇室の三種の神器のひとつである神聖な鏡がここに保存されている。約480年の後（478年）外宮が穀物の女神、豊受大神の聖殿として設けられた。西暦7世紀の後半、伊勢神宮を20年ごとに取りこわし、再建するように定められた*70。この伝統は大体現代までほとんど中断されることなく引きつがれ、再建はつねに当初の社を手本として行われる。それでこの大変古い聖殿は、その取りこわしと再建は自然の生成と衰死の法則を象徴して、永久に若くつねに清浄である。伊勢神宮は記念建造物の特殊な種類のものである。内宮と外宮の建物の施設はほとんど同一である。それでここでは内宮についてのみ詳しく述べることにする。

　内宮の境内は美しい五十鈴川の上流に沿って広くひろがり、繁茂した杉の原生林に覆われている。本殿の施設は境内の奥にある。ふたつの建築敷地が東西に隣合っている。古い社殿の取りこわしに際して、他の敷地に神の座所として新しい社殿が新築されるので、ふたつの敷地は交互に利用される。現在の社殿は1929年に西側の敷地に建設された*71。その時々の敷地の中央に

---

*69　要するに祭神としての天照大神（あまてらすおおみかみ）。またはそれをまつった社の意。少なくとも平安時代以後、漢語表現として使われてきた。
*70　20年の数え方は、古制では足かけ20年。したがって正味で19年。戦国時代に式年遷宮の中絶（内宮で123年、外宮で129年）後は、正味で20年。
*71　訳者註によれば「現在の社殿は昭和28（1953）年に建設されたものである」。訳者・薬師寺厚による訳書の出版は、昭和47（1972）年であるからそうなる。もちろん20年毎に造替されることによる。

46 伊勢内宮の主要施設の正門　　　　　　47 伊勢内宮正殿、上・側面、下・正面図

神の座所である正殿が神座を南面して建っている[*72]。本殿の後方左右には奉献物と古い神聖な宝物を収めた東西の両宝殿が建っている。これらの建物を四重の長方形の垣がかこっている。最も内側のは竪に板を張った垣で、その次には内側と外側の二重の杭でできている垣である。最外部は高い水平に厚板を張った垣である。内側の三重の垣の南側には平屋の主要な門があり、一番外側の垣の入口には後に詳細に立ち戻って述べる神聖な門、鳥居が立っている。一般の参拝者は鳥居を通って、入口が白い垂れ幕で閉ざされている最初の門に行く。ここで参拝者は祈りを捧げる。ここで注目されるのは何重もの垣の設けられていること、大抵の神社に設けられている拝殿の欠けていることである。このことはここに最も古い宮殿の施設が伝えられているという証拠である。

　本殿は長方形の切妻の建物である。軒面が正面でその中央に入口がある。建物はすべて檜材でつくられ素地のままである。円形の柱は基礎がなく地中深く埋め込まれている[*73]。柱の間には厚板が水平に張られ壁となっている。

[*72] 正殿に安置してあるのはいわゆる八咫鏡（やたのかがみ）であるが、実は平面中央に置かれていない。床下にある「心の御柱」の上の位置で、中心から斜めうしろにずれている。鏡は「心の御柱」と関係が深い。
[*73] 掘立柱（ほったてばしら）の意

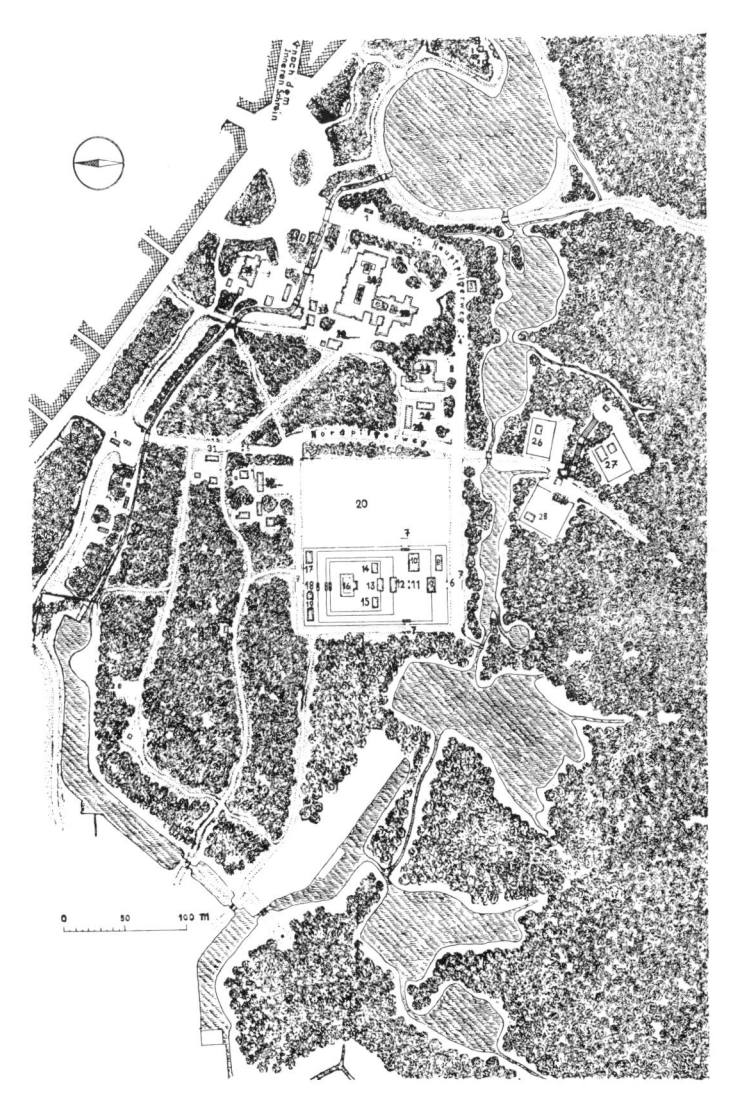

48 伊勢外宮の配置図／伊勢市
1.手水舎 2、4、5、6、11.鳥居 3.祓殿 7.蕃塀（入口前の短い板垣） 8、18.南および北宿衛舎 9、12、13.外玉垣南御門、内玉垣南御門、瑞垣南御門 10.四丈殿（雨天の祭場） 14、15.東および西宝殿 16.正殿 17.御饌殿 19.外幣殿 20.社殿新築の東側用地 21.斎館 22.行在所 23.神楽殿 24.客社拝殿 25.直会殿院 26、27、28、29.摂社 30.忌火屋殿 31.神馬の廄 32.倉庫 33.物置 34.社務所

49、50 東側新築用地より見た伊勢外宮の主要施設および内宮正殿*76

最初は恐らく建物は厚板造であったのだろう*74。床は高い位置にあり、床下は水上家屋と同じように全く開放されている。建物の廻りには濡れ縁がつき屋外階段が正面の中央にある。茅葺の屋根の妻と棟には神社の最も重要なしるしである建築的装飾がなされている。千木は妻榑木の交差して延長したものであり、勝男木は棟上にこれと直角に置かれた丸太である。このふたつの屋根の独特な飾りは疑いもなく原始的な家屋の屋根構造から由来するものである。両妻面に、妻壁の中心の柱に極く接近して、各々の棟木を支える独立柱*75がある。これは原始家屋の、もっと延長していた妻側の屋根を想像させる。

　建物全体は直線と平面のみでできていて彩色はされていない。また構造と自然に結びついたもの以外に何の装飾もない。単純で素朴なこの記念建造物はほとんど原始的ともいえよう。しかもその詳細にわたって建築的構成は最大の洗練と完成を示し、伊勢神宮は全体の印象としての最大の効果をあげ、単純さと清純さの内にひそむ偉大さと美しさを示している。建物の効果は、それを取り巻く立派な杉の森によって一層高められている。建築と自然は互いに助け合って調和した統一体となり、神秘的な雰囲気を創造している。最

---

*74　内宮の境内の荒祭宮（別宮の一）は、少なくとも中世では厚板造であったことが知られている（現存しない）。小砂利敷きの境内地と、「心の御柱」の跡地は残され、覆屋（おおいや）がかけられている。
*75　棟持柱（むなもちばしら）という。

も著名な日本の詩人のひとり、仏教の隠遁者・西行法師(1118〜1190)[*77]は、伊勢神宮に参拝し、この気持ちを次のような一首の和歌に表現した。「何事のおはしますをば知らねどもかたじけなさに涙こぼるる」。

伊勢神宮の本殿の建築により代表される神明造と大社造との関係については、色々な見解がある。両者は同じ起源のものとするもの、一方ではこれに反対して、神明造は伝説では天から降った民族となっている南方からの侵略種族の住居形式から発展したもので、一方大社造の起源は北方からの侵略種族出雲族の住居とするものもある。第三の見解によれば大社造は古い住居から、神明造は倉庫建築から発展したものとされる。

神聖な門、鳥居について以下簡単に述べよう。鳥居は神社の象徴である。前述の通り神社の境内に本殿のないものはあるが、鳥居のないものは決してない。鳥居には色々な種類があるが、その原則は大体同じである。鳥居は単純な扉のない門であって、2本の高い丸柱が2本の横の梁を支え、その2本または上の1本が柱から両側に突き出ている。多分、鳥居は住宅の垣の入口から発達したものだろう。時の経過と共に、形の構成、彩色、材料の使用に中国の建築の影響をうけた。しかし最古の鳥居の形式は丸太の柱と丸太の横の梁が特徴で共に直線的で自然の素材である。

これまで述べてきた神社はすべて日本に仏教の導入される以前にその様式を形成した。中国の仏教文化の侵入とほとんど同時に、すでに高度に発達していた大陸の建築様式による仏寺の建築が始まった。しかし神社の建築はしばらくの間はそれに影響されなかった。多分、神道の理念は仏教が日本で最盛期に達した時代にも、以前と同じく民族の中に生きていたのであろう。仏教を神道とおき替えることが不可能なことが実証された。それでふたつの宗教の融合をはかることが試みられた。いかに古い神道の信仰が日本人の民族意識に定着していたかは、次第に強く大陸の仏教文化を摂取しても、仏教の保護者として名高い聖武天皇が、奈良に東大寺を建設するに際して勅使を伊勢の聖なる社におくり、神の意志をたずねられた事実が証明している。

すでに8〜9世紀に仏教を神道とを互いに融合する運動[*78]は著しい効果をあげた。インドから由来した仏陀は今や日本の神と同一で、同じ本質の違っ

[*76] 内宮、外宮とも形式は同じ。ただ棟にあがっている勝男木(かつおぎ)の数が、内宮では偶数、外宮では奇数。規模は、奈良時代以後についていえば、内宮ではほとんど変わらないのにたいして、外宮では時代により異なり、一般的には大きくなってきて、内宮とほぼ同じになっている。
[*77] 正確にはもとは鳥羽上皇の北面(ほくめん)の武士で、出家者。ここで詩人とは歌人の意であることはいうまでもない。
[*78] 神仏習合のことを指している。神は仏尊は仮の姿になりあらわれたものとする。このときの仏尊を本地仏という。大日如来を天照大神の本地仏とするのはこの一例。

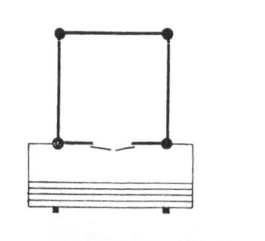

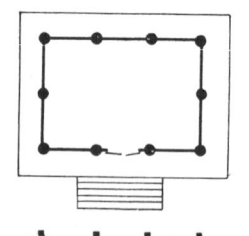

51、52　春日造（左）と流造（右）の神社本殿の平面

53　加茂御祖神社本殿の流造／京都

た具現であると説明された。そして神社の境内に仏寺を、逆に仏寺の施設に神社を設けた。それから次第に神道の信仰と儀式は多くのものを仏教からとり入れ、神社の建築にも仏教の影響が働いた。

これと並んで天皇の宮殿や貴族の邸宅の影響も認められる。なるほど神社は元来は住居から起こったものだが、伝統的様式を固守しているうちに、日本の宮殿や住居の建築は多くの中国の要素をとり入れ、洗練された様式に発展したのであった。神社の建築が今や受けた強い衝撃は、仏教の寺院の側からより、宮殿建築の側からの方であったのは自然で自明のことである。これまで茅で葺かれた神社の直線的な切妻屋根は、皇居や貴族の邸宅のように檜皮で葺かれ、軽い凹形の曲線[*79]をもち、屋根全体の造形は複雑になった。装飾的な細部があちこちに使用され、多くの神社は彩色された。そして9世紀ごろ、ふたつの重要な様式すなわち春日造と流造が発展した【図51～53、62】。

春日造で建てられた神社は、切妻正面の建物で、凹曲線をした檜皮葺の屋根で、ここでは神社建築の最重要な象徴、千木、勝男木は装飾的になっている。この様式で最も特徴的なものは切妻側正面の入口に導く屋外階段の覆い屋根が付加されたことである。木部は朱色に彩色され、壁は白く化粧塗されている。春日造は恐らく大社造の切妻正面家屋の原型から由来するものであろう。

[*79]　「反り」のこと。

54、55　談山神社十三重塔および細部*80／奈良県

56　湯原八幡神社／大分県、九州／本殿はふたつの切妻屋根がついている。神社の多様な屋根の構成の一例

　これは奈良地方に広く散在している。奈良の春日神社本殿はこの社の形式の代表的なものである。
　流造の社はこれに反してその正面が平面にある切妻造である。屋根は檜皮葺で同様に軽い凹曲線をなしている。しかしこの社の形式の特色は、前面

---

*80　神社に仏塔があるのを不思議に思われるかもしれないが、もとは談山神社を含んだ妙楽寺であったから。明治初年の神仏分離によって談山神社とし、仏教的施設は神社施設とおきかえられた。棟は1532年建設。桜井市多武峯（とうのみね）に所在。

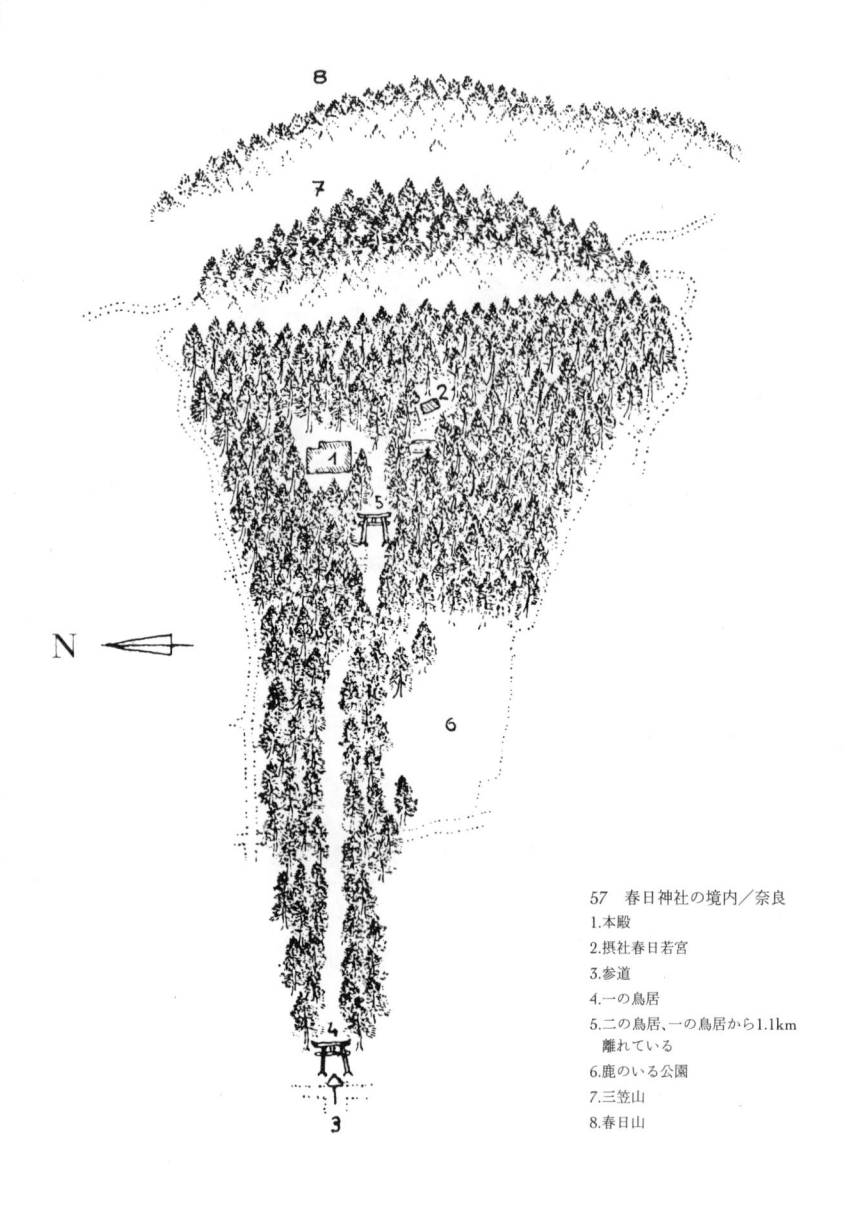

57 春日神社の境内／奈良
1. 本殿
2. 摂社春日若宮
3. 参道
4. 一の鳥居
5. 二の鳥居、一の鳥居から1.1km離れている
6. 鹿のいる公園
7. 三笠山
8. 春日山

の屋根が大きく延長され突出していて、前方に流れているような屋根となっていることで、それは一列の柱で支えられ、建物の前面に柱廊ができていることにある。それで、流造の様式では切妻の建物の前面の屋根は、背面のものより長い。建物は素地の木のままの場合も朱色に彩色されることもある。多分、流造は平側を正面とする神社建築の原型、神明造から発達したものであろう。この様式は全国に広まり、日本の全神社の約70％が流造で建てられている。京都の賀茂御祖神社[*81]の本殿はこの神社様式の見本的な例である。以上述べたふたつの様式の他、当時なお他の新しい平面と外部構成のもっと複雑なものも誕生した【図56】。

　藤原氏が繁栄の頂点にあった10～12世紀の間に、神社建築は貴族文化によって大きな進歩をした。勢力のある朝廷の貴族達は彼らの氏族の守護神の神社の建設に全力をつくした。神社はそれで貴族達の社交生活の対象となった。神社の施設は大規模になり、祭礼は次第に大げさで華美なものになった。供物を捧げる建物、拝殿や、その他の建物が祈禱、神事、または祭礼のために施設に加えられた。この際に仏教建築の影響が非常に強くなって、鳥居と素朴な板垣に替わって2層の楼門や廻廊が出現した。そのうえ、塔、経蔵その他の仏事に特有の附属建物までも神社の境内に建てられてきた【図54～55】。10～12世紀間の神社建築の最盛期の代表的な神社の施設は、奈良の春日神社、京都の賀茂神社と広島附近の厳島神社で以下詳しく述べることにする。

　春日神社は8世紀にすでに創設され、藤原氏の氏神に奉献された。しかし12世紀になって初めて当時その最盛期にあった藤原氏の特別の保護と援助によって、今日の大規模な形態となった。現在の建物は大部分19世紀にできたものであるが[*82]、大体において12世紀の初期の形を伝えている【図57～63】。神社の境内は春日山の麓を占めている。古い繁茂した杉の森の中に境内は遠くまで広がっている。神社に参拝するには、樹齢を重ねた杉の森の中を遠く歩いていかねばならない。そして初めて神社の2層の正門にたどりつく。ここから左右に廻廊が延び、直会殿と2,3の他の建物を取りかこんでいる。こうして形成された中庭の後部に本殿が建っている。本殿は4棟の小さな同一様式の社で構成され、一列に並んでいる。どの社も春日造である。すべての建物の木部は朱色に塗られ、壁は白漆喰で仕上げられている。この色彩のコントラストは、取り囲んでいる杉の森林の生き生きとした緑と相俟っ

[*81]　賀茂川の下流にある。なお上流には「賀茂別雷神社（かもわけいかずちじんじゃ）」がある。
[*82]　実際は、本殿は1863年であるが、他は14、15、16世紀がほとんど全部。若宮神社は本殿と拝舎は1863年。他は16世紀。

62

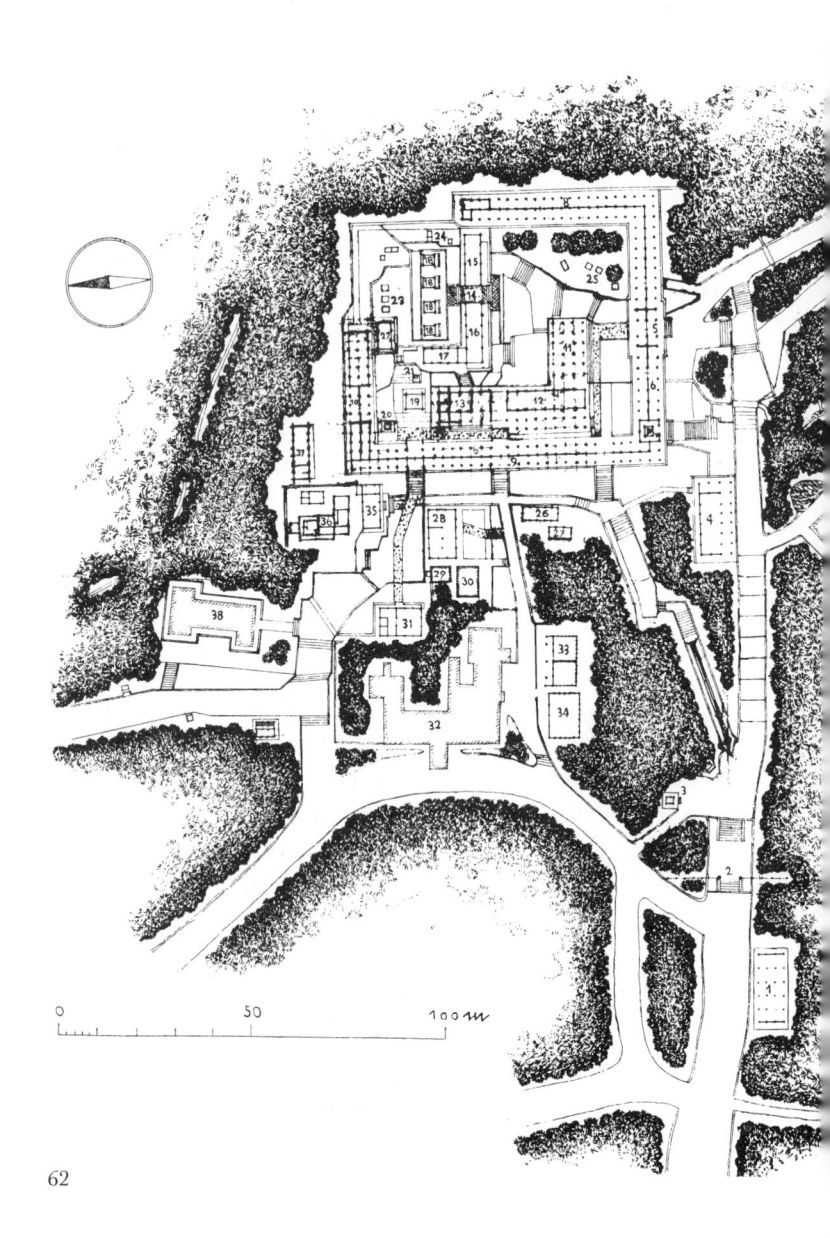

IV. 神社

58　春日神社平面／奈良
1.天皇または勅使の車庫*83
2.二の鳥居
3,7,20,21,23,24,25.摂社*84
4.着到殿
5,14.南門と中門
6,8,9,10.廻廊
11.南舎(幣殿)
12.直会殿*85
13.神殿座(神の一時の座所)
15,16,17.廻廊
18.4つの本殿
19.校倉造倉庫
22.供物を供える建物*86
26,27,29,30,33,34.倉庫
28.祭具保管所
31.日々の供物調進所
32,36.新、旧社務所
37.祭具保管所(校倉造)
38.新しい鉄筋コンクリート造の神社の宝物館
39,40,41,42.摂社春日若宮社の神楽殿、拝殿、御手水舎と本殿

---
*83　車舎。
*84　せっしゃ。本社に付属し、その祭神とゆかりのある神社。
*85　なおらいでん。神事の後、神官が集まり供物をもって宴会する場所。「なおらいどの」ともいう。
*86　竈殿(へついどの)。「かなえどの」「かまどの」「かないどの」ともいう。

59、60　勅使と従者の待合所である着到殿内部と廻廊の一部／春日神社

61、62　直会殿より見た南舎の背面と本殿／春日神社

て格別な絵画的効果を発揮している。遠くまで広がっている深い森に覆われた神宮の境内には、春日若宮や他の色々な小さい副次的な社が、春日神社本殿と同じ様式と同じ色彩で建てられている。

　春日神社と似た美しい環境に京都の賀茂神社【図64～67】もまた建っている。それは賀茂別雷神社と賀茂御祖神社のふたつからなる神社群で構成されている。前者は賀茂川の美しい流れの上流に、後者は下流に位置している。それで上賀茂神社、下賀茂神社は上社、下社と呼ばれている。この神社は大変昔に創設された。皇居が平安、現在の京都に遷都されてから、皇居の守護の神社として朝廷と国民から多大の注目を受け、その施設はそのため拡大された。当初の様式によって再建された現在の建物は、17～19世紀ごろのものである。賀茂両社の本殿は、いずれもすでに述べたように流造で建造され

63 春日若宮神楽殿

ている。

　当時の宮殿建築*87の神社建築に対する影響はとくに明白に厳島神社【図68〜75】に現われている。厳島は日本の西南部の瀬戸内海にある小さな島である。島は日本の本州の南岸近くにあり、神社は小さな入江に一種の水上建築のように建てられている。その正面は開けた海面に向かい、茂った森で覆われた山が背景を形づくっている。満潮の時には、神社はあたかも水の上に浮かんでいるように見える。本殿、拝殿その他の建物が中央群を形成している。ここから左右に延びて、何度も直角に曲っている廻廊は、中央群と小さな社、客人(まろうど)神社やその他の小さい社を結び、両岸まで延びている。中央群の左右から海に向かって突出している、屋根のない並行の歩廊は中央部の前方に設けられたひとつの露台で互いに結ばれる。この露台の中央に祭礼の舞踊のための野外舞台*88があり、その廻りに小さい社や小亭がある。露台から160mの前方に、海中のその上部の横の梁が25m以上もある巨大な木造の神社の門、鳥居が建っている。神社の後方ではひとつの反り橋とひとつの長い橋が全施

---
*87　平安時代の寝殿造の建物を指している。
*88　高舞台5.2m×6.4mと、平舞台553.1m²とからなる。左右に5間×2間の楽房を付す。

64、65　上賀茂神社一の鳥居と下賀茂神社の楼門。古くから有名な5月15日の葵祭の時の情景

設を陸上の境内と結んでいる。変化に富んだ全体の配置は、後に詳述する【Ⅶ章】寝殿造の宮殿の配置を想い起こさせる。

　寝殿造の宮殿建築の場合と同様に、厳島神社のすべての建築は最高度に洗練された様式でつくられている。屋根は上品な檜皮で葺かれている。壁は厚板でつくられ白く塗られ、一方、柱、梁や他の部分は主として朱色である。海と山は神社の建築を、驚異的に美しく取りかこみ、自然と芸術の魔法のような共鳴がここにできあがっている。この景色は昔から日本で最も美しい、3つの風景のひとつとして有名であった。厳島神社の創始は西暦6世紀ごろにさかのぼるが、大きな施設となったのは、12世紀の後半、平清盛が藤原氏の後、彼の名声の最高期に達し、簡素な武士の生活をすて貴族の豪奢なものに変えた時代からであった[*89]。現在の社殿の建築は当初の社の再建で一部は13世紀[*90]、一部は16世紀以来のものである。しかしその全体の造形は、今も平氏一族の栄華時代の華やかな雰囲気を想い出させる。

　京都近郊の宇治にある宇治上神社の拝殿、京都の醍醐寺の境内の神社の拝殿、清滝堂は、大分後世に建てられたものであるにもかかわらず、この時代の美しい宮殿風の神社建築様式をよく伝えている【図76〜79】。

　このように10〜12世紀の間の輝きと感覚の芸術の時代は、同時にまたその時代に発展の頂点に達した神社建築の黄金時代でもあったのである。時の経過と共に神道と仏教は全く融合した。神社建築はその伝統的な素朴さを失いますます寺院と同じようなものになり、後には両者の区別はほとんどはっきりしなくなってしまった。14世紀の終わりに建設された吉備津神社（岡山県）の建築[*91]は日本の中世のこのような神社建築の代表的な実例である【図

[*89]　1168年または1169年には造営が完成していたとされている。
[*90]　1215年および1241年の大修造のことか。

80】。

　16世紀の終わりから17世紀の初めの間に、本殿と拝殿を中間の室*92でつなげ、ひとつの建物にまとめる新しい様式が創造された。これは日常の神への奉仕と礼拝のような宗教的儀式を簡易にした。同時に建築の構成はそれにより、またなかんずく華麗好みの時代精神によって、大変豊かで複雑なものとなった。この様式は後に権現造(ごんげんづくり)と呼ばれ19世紀まで続けられた。しかしあまりにこみ入った建築的造形、あまりに強烈な色彩と過剰な彫刻の浪費は、すでに神社の堕落の第一歩であった。この様式の最初のそして最大の神社建築は豊国廟、すなわち豊臣秀吉の京都の廟であり、1599年建造されたが、豊臣氏の滅亡とともに徳川氏によって破壊されてしまった。最も著名な権現造の実例は東京から遠くない日光にある東照宮*93である。東照宮もまた本来の純粋な神道の神社ではない。それは徳川幕府政治の創始者である徳川家康の廟であり、前述の秀吉の廟を手本にして1636年、3代将軍・家光によって完成された。本殿は

66　下賀茂神社の祭典舞踏のための舞殿

67　上賀茂神社の祭典舞踊のための橋殿

---
*91　吉備津神社本殿のこと。1425年建設。
*92　石の間または相（あい）の間ともいう。本殿、石の間、拝殿が一体となっている殿舎として、現存最古のものは1607年造営の北野天満宮のもの。京都市所在。
*93　初め東照社。1645年天皇から「宮」号の宣下をうけ「東照宮」。神仏習合の時代であったから、満願寺（今の輪王）もあり、東照宮の境内には仏寺建築もある。既存の二荒山（ふたらさん）神社は地主神の地位がつけられた。明治神仏分離令で、3者に分離された。

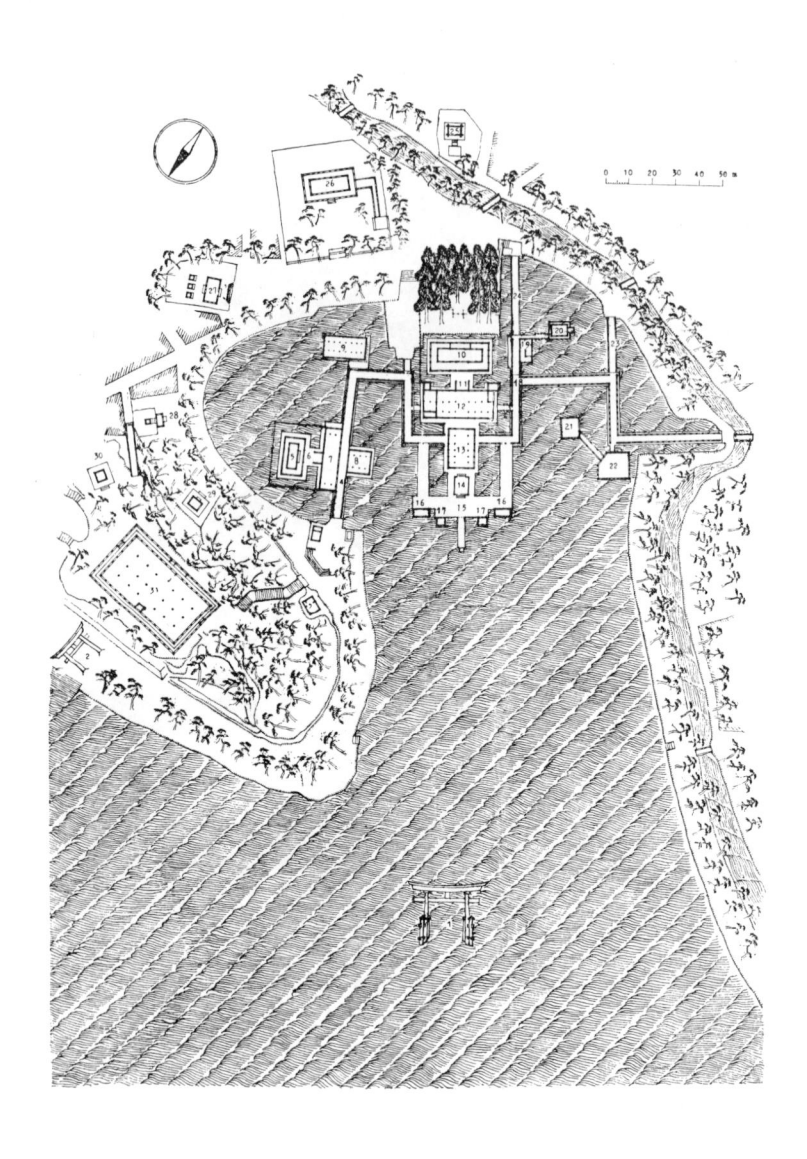

68 厳島神社配置図
1.海中の大鳥居 2.石造鳥居 3.神馬厩 4、18.廻廊 5、6、7、8.摂社客人神社本殿、幣殿、拝殿、祓殿 9.朝座殿
10.本殿 11.幣殿 12.拝殿 13.祓殿 14.高舞台 15.平舞台 16.楽房 17、19、20、27、28.摂社 21.能舞台
22.楽屋 23、24.反橋と長橋 25.宝庫 26.宝物館 29.書庫 30.五重塔 31.千丈閣(大広間)

IV. 神社

69　厳島神社と瀬戸内海。背景に本州

70、71 厳島神社海上の廻廊と中央建築群

権現造の様式で建てられている。「権現造」という名称は元来、将軍家康に死後おくられた「東照大権現」*94の名から由来する(大権現とは、偉大なAvatâi、すなわち偉大な仏陀の具現化された形を呼ぶ)。徳川家の威力を示す政治的な理由から、全施設は金具と強烈な色彩の大きな彫刻、色彩豊かな装飾で大変華麗に豪奢に飾られているので、昔の日本人は日光を見るまでは結構という言葉をいうなといわれていた。しかし芸術的見地から見れば日光の建築は価値の低いものである。根本的にはそれは表面的な粗雑な装飾の単なる累積に過ぎない。

権現造の華麗な様式の優勢にもかかわらず、伊勢神宮をはじめ他の古い神

---

*94 「権現」は神号で、もともとは神の尊称。生きていた人間には与えられるものではなかったが、家康に先立ち豊臣秀吉に「大明神」が与えられていて、その廟に同様の形式の本殿があった。しかし家康によって取りこわされ、新しい様式として影響を与える機会をもたなかった。そこで影響力が大きく長く続いた東照宮を祀る家康の神号の「大権現」の方が社殿形式名として使われた。

72〜74　厳島神社の細部

75　厳島神社中央建築群の前の屋外舞台での舞楽

社が当時も、以前と同じように伝統に従って古い様式で再建されていたのは注目すべきことである。

　すでに17〜19世紀の間に神道を仏教との融合から自由にする試みの運動が主張された。しかしこれは1868年の明治維新の後、初めて成功した。神道は新政府によって強力に支持され、仏教との分離は法律によって実施された。それで神社境内の仏教的な建築は大部分取りこわされた。神道は国教となり、国の要請によって新しい大きな神社が建設された。これらの新しい神社は日本の建築全体に大きく働いた西洋の影響を全く受けなかった。むしろ全く古い神社の様式、神明造、または神社建築の最盛期の社の様式、流造に戻った。明治天皇と皇后の神社である東京の明治神宮は近代日本の代表的な新しい神社であるが、流造でつくられている。太平洋戦争の日本の降伏による終結後、神道は国家の保護を失った。しかし日本人の心に古くから親しまれている神道と神社が存在しなくなるようなことは想像し難い。

　終わりに神社の全施設についてまとめて述べよう。

　神社の施設はその階級、または他の条件によって様々である。村落の最小

76、77　京都近傍宇治の宇治上神社の拝殿の正面と側面

　の神社の施設にも少なくとも本殿、拝殿、神聖な入口の門、鳥居がある。これは神社の施設の3つの根本的な建造物である。特殊な場合本殿のない、または拝殿のない神社もあるが、鳥居のない神社は全く考えられない。

　本殿には神像はなく*95、その代わり鏡、剣、その他の宝物が神の霊の象徴とされている。本殿は主として東面または南面し、神性に対する畏敬から近寄らない参拝者に対し閉ざされている。それゆえ祈禱、神への奉仕、祭典には

---
*95　実際には神像を祀る場合もある。例えば奈良時代の月読宮には月読命（つきよみのみこと）なる神は、馬上の男の姿であったとあり、実在するものとしては、東寺八幡宮の八幡神および2女神の像がある。しかし多くの場合、神像の形式をとらないのは事実であるが、神像なしと一般化するのは正しくない。

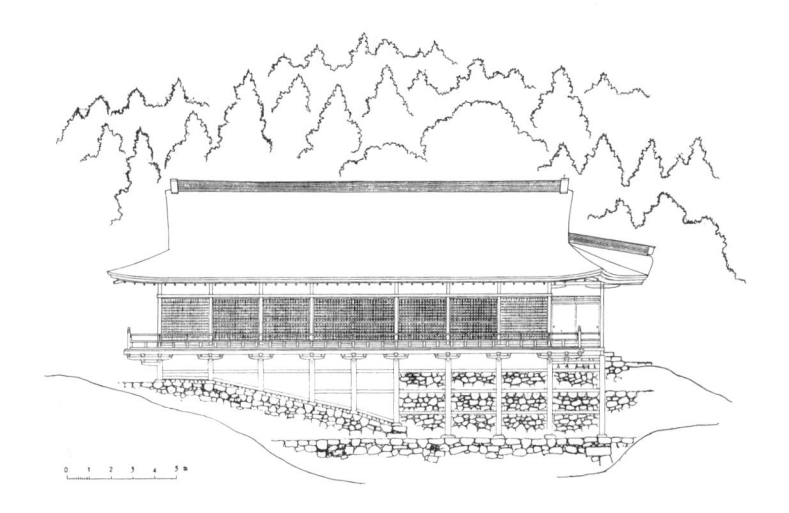

78 京都醍醐寺境内の神社。清滝堂拝殿の側面図*96

79 清滝堂拝殿の内部

特別の建物が設けられる。本殿の前には普通、祈禱のために拝殿がある。両者はしばしば連絡通路で結ばれ、それは供物を捧げる室として使用される。鳥居は神聖な境内への入口にその象徴として立っているが、通常、本殿の正面にはない。

より大きな施設には本殿の近くに神宝を収める建物、拝殿のすぐ傍に奉献する酒と食物の準備をする建物がある。どこかに社務所と祭具の保管所が

---

*96 ドイツ語版では「清滝堂（きよたきどう）」としているが、正しくは「せいりゅうどう」とする。ただ祭神は清滝権現（きよたきごんげん）である。

80 吉備津神社本殿／岡山県、西日本／14世紀末*98

建っている。拝殿への道の傍に石でできた水槽、御手洗があり、祈と供物を捧げる前に参拝者は口と手を浄める。非常に大きな神社には、なおその他に神に奉献された食物をのち奉献者自身が食べるのに使用する建物、神に乗馬として奉献した神馬のための神聖な厩、祭の舞踊のための広間、神楽殿、祓殿、祭の際に神が象徴的にその中に乗り氏子が荷う貴重な神輿の収納所、その他の建物がある。そのうえ神社の境内には、しばしば種々の他の副次的な神に捧げた小さな附属の神社がある。

このような建物の施設はすでに述べたように、いかに神道の神が人間のように考えられているかを示していて、それは祭の際にとくに強く現われ、神は民衆と共に食べ、踊り、歌い、神と民衆は完全に一体となるのである。大体において建物や施設の配置は自由で、非対称的である。

神社が村落にある場合でも、また大都市の中にある時も、神社の施設の最も本質的なものは、広い神聖な境内を覆っている繁茂した森である【図81、82】*97。森は主として常緑樹で、とくに日本杉（Cryptomeria Japonica Don）は高く直立する幹によって崇高で厳粛な気分をつくっている。この神聖な森にくらべれば神社の建築は大層小さく、森の中にかくれるのを望んでいるかのように見える。神社はそれをとりかこむ自然の対立物ではなく、その全体の配置が非対称的で不規則であるため一層この中に控え目に溶け込んでいる。

大きな施設では森の中の繁った枝の下を長い参道が神社へと導いている。

---
*97 図81、82は参道で、この並木の間に社殿があるわけではないから、ここでは境内を覆っている森としない方がいい。したがって参照としない。
*98 今は1425年造営とされている。

それは直線的ではなく、自然の地形に適合するように曲線と屈折がある。適当な間隔をおいて道には2、3の鳥居が、聖地の隔離された状態をなおも強調している。しばしば神社の境内を通って清流が流れ、清浄で神聖な神社の印象を強めている。芸術的で、大規模な一般の記念建造物とくらべると、つつましい、自然な神道の聖地の施設は、本質的に異なった理念を具現したものである。

81　日光東照宮への参道・日光街道*99

82　九州の小さな神社・佐野神社の参道

---

*99　図81と図82とは入れかえるのが正しいと思われる。

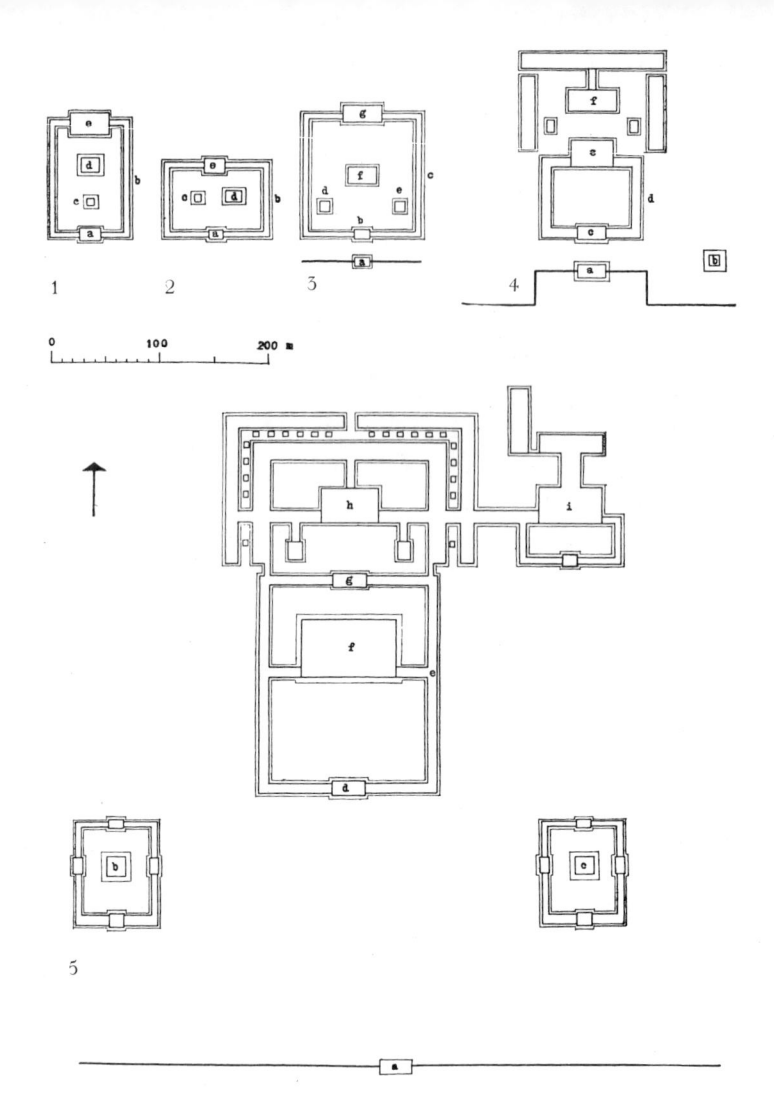

83 6～8世紀の仏寺の伽藍配置
1.四天王寺／大阪：a)中門／b)廻廊／c)塔／d)本堂(または金堂)／e)講堂
2.法隆寺／奈良：a)中門／b)廻廊／c)塔／d)本堂(または金堂)／e)講堂(現在の法隆寺はこの配置と幾分違っている。講堂は後の再建の際拡大され約30m後に置かれた)
3.薬師寺／奈良：a)南大門／b)中門／c)廻廊／d)西塔／e)東塔／f)本堂(または金堂)／g)講堂
4.興福寺／奈良：a)南大門／b)東塔／c)中門／d)廻廊／e)本堂(または金堂)／f)講堂
5.東大寺／奈良：a)南大門／b)西塔と廻廊／c)東塔と廻廊／d)中門／e)廻廊／f)本堂(または金堂)／g)北中門／h)講堂／i)食堂

V. 仏寺

　西暦紀元後552年、欽明天皇の御代の13年[*100]、仏教が朝鮮の百済国（Pähcye）を通じて公式に伝来された。日本の保守的な分子が新宗教の採用に反対したが、摂政、聖徳太子の協力によって最後の勝利は進歩派のものとなり、それによって仏教の広い発展の基礎が置かれた。仏教と共に今や大陸の文化と芸術は全力を以て極東の島国に流れ込んできた。

　聖徳太子（573～621）[*101]は高度の文化人であった。彼の名と日本の文化史の結びつきは切り離すことができない。彼は仏教のひとりの熱烈な帰依者、推進者であったばかりではなく、すべての芸術の偉大な保護者であった。彼はとくに文化史的な観点から見れば、多数の仏寺の創設を発願した。当時の記録によれば、仏教の公式伝来より72年後、624年にはすでに46の寺院があり、816人の僧、569人の尼僧がいた。これら初期の仏寺はみな大和地方（現在の奈良県）とそれに隣接する京都と大阪にあった。その中で難波（現在の大阪）の四天王寺と大和地方の法興寺と法隆寺が最大の仏寺であった。

　当時の仏寺は僧院の意義をもち、学習と学問の場であった。それで法隆寺は一名法隆学問之寺と呼ばれた。同時に仏寺はまた社会福祉の場でもあった。

84、85　法隆寺金堂内の仏教壁画（フレスコ）

[*100]　552年にあたる。『日本書紀』の説にしたがっている。『帝説』、『元興寺縁起』では、538年（欽明天皇の7年）とする。仏教界では古くから後者の説をとってきた。
[*101]　今は574～622年が定説。592年日本最初の女帝・推古天皇即位の翌年、皇太子、そして摂政となる。聖徳は没後のおくり名で、厩戸（うまやど）皇子と称されていた。

86 法隆寺全景と後方の生駒山

87 法隆寺伽藍の模型。左は西(主)院、右遠方は東(副)院*104

このことは四天王寺の施設の中に、養老院、孤児院、貧困者病院、貧困者施薬院の施設があることで明白に示されている。このために当時の仏寺の施設はつねに平坦な主として都市の市中か近郊に置かれた【図83】。

長方形の寺の境内は一種の土塀*102で囲まれ、四方に門があった。南門は主な門で、大きな南の門(南大門)と呼ばれた。最も重要な建物は南を正面に向け、南北の中軸線に対し、もしくはその線上に左右対称に配置された。南門を通って真直に進むと2層の内門(中門)に達する。この中門から廻廊が両側に延び直角に曲がり、中門の北にこれと相対して立つ講堂につながる。講堂では仏教の経典の講義が行われる。この廻廊によってふたつの最も重要な建物、本堂と塔をかこんだ仏寺の中庭が形成される。

金色の広間「金堂」と呼ばれる本堂の中には寺の本尊が安置される*103。塔の起源はインドの墓Stûpaである。これは水晶の砂または同様のもので象徴化されている釈尊の遺骨の保存のためのものである。塔は多層すなわち、普

---
*102 築地塀(ついじべい)のこと。
*103 本尊を安置する堂は一般的には「本堂」と称しているが、飛鳥・奈良・平安時代の主要な寺では「金堂(こんどう)」という。光り輝く仏像を安置し、装飾も金色に輝くからという。とくに禅宗では「仏殿」という。
*104 東院の地は、もとは聖徳太子の斑鳩宮(いかるがのみや)の跡地。739年、夢殿がつくられ寺院化し、法隆寺とは別の寺であったが、吸収された。

88　法隆寺中門
89　法隆寺廻廊

通3重、5重、または7重の四角い平面の木造建築で、その最上階の屋根の上には、塔の中心柱を延長してつくられた、9つの輪で飾られた相輪または九輪と呼ばれる高い柱が立っている。これはStûpaと最も密接な関係のあるものなので塔の最重要な部分である。

　金堂と塔の配置にはふたつの方法がある。時にはふたつの建物は南北の中心線上に立ち、中門から入るとまず塔、それから金堂がある。四天王寺はこのような配置である。しかしまた、ふたつの建物が法隆寺のように、中心軸の左右に並び合って建つこともある。前者の配置は大陸から伝来し、後者は普通、多分日本で始められたものと考えられている。中国ではいつの時代でも、そしてすべての建築様式でも建物は絶対に左右対称に配置されるのがつねである[*105]。法隆寺の場合のように、広がりと高さの異なるふたつの建物を並べて配置することは、中国では全く異常なことである[*106]。そして事実、現

[*105]　日本でもなかったわけではない。創立当初の東大寺や薬師寺がよい例。
[*106]　日本では塔に納める舎利信仰から本尊を安置する金堂（本堂）の本尊信仰にうつったからと思われる。舎利信仰の場合は、舎利を納める塔を中心として、伽藍配置が決められる。法興寺（飛鳥寺）や四天王寺がその例。

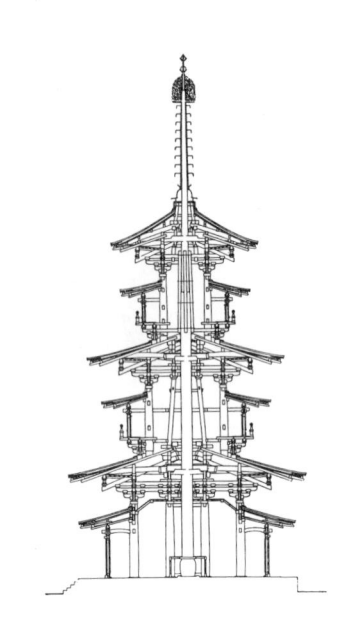

90、91　薬師寺東塔とその断面図／奈良

在までこのような仏寺の配置の跡は大陸には発見されていない。日本の非左右対称の配置の理由についてはいまだ明らかでない。多分、審美的観点からよりは、これらの建物の機能を考慮してこのように配置したのであろう。

　閉鎖された中庭の後方に鐘楼と経蔵が東西に並んで建てられる。僧坊は講堂の廻りに東、西、北方に設けられる。施設にはこれらの他なお、食堂、浴室、宝物庫、倉庫などが附属する。

　建物は各々石の基壇の上に建っている。平面は長方形で、規則正しく柱が立ち、壁がつき、大きく突出した瓦屋根がついている。屋根の表面は軽い凹面で、軒端は隅部でやさしく上方に向かって反っている。大きな屋根の突出は梗の延長と、桝組または組物と呼ばれる特殊な肘木の組み合せによって構成され、両者は元来は純構造的要素であるが重要な装飾的意味をもつようになったものである。建物の外部も内部もあざやかに彩色されていて、外部では柱と外の木部は朱色に塗られ、その木口は黄色で、格子や欄干は青緑色である。白く漆喰で塗られた壁に対して、これらの色は強くきわだっている。

　内部では格天井や他の詳細な部分は種々の形をしている。これらの6世紀後半から7世紀前半の初期の仏寺の建築様式は、素朴な神社の建築様式とす

92 薬師寺東塔頂の9つの輪のついた「相輪」または「九輪」

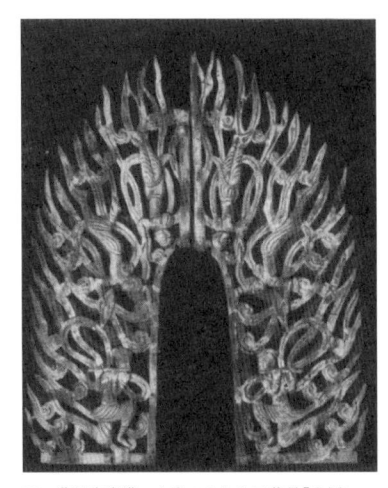

93 薬師寺東塔の火炎のような工芸品「水煙」

でに著しい差異があるが、しかし後の時代の仏寺の建築とくらべると、いまだ一種の初々しい、力強い、古拙な性格をもっている。これは大体において中国の六朝(268〜618)の仏寺建築の様式の伝来したものだが、この様式は元来中国の純粋な宮殿建築の様式から由来したもので*107、細部にのみインド、ペルシアまたその他にギリシア、東ローマの影響を受けたものであった。朝鮮を通じて日本に仏教が伝来して間もなく、朝鮮の仏寺建築の大工、彫刻家、画家、瓦工など*108が日本に来た

94 薬師寺東塔の屋根の構成の詳細

---

*107 「テラ」に「寺」の字があてられるのは、古代中国への仏教伝来と関係がある。古代中国・後漢(20〜220)の明帝時代にふたりのインド僧が来て白馬寺にとどめられたとされ、その白馬寺はもともと洛陽の西にある。ここで「寺」は仏教寺院という意味でなく、官庁のことであったから、原著者はそのことを指しているのかもしれない。また奈良時代には平城宮の朝集殿が唐招提寺の講堂とされたし、聖武天皇の橘夫人の邸宅のひとつが、法隆寺に寄進され仏堂(伝法堂)とされている。したがって3種の建築形態は未分化の状態にあったという意味であろう。

81

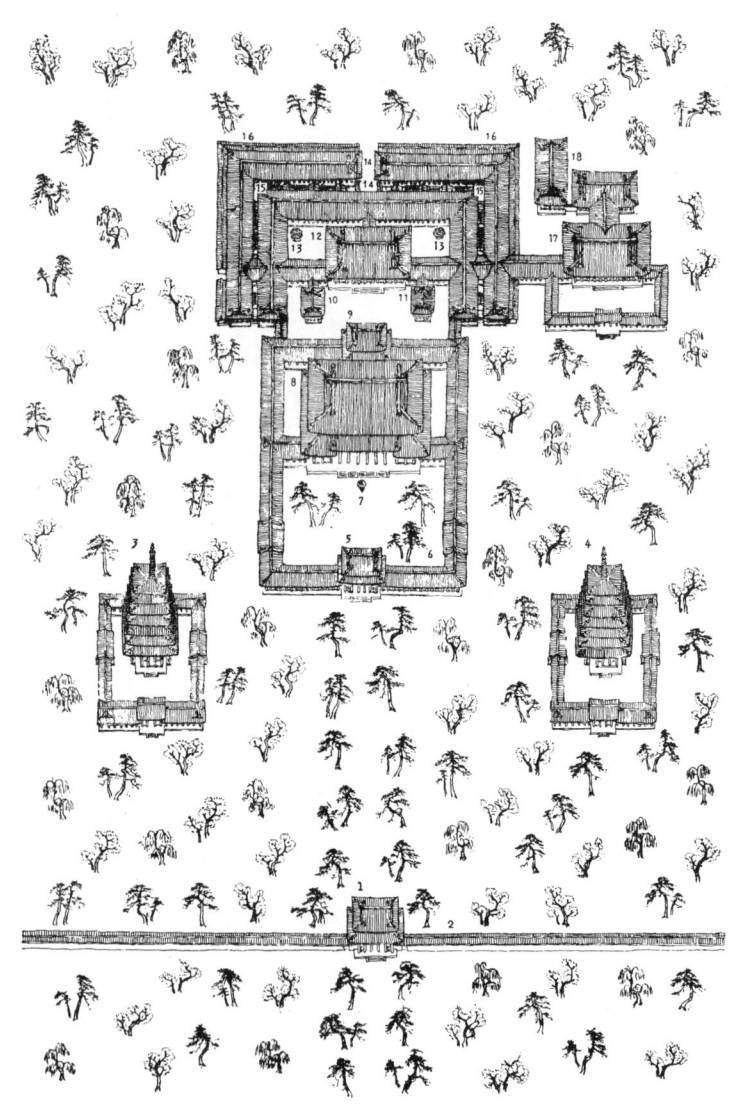

95 創建当時の東大寺の主要部配置／奈良
1.南大門 2.築地 3、4.廻廊のついた西と東の七重塔 5、9.南と北の中門 6.二重廻廊 7.金堂燈籠 8.金堂（または大仏殿） 10.鐘楼 11.経蔵 12.講堂 13.泉 14.僧房 15.物置（推定） 16.便所（推定） 17.食堂 18 厨房と他の管理用室(推定)

96、97　奈良・東大寺の境内の一隅／18世紀初めに再建された大仏殿と奈良の遠景*111

のであろう。当時の仏寺は多分これら外国の芸術家自身または彼らの指導の下につくられたものであろう。

　初期仏教文化の記念碑である法隆寺は、奈良県の生駒山脈の麓の高台にある【図83〜89】。これは日本の最古の仏寺建築であるのみならず、世界最古の木造建築で、日本において最も完全に保存された仏寺の施設である。581年、用明天皇が病にかかられた時、彼に回復をもたらす、病気救済の薬師仏の彫像をもつ寺院を建立する意向を彼はもった。しかし用明天皇は死去し、統治に当たった彼の妹・推古女帝と、皇子である聖徳太子が先帝の願*109を、607年竣工した法隆寺の建設でみたしたのであった。

　南大門を入ると参道が真直に中庭に入る2層の中門に導く。廻廊でかこまれた中庭には、右に2層の金堂、左に五重塔がそびえ立ち、正面後方には平屋の講堂が立っている。金堂、塔、中門、廻廊の一部は、ひとつの見解では寺の創建時のままとされている。これに反し寺院の施設全体は670年に火災で一度焼失したとする見解もある。この論争はいまだ決着していないけれども、これらの建物が木造建築では極めて稀な少なくとも1,200年以上前のものであるという点では見方は一致している*110。この寺院がこのように存続したことは、恐らくとくに腐朽に強い檜材でつくられ、戦場になったことのない

---

*108　『日本書紀』によれば、588年百済より来たのは、寺工、鑪盤（ろばん）博士、瓦博士、画工とする。本文の大工は、現在と異なり、始め官僚組織の中の職人一般の最高位者。それが後に民間にも適用され、手工業技術集団の長。15世紀末ごろより現在と同様の意味となる。なお「博士」は専門家という意味。
*109　用明天皇（在位585〜587）が病気にかかり、推古天皇と聖徳太子を召し、造寺・造仏を発願したことを指す。果さず崩じた。607年は金堂に安置した薬師如来坐像の完成年。光背（こうはい）銘による。
*110　訳者註には「現在では当初の法隆寺は、一度火災にあい、いわゆる若草伽藍の地から、わずか西北方の現在地に再建された説が有力である」とある。とすると現在の金堂も再建ということになるが、鈴木嘉吉氏の最近の調査研究によれば、少なくとも金堂については興味ある新説がある。

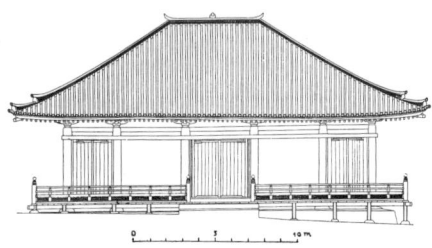

98、99 建物の原型がほとんど完全に伝えられた東大寺の法華堂背面*113

離れた山地にあることによるのであろう。この施設でとくに目立つことは、多くの異なった広がりと高さの個々の建物の調和した構成、風景の大変美しい環境との完全な一致である。個々の建物はすべて美しい形をしているが、少なからず大陸の影響を示している。恐らく建物は大陸の仏寺建築の大工達の手で、または彼らの指導の下で建てられたのであろう。金堂と塔は後世の変更や付加物によって部分的にそこなわれているので、元来の形を保っている中門が一番美しく感じられる。金堂の内部には基壇の上に、本尊釈迦のブロンズ像、薬師仏やその他の仏像が並んでいて、堂の四方の壁には最近の火災によって著しく損傷した仏教の壁画がある。

7～8世紀に仏教は奈良の都の隆盛と共に、ますます宮廷と密接に結びついて最高の権力と名声をもつにいたった。無数の仏寺が代々の天皇によって首都・奈良のみならず全国土に建立された。仏教の日本における黄金時代は仏教の偉大な推進者であった聖武天皇(701～756)の統治の時代*112であった。

---
*111 大仏殿東方の二月堂への道と二月堂からの景を示している。
*112 在位は724～749年。出家し、第2皇女の孝謙天皇に譲位。

天皇の使命の力強い支援者は彼の夫人、敬虔な光明皇后であった。彼の最大の業績は、各国にその主寺院（国分寺）を建立したこと、これら地方寺院の最高位の寺院として首都・奈良に東大寺を建立したことであった。当時これまでの学派と並んで、すでに奈良六宗*114として知られている、三論、倶舎、法相、成実、華厳、律の6つの学派があった。これらの宗派は強い政治的要素の加味されたもので、個人の救済より国家の繁栄と平和に関心をもってい

100　東大寺法華堂の木造の天蓋のついた天井

た。東大寺と国分寺の建立はこのような現世的な奈良仏教の性格を明白に表現したものである。

　高度に発達した仏寺建築の様式がこの時代に朝鮮を通じてではなく、最盛期にあった唐朝の文化をもつ中国から直接に伝来し、日本の寺院芸術の発展に寄与した。寺院の施設は巨大な、完全なものになり建築は生き生きとして豊かで調和的なものになった。仏教の各宗派のちがいは仏寺建築にほとんど影響せず、当時の種々の宗派の寺院は互いに全く差異がない。

　現在の奈良市郊外にある薬師寺の東塔は8世紀前半にできたものである【図83、90〜94】。この寺の規模は大きく、寺の中庭にはふたつの塔、東塔と西塔が並んで建っていた。この塔の配置は前に述べた、中庭にひとつの塔のある四天王寺の配置から、後のふたつの塔が中庭の外に建つ東大寺の配置への移行をあらわしている。これは塔の神聖な意義が次第に失われ、施設の中心点から二次的な位置に後退し、ついには単なる装飾として役立つだけになったことを意味している。

　薬師寺でただひとつ保存され、残っている東塔はその変った形で有名である。本来は三重塔であるのに、各大屋根の間に小屋根*115が突出している。そ

---

*113　堂の造立は738〜748年ごろ。当初は正堂と礼堂とは別棟にわかれていたが、1199年に一体とされた。
*114　南都六宗（なんとりくしゅう、なんとろくしゅう）という場合の方が多い。平安時代以後の宗派と異なり、学問的研究が主で、僧も他宗と兼学が多く、寺院は学校の性格をもっていた。これらの寺院は、明治政府から、平安時代以後の真言宗や天台宗などの宗派に属することが求められた。六宗とは、「さんろん」「くしゃ」「ほっそう」「じょうじつ」「けごん」「りつ」。
*115　裳階（もこし）という。

101　唐招提寺の金堂／奈良

れで塔は外観では6層のように見える。この独創的で幻想的な姿は塔の普通の建築法と相違している。最上階の上にある9つの輪をもつ大きな柱（相輪または九輪）の先端には、大変精巧な火炎状の物「水煙」がついている。

　8世紀の最大でかつ最重要な仏寺建築、仏教文化の最盛期の記念碑は、聖武天皇が建立された奈良の東大寺である。この仏寺の建立は、一方では興隆する仏教の影響の、一方では国家の威信の向上を目指した国家の意向の具体的な表現であった。この問題の実現に国庫はほとんど全く空になった。743年に事業は始まった。最初に本尊・盧遮那仏 (Vairocana Budda) [*116] の16mの巨像が青銅で鋳造された。何回もの失敗の後の8回目に鋳造は成功した。この巨像の安置される巨大な金堂の建築は、747年に着工され、5年後非常に立派に華麗に落成した。約10年後、寺院の全施設は完成された【図83、95～99】。

　東大寺は首都・奈良の東に建設された。広大な寺院の境内には左右対称に大仏殿やその他の種々の建物がつくられた。南大門を入るとその左右に各々廻廊でかこまれた7層の東塔と西塔が聳えていた。南門の向いに寺の奥の施設に通ずる中門がある。廻廊でとりかこまれている広い寺院の中庭の中央に巨大な金堂が建っている。それは東と西の廻廊で結ばれている。寺院の庭を

---

*116　「華厳経」「梵網経」などの本尊で、東大寺にのみ限られたわけではない。元来は太陽を意味する。宗派により釈義を異にする。

閉じる北廻廊の後方の中央に大講堂が立ち、その左右に鐘楼と経蔵があり、講堂の三方をかこんで僧房がある。なおこの施設には大食堂、宝物殿その他の諸建物がある。

巨大な金堂の平面は長方形で正面88m、側面52mもある。大きな寄棟で棟までの高さは約50mある。このような木造の巨大な建物を完成させたのは、いかに当時の日本の建築が技術的に高度に発達していたかを証明している[117]。内部は豊かな色彩の模様や絵画で飾られていた。中央には青銅と白大理石の二重の台座の上に、足を組んで座った全体に鍍金された仏陀（高さ16m）の巨像が立っていた。

102 法隆寺東院夢殿（冥想の間）

103 法隆寺東院の模型

彫像には巨大な、500以上の小仏像がついた光背がとりつけられ35mの高さに達するので、像全体は台座の下端から光背の頂点まで40mある。この巨像の左右に、また堂の四隅になおそれぞれ大きな立派な仏像が立っていた。この主建物は12世紀に兵火で焼亡したが、間もなくその上に再建され、後に

---

[117] 実際は完成時からゆらいでいたらしく、「動損」の害ありとし、720年に補強。大仏像も亀裂が入り傾き、826年築山で支え修固工事が施されている。したがって技術が高度化していたというより、リスクを冒して前例のない大工事をなした意欲こそ評価さるべきであろう。

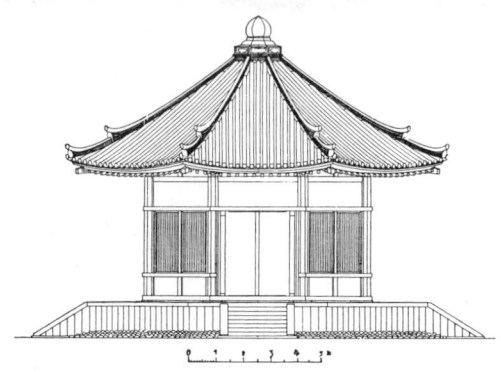

104、105　栄山寺の八角堂／奈良県

再度こわされてしまった[118]。現存の建物は1709年[119]に完成したもので資金の不足のため、当初の建物から正面で31m（すなわち3分の1）せまく建てられているが、側面と高さは昔通りの規模である。そのため往時の美しい比例は全くそこなわれ、大分小さい建物になってしまった。それでも今日世界最大の木造建築である。「奈良の大仏」としての有名な巨大な仏像は、今日まで保存され残っているが、頭部のみは後世の補修で損傷している[120]。塔、講堂、その他諸建物は金堂に対する正しい比例によって、同様に通常より大きく建てられていたに相違ない。塔は九輪をもつ頂部の柱頭まで約97mの驚くべき高さにつくられた。このような高さの木造建築は正にひとつの傑作である。しかし落雷による火災でふたつの塔は焼亡し、再び建てられることはなかった。

　創建当時の東大寺の建物のうち法華堂と宝物庫の正倉院そのほか2、3の

---

[118]　1567年10月の兵火による焼失をいう。
[119]　棟札では1705年が上棟の年ということになる。1709年は完成供養の行われた年。
[120]　実際は当初の形をとどめているのは蓮華座の一部のみとされている。

あまり重要でないものが今も残っている。法華堂は比較的小さい建物だが仏教の最盛期の建築芸術の大変美しい比例と生き生きした表現のすぐれた実例である【図98〜100】。後世に礼堂が増築され正面と側面は変えられたが、背面はほとんど完全に古い形をつたえている。屋内には8世紀の素晴らしい仏像が多数安置されている。宝物庫正倉院は三角形の梁材をつみあげた一種の高床建築である【図3】。これは光明皇后が聖武天皇の遺志によって東大寺に寄贈された天皇の遺物を保管するために建てられたものである。すでに1,200年たった多数の価値の高い工芸品がここに完全な状態で保存されて残っていて、日本のみならず世界の文化史上、他に例のない資料を提供している。

106　栄山寺八角堂の天井と天蓋

107、108　奈良・新薬師寺本堂とその天井の構成

現在残っている8世紀の最大の寺院建築は奈良の近郊、薬師寺の近くにある唐招提寺(とうしょうだいじ)の金堂である【図101】。唐招提寺は759年、有名な中国の僧 Chien-Chin（日本名・鑑真(がんじん)）によって創始された。当時の大きな施設のうち、今、金堂と講堂のみ残って

いる。金堂は落ち着いた重厚な、長方形の平面で、大きく突出した寄棟で覆われ、吹き放ちの柱廊のある建物である。屋根は後世の修復で当初の軽快さを失い、建物の美しい形はそこなわれた。それにもかかわらずすでに述べた東大寺の法華堂とならんで、唐招提寺の金堂は8世紀のみならず仏教の寺院建築としてすぐれた建築作品として挙げられるだろう。講堂は当初は首都・奈良にあった国家の儀式の建物（朝堂院）[*121]の施設のひとつで、唐招提寺の建設に際して天皇の贈物としてここに移設されたものである【Ⅵ章】。

法隆寺東院の夢殿（瞑想の間）は8世紀に由来する【図87、102、103】。法隆寺は西院と東院に区別されている。西院はすでに7世紀初頭の重要な実例として述べた。東院は聖徳太子の宮殿の敷地の跡の中につくられ、主建築が夢殿である極く小さな施設である。夢殿は八角形の平面の小さい建物で、当時は大変美しかったに違いないが、これも現在は後世の変更によってその創建時の美しさを失っている。八角の宝形屋根の頂には大変精巧な青銅の宝珠がついている。「冥想の間」の名称は聖徳太子がかつてこの場所で宗教的観照を深めることをつねとされ、冥想の中にしばしば天啓を得たとの伝説に基づいている。寺院の内部にある本尊の彫像、救世観音（Kwannon-Avalohitesvara）は非常に有名な傑作である。

その他の8世紀の仏寺建築のすぐれた例としてふたつの小さい、しかし様式的に大変すぐれた建物がある。それは奈良の新薬師寺の金堂と栄山寺の八角堂である【図104～108】。

109　西日本・尾道の浄土寺の特殊な様式の仏塔 多宝塔[*122]／14世紀／天沼俊一教授写真

[*121]　正しくは「朝集殿」。朝堂院内の一建物で、大礼の際に百官が待機するところ。朝集堂ともいう。朝堂院は、大内裏（だいだいり）の中枢となる画地で、大極殿、朝堂、朝集堂からなる。
[*122]　多宝・如来を安置する塔。

8世紀の朝廷においての仏教の熱狂的な活動は、僧侶階級と政治が極端に結びつくことになり、ついには政治的な弊害を生じた。首都が今日の京都、平安に遷都されたのは根本的にはこの弊害を除去するためであった。これによって奈良の寺院は次第にその政治的意義を失った。

桓武天皇の御代に最澄（767〜822）が天台宗を、空海（774〜835）が真言宗を日本に創始した。いずれもまた中国からきたものである。この後に伝教大師（大師は偉大なる教師を意味する）、弘法大師と名誉の称号をおくられたふたりの傑出した僧は、現世的な政治には全く関心がなく、これから離れて仏教の中に自己の途を歩んだ。奈良の六宗とふたつの新しく創始された宗派は「平安八宗」として共に行われた。古い奈良宗派と同様に天台、真言両宗も純粋に貴族的性格のものであって、国民に安心立命を与えるには適していなかった。都会的な奈良宗派と違って、これらの信奉者は僻地、主として当時多くの寺が建てられた山中に引き籠った。両派の思想は多くをインドの密教からとり入れた。俗世の欲望とすべての奢侈は僧達と無縁で、現世の政治に関与することなく、彼らは山中深く静寂な谷間に座して、ただひとり自然と結ばれ冥想にふけっていた。

平地に建設された奈良の寺院の非常に規則的で左右対称の配置は、山中にある新宗派の寺院では変わったものになった。個々の建物の方位と配置は全く自由になり、地勢のみが規準となった。しかし平安の寺院の特質はただ配置が別様になったことばかりでなく、ふたつの密教がその建物に表現した強い神秘的な様式にあらわれている。それで品位はあるが明朗だったそれまでの仏寺建築と区別される。天台と真言の寺院では本堂の内陣と外陣がはっきりと区別される。本尊の安置された厨子は内陣の薄暗い場所にあり[*123]、これまでは誰もが本尊のごく近くによることができたのに、信徒は入れなくなった。本堂の床はこれまで中国風に石か瓦敷だったのが、天台、真言の寺院では一部または全部高床となり板張りされた。これによって後世の日本の住宅のように日本の仏寺の板張りの床が畳敷きとなっていく発展の第一歩が踏み出された。

新宗派の伝来に伴って多宝塔と呼ばれる新しい種類の塔が中国から入って来た。これまでの3、5または7層の塔と違って多宝塔はつねに2層で独特の形である【図109】。下層では平面は四角形で、上層では円形であり、各層の屋

[*123] 本尊のある堂の最も奥がうす暗くつくられていることをいっており、それまでの仏寺建築と対比されている。原著者はヨーロッパの人に読んでもらうことを意図していたのであるから、キリスト教の教会堂と相違することも頭の中にあったと思われる。

根は四角形である。四角の方形屋根の頂部には普通の塔と同様に九輪(相輪)のついた柱が付加される。白く漆喰で塗られ角に大きな丸味のある上層の基部によって、建物は異国的な外観をしている。多宝塔はインドの墳墓 Stûpa の原型に大変よく似ていて、いわば屋根のある Stûpa である。

今や次第に成就してきた仏教と神道との融合の思想と、それによって進められたこの時代の仏教の強い日本化の、この時代の施設への明白な定着がみとめられることはとくに注目されることである。かくして仏寺の境内に神道の守護神の神社が建てら

110、111　奈良地方の深い山中にある室生寺金堂

れ、同様に一方では仏教的な建築が、神社の境内に受け入れられた。

8〜9世紀の変わり目ごろの密教の最も重要な仏寺は、788年伝教大師によって比叡山上につくられた延暦寺と、816年弘法大師によって高野山上に創始された金剛峯寺である。これらの寺の現在の建物は実際は後世のものであるが、寺院全体の配置と当初の建物の平面は伝え残されている。室生寺は小さい尼僧の僧院で、繁茂した古い森林にかこまれた、深い静寂の真唯中にある【図110〜112】。金堂と塔は小さいが大変優美で檜皮葺で葺かれ、すでに神道建築の影響を示している。

言い伝えによれば京都の清水寺も8世紀に創設された。天皇は長岡京【VI章】の宮殿の主建築・紫宸殿を、贈物として新しい寺院の境内に移させ、これが寺院の本堂となった。現在の建物は実際は17世紀のものであるが、多分、古い平面に従って建てられたものである【図113〜117】。軽やかな檜皮葺の屋根とテラスのある精巧な建物で、高い柱の構造の上に環境と完全に調和し

て建てられている。精巧な、しかし力強い8、9世紀の様式感覚がここにうかがわれる。

天台宗と真言宗は9世紀に盛んになり、10～12世紀のいわゆる藤原時代はその活動の最盛期に達した。宗教的生活は次第に迷信的、形式的になり世俗的な願望の祈禱が大きな役割を占めるようになった。一方では当時すでに浄土信仰が起こり、それはこれまでの教えと反対にすべての知的内容から離れ、大衆的な性格をもった。人々はただ限り無く慈悲深い阿弥陀（Amitabha Budda）の愛によってその支配する仏教の天国、清浄の国（浄土）に再生することを願った。仏寺の建築に阿弥陀仏の大変な流行は影響し、人々に浄土を目前に示すような、大変華麗な特別の阿弥陀堂がつくられた。

112　頂までわずか18mの高さの室生寺の五重塔

また、仏教の形式化によって数が特別な意味をもった当時の信仰のため、仏像の数が重要になった。例えば京都府の浄瑠璃寺本堂に今日なお見られるような、9体の阿弥陀仏の像を安置する長い阿弥陀堂を建てることが普通のこととなった。また神秘的な信仰と数の結びつきによって、無数の観音（Avalokcles vara）像を並べるため格別に長い建築がつくられた。今の建物は13世紀のものであるが、京都の蓮華王院の本堂はこのよい実例である【図118～120】。この建物は俗に三十三間堂と呼ばれ、これは正確にいえば内陣の柱間が33の長さのあることを意味する[*124]。この建物は長さが120mあり千体以上の千手観音像を収めている。この時代の宗教的信仰は貴族文化に適合し、表面的であったにせよ全く格別な芸術的効果はあった。種々の豪奢な

[*124]　最初のものは、1164年の一院として創建された蓮華王院の中に新千体堂として創建されたが、1249年に焼失。現存のものは1266年再建。全体では35間×5間の規模。

113、114 傾斜地に高い舞台をもつ清水寺／京都

踊りと音楽を伴う儀式が寺院で行われた。これまで信仰の神聖な場所であった仏寺は社交的娯楽の場所と化した。それで当然仏寺はもはや山中にではなく、市内またはその近郊に建設された。とくに首都平安の近くには皇室と藤原氏の巨大で華麗な仏寺が建設された。貴族階級の多くの邸宅や別荘がまた新しい仏寺の施設に転用された。それで10〜12世紀の間に仏寺と住宅建築の間には密接な関係が生じた。高度に発達した当時の貴族階級の審美的感覚が作用して、この時代の仏寺建築は非常に繊細でやさしい様式に発展した。その際に種々の高価な工芸品による装飾の応用が、とくに当時の仏寺の中心施設となっていた阿弥陀堂の内部で大きな役割を演じたのであった。

当時の華麗な全仏寺の中で、藤原氏の勢力の頂上に位置した藤原道長の建てた法成寺は最も巨大なものであった。法成寺は実に光り輝く藤原文化の記念碑であった。後年道長が胸部疾患にかかった時、当時の習慣にならって在家僧となり健康の回復を仏陀の慈悲にたよった[125]。法成寺は仏寺であり同時に道長の新しい仏教生活の住居となった。道長はこの仏寺の完成に彼の一

---

[125] 1019年出家とともに寺の建立を発願。はじめに阿弥陀堂を建て無量寿院と称し、1022年金堂など完成し、法成寺と改めた。彼は、この寺で日々をすごしていた。

115〜117 清水寺本堂の南立面、平面および断面図
1.内陣 2.外陣 3.広縁 4.泉殿 5.釣殿 6.舞台

族の富と力のすべてをつくして献身した。長年彼の計画と建設を自ら指導した。彼は一流の画家、彫刻家、工芸作家を招き集めた。法成寺は聖武天皇によって建てられた奈良の東大寺の施設に匹敵する全く巨大な仏寺であった。施設の中心点となっている金堂をめぐって、阿弥陀堂、病者救済の仏陀（Bhajisayagru）を安置する薬師堂、5人の偉大な光の王のための五大堂、観音堂、講堂、塔、鐘楼、経蔵、戒壇、宝物庫、僧院そして他に無数の建物がたっていた。

金堂の前庭には当時の貴族の宮殿と同じようにひとつの中島のある人工の池があった。9体の阿弥陀の像を安置する阿弥陀堂は、浄土を想い起こさせるように魅惑的に華麗に装飾された。道長自身彼の光輝に

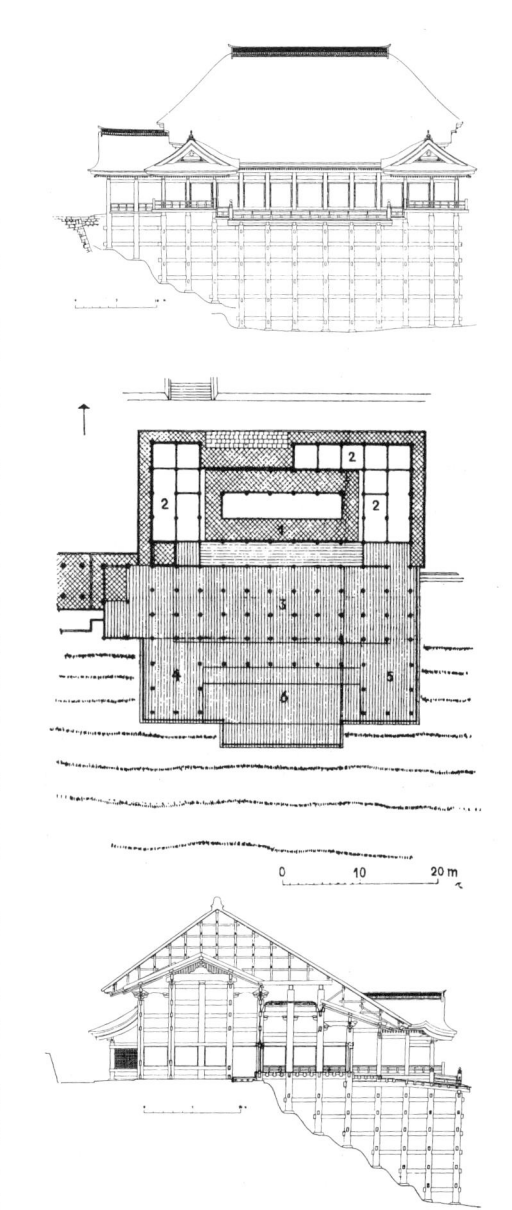

充ちた生涯をこの阿弥陀堂内の彼の病床で、当時の宗教的習慣によって阿弥陀の導きの下に浄土に再生するように、阿弥陀の手に結ばれた五色の糸を手に握って終えたのであった[*126]。白河天皇により創始された法勝寺(ほっしょうじ)[*127]もまた道長の法成寺に劣らぬ大施設であった。言い伝えによればそこには巨大な八角形の九重塔が建っていた。

今日まで保存されている10〜12世紀の代表的仏寺建築は醍醐寺五重塔(京都府)、平等院の鳳凰堂(京都府)、中尊寺の金色堂(岩手県)および法界寺の阿弥陀堂その他である。醍醐寺の五重塔は951年に建てられたこの時期の傑作である。この塔はその壁画と内部の多彩な装飾でとくに有名である。

118、119　蓮華王院本堂とその内部（図119天沼俊一教授写真）／京都

この時代の建築芸術の最上の代表的実例は京都近郊の宇治の平等院[*128]にある鳳凰堂【図15、16、121〜123】。鳳凰は伝説的な中国の鳥で幸運の象徴と

[*126]　1027年12月4日、62歳。阿弥陀堂の中である。
[*127]　1083年造営。寺そのものは1075年白河天皇の御願による金堂造営から始まる。
[*128]　この文章表現では地名と勘違いされやすいが、寺院名。平安時代のこの地は、貴族の別荘地で、995年左大臣・藤原道長が源重信の未亡人から買いとり「宇治殿」という別荘にし、没後子の頼通に伝えられ、1052年宇治殿を仏寺として、「平等院」と号した。

なったものである。平等院は道長の息子・藤原頼通によって建てられた。鳳凰堂はこの寺の阿弥陀堂であって1053年に完成された。

この建物は宇治の清流を東に、対岸の朝日嶽に相対して建っている。建築の構成はこれまでの仏寺の施設にくらべると新しい種類のものである。それは当時の宮殿建築である寝殿造に強く影響され、芸術と自然の調和的な統一を実現している。中央部の建築からふたつの側廊がまず両側に延び、直角に前方に曲って屋根の上には小塔があり、同様に後方にも短い廊がついている。中央の建物の屋根の棟の両端に各々精巧な青銅製の鳳凰が風信旗のように建っている。この棟飾

120 蓮華王院本堂の天井構成

りから多分「鳳凰堂」の名称が由来するのであろう。

当時その発展の最高点に達した漆、螺鈿(らでん)、金属細工その他の工芸品がとくに豊富に応用されて鳳凰堂の内部の装備を格別に精巧に豊かに飾っている。堂の中央には基壇の上に偉大な彫刻家・定朝作の大きな阿弥陀の像が安置され、その上には極めて精巧につくられた天蓋が下がっている。輝くばかりの室内装飾と精巧な外部の造形は、この現世に仏教の天国の華麗な姿を実現させている。それで「極楽を疑わしく思うなら宇治の寺を訪れてみよ」とよく

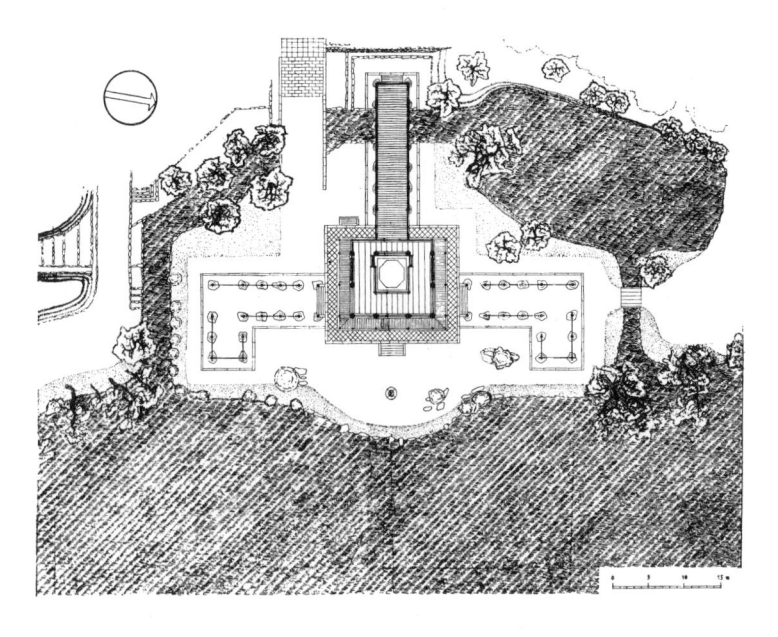

121、122　平等院鳳凰堂とその平面／京都近郊宇治

言われたのであった。
鳳凰堂は一般的には日本的性格の建築の代表的傑作として認められているが、鳳凰堂の本質的価値は建築的な面よりは工芸的な面にある。とくに鳳凰堂は元来現世的であり通俗的なものである。

鳳凰堂と並んで東北日本の平泉（岩手県）にある中尊寺の金色堂*129は10～12世紀の精巧で純粋な建築装飾のよい実例である【図124】。金色堂はわずか5.5m角のごく小さい建物である。1124年当時、東北日本を支配していた藤原清衡（1056～1128）は、この堂を彼自身の霊柩安置室として建てた*130。清衡の遺体はここに今日まで彼の息子と孫のふたつの遺体と共に棺台に載せられ横たわっている。建物の外部はすべて金箔で貼られているので金色堂と呼ばれる。後年になって天候に対する保護屋*131が設けられ建物の外観は現在では見ることができない。室内は格別に華麗である。黄金、漆、螺鈿で豊かに飾られ鳳凰堂と共に、今一歩進めば気力のない弱いものになるような、最も繊細で優雅な10～12世紀の室内装飾の例である。

123　鳳凰堂内部

京都・法界寺の阿弥陀堂は四角形の平面で、吹き放ちの縁側でかこまれ、軽やかな方形屋根の精巧につくられた建物である。鳳凰堂、金色堂とは対照的にこの阿弥陀堂は全く単純、素朴で親しみやすく感じられる【図125】。

13世紀の初め、禅宗の一派・臨済宗が栄西（1141～1215）によって、同宗の一派曹洞宗が道元（1200～1253）によって、宋朝の統治下の南中国から伝来された。冥想的、実際的なこの新しく伝来された宗派の本質は、当時上昇期を

---
*129　1124（天治元）年の棟木銘がある。3間×3間の大きさ。
*130　清衡生存中の堂で、建立の目的には定説がない。原著者は自説を述べているわけである。
*131　今は覆堂（おおいどう）と称されている。5間×5間で、室町中期（15世紀ごろ）の建設とされている。
*132　この場合の禅宗は臨済宗の方を指す。曹洞宗は京では天台衆徒から迫害をうけ、開祖の道元は1243年越前（福井県）に移り、1247年北条時頼の招きをうけ鎌倉へ赴いたが、まもなく帰ってしまった。京都や鎌倉の権力と結びつくのを避けていた。

124 中尊寺金色堂内部／岩手県平泉、東北日本

125 法界寺阿弥陀堂内部／京都近郊日野／岸田日出刀教授写真

つかんだ武士階級の性情に全くふさわしいものであった。それで禅宗は鎌倉幕府の有力な支援*132の下で、武士階級のみならず貴族階級によって尊敬と力を獲得し、この時代の全文化に対し指導的なものとなった。これと並んで12〜13世紀に、すでに10世紀に起こった仏教の日本化と大衆化が急速に発展した。ここでこの仏教の改革についてふれよう。浄土宗、浄土真宗、法華宗*133、時宗*134のような多くの新宗派は日本国内で自力で形成されたものである。これらすべての新しい日本の宗派は、これまでの仏教の貴族階級的な傾向を除き民衆的にしようと努力した。なかんずく阿弥陀仏の信仰、すなわち信心と阿弥陀仏の慈悲と救済によって何人も浄土に再生するという思想が民衆に身近なものになった。

栄西は禅宗と共に南中国のひとつの建築様式を中国からもたらした。禅宗寺院はこの新様式によって京都と鎌倉に建てられた。禅宗寺院の建物の配置は北中国から由来した6〜8世紀の仏寺建築と同様に全く規則的で左右対称である【図126】*135。第1番目の門(総門)、2層の主要な門(三門)、仏陀の堂(仏

---
*133 ふつうには日蓮宗という。
*134 鎌倉中期、一遍(1239〜89)によって開かれた浄土教系の一派。

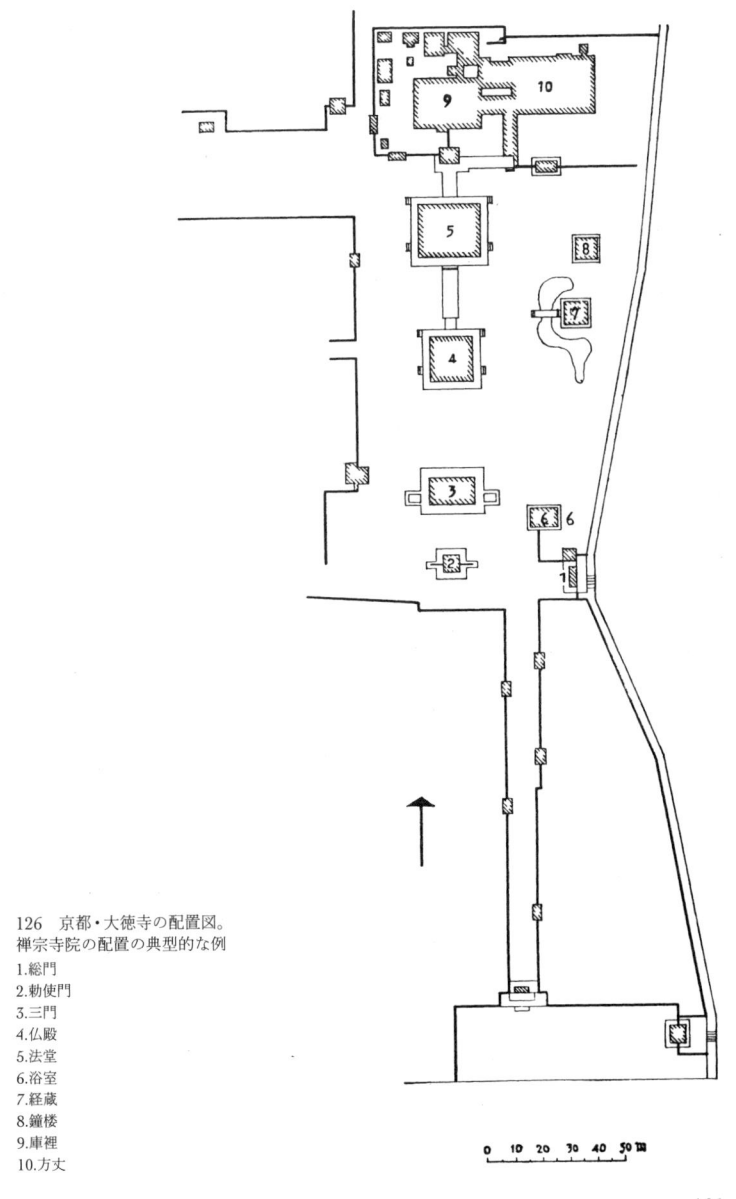

126 京都・大徳寺の配置図。
禅宗寺院の配置の典型的な例
1. 総門
2. 勅使門
3. 三門
4. 仏殿
5. 法堂
6. 浴室
7. 経蔵
8. 鐘楼
9. 庫裡
10. 方丈

127　東大寺南大門／奈良

殿)と講堂(法堂)が南北中心軸線上に向かって相前後して並んでいる。鐘楼、経蔵、禅堂、方丈、庫裡、浴室、東司(便所)などは上記の建物の左右に建っている。ひとつの塔がしばしば建てられるが、禅宗寺院の施設としてなくてはならないものとは思われなかった。禅宗寺院建築はこれまでの様式と大変異なっている。これまでの漆喰壁と、木部の豊富な色彩とは対照的に仏寺建築は板壁でほとんど彩色されない。しかしその形の構成は曲線を多く使い、複雑に装飾され全く大陸的な様相を示している[*136]。そして13世紀に建てられた鎌倉・円覚寺の聖遺物の堂(舎利殿)が示すように、日本的なものは何も表現されていない。

12世紀の終わり、禅宗建築の様式の導入の前、破壊された巨大な奈良東大

[*135] 現在では、大徳寺や妙心寺などよりも富山県高岡市の瑞龍寺の方が、対称性の点ではよくあらわれている。戦後に修復工事が行われたため。
[*136] 禅宗様を指す。以前は唐様(からよう)と称した。
[*137] 1121〜1206年。
[*138] 今は大仏様(だいぶつよう)と称されている。以前は天竺様(てんじくよう)と称されていた。改称の主たる理由は、天竺(印度)では、インド建築と関係あるかのように誤解され、また事実A.ソーパー(Soper)によりそのように誤訳されたこともある。なお註解者の見解では、戦前の和様、唐様、天竺様という名称はそれなりに意味があったと考えられる。江戸時代までの世界は、わが国では和(倭、日本)、唐(中国)、天竺(インド)で構成されるとされていたから、それぞれに便宜呼称しただけで、源流はすべて中国にあったことは既知のことであったから。

128、129　東大寺南大門の構造詳細

寺の再建に際して僧・重源（1195年、70歳以上で死去したと推定される）*137 によって今ひとつの南中国の建築様式が輸入された*138。それは禅宗寺院の様式にくらべると大変単純で直線的で明快で経済的であった。重源が東大寺の再建に当たってこの建築様式をえらんだ主な理由は、このようなひどい戦乱の時代に仏寺を建設することは経済的に決して容易なことではなかったから、恐らくその工費が安かったことによるのだろう。王朝時代に

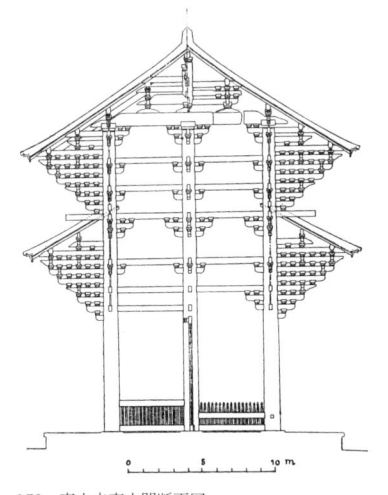

130　東大寺南大門断面図

は豪華な仏寺は朝廷または貴族によって建設されたが、今や建築費の寄付を民衆に求めねばならなかった。実際、重源は自身東大寺再建に際して、この目的のために全国を巡礼した。彼が再建した金堂は後の戦火によって再び失われてしまったが、同時に建設された2層の南大門はその明快な構造の美しさによって、この様式のすぐれた実例としてそのまま残されている【図127〜

130】。これらの南中国に由来する新しいふたつの建築様式と並んで、なおより古い、もとは北中国から来て次第に日本化された建築様式もあった*139。古い宗派と新たに起こった大衆的な宗派の仏寺建築は主としてこの古い様式で建設された。大衆的な宗派の仏寺の施設は形式的でなく自然で実用的なものであった。宗祖の堂（祖師堂）と阿弥陀堂の廻りに合目的的に必要な建物が集まっていた。

　足利将軍政治が京都に開かれてから、禅宗は大衆的宗派が下層の国民大衆に広まるのと並んで上層階級に大きな力をもつようになってきた。足利氏の代々の将軍は禅の信奉者で保護者であった。禅僧達は当時の知識階級としてその時代の文化の中心であったばかりではなく、足利将軍政治の政治と外交に重要な役割を演じた。当時禅宗の大寺院が建設され、禅宗様式は最盛期になった。首都・京都の天龍寺、建仁寺、相国寺、東福寺、万寿寺、南禅寺、大徳寺や妙心寺は、当時の最も重要で最大の禅宗寺院であった。しかしこれらはほとんどみな失われ新しい建物に替わっている。しかしこれら寺院の大体の施設の配置は伝えられている。

131　瑠璃光寺五重塔／山口県、西日本

---

*139　新しい禅宗様、大仏様は古代からの和様を否定して成立したのではないことを指している。3様式は相互に影響しあい、折衷の様式も生まれた。また禅宗様といっても禅宗建築だけに使われたわけでなく、宗派を問わず採用された。したがって西洋の様式概念とは異なる。

132 十輪院本堂／奈良／13世紀

　禅宗がますます重要な意義をもつにつれて禅宗寺院様式は間もなく支配的な位置を占め、その過剰な装飾的傾向は古い建築様式に強く影響した。この傾向は時の移り変わりと共にますます強くなり、仏寺建築はついに複雑な、精神を失った遊戯に堕落してしまった。しかし一方、同じ時代にも古い純粋な様式の建築もあった。奈良の十輪院は小さいがすぐれたこの種の実例である【図132】。西日本の山口県の瑠璃光寺の五重塔[*140]もまたこれに類する【図131】。これは格別に美しい注目すべき塔である。

　戦国時代が終わり、中世が近世と交代しはじめた16世紀の終わりから17世紀の初めにかけて、人々の自己意識が次第に強くなり、それに続いて宗教の絆からの解放が広まった。極端な例をあげれば比叡山上の延暦寺の僧達と争った権力者・織田信長は、この寺の無数の建物を焼きはらい僧を最後のひとりまで残らず殺してしまった[*141]。

　豊臣秀吉はこのような暴力行為を仏教に加えなかったが、彼も仏教の信奉

[*140] 1442年竣工。堺で戦死した大内義弘を弔うために弟が建立。高さ31.2m。和様。檜皮葺き。軒の出が深い。
[*141] 1571年9月の焼き打ちを指す。諸堂舎ことごとく焼失、僧俗男女3,000～4,000人が殺された。政治と宗教の分離が進み、近世の封建体制確立の基礎が固められた。近世の建築を支える条件の成立が、ここに暗示されている。

者ではなかった。それにもかかわらずなお多くの仏寺が豊臣氏によって建てられたが、それは宗教的な動機からではなく政治的考慮に基づくものであった。様式はますます世俗的になり、強烈な色彩と彫刻芸術が仏寺を非常に華美なものにした。しかし精神的、宗教的な表現は仏寺建築から次第に完全に失われてしまった。豊臣秀吉の光輝ある生涯の記念碑として建てられた京都の方広寺は、秀吉の豪華好みを反映した非常に巨大なものであった*142。本殿は奈良の東大寺よりはるかに大きく、棟までの高さは60mに達した。それはかつて日本に建てられた最大の木造建築であったが、芸術的価値のない単に大きいばかりの建物であった。

　17〜19世紀の間に仏教はいよいよ浅薄なものになり、国の精神的文化との関連をますます失ってしまった。しかし仏教がすべての影響を失ったとは言い切れない。それはむしろ強く大衆化され、日本の国民の多数を把握し、仏寺と国民生活の間に密接な関係が形づくられた。徳川将軍政治がキリスト教を広めないために仏教に与えた保護は、この発展に大いに力があった。それで江戸には新しく寛永寺、増上寺のような大きな仏寺が建設され、京都方面では多くの滅亡した仏寺が再興された。しかしこの時代の仏寺建築は仏教の眠って、気力を失っている状態を反映して、真の建築的価値をいよいよ失ってしまった。全体の造形と比例は装飾的細部より重要でなくなり、これは建築芸術の堕落を意味することである。それでも京都の仏寺建築が比較的高い程度を維持したのは、恐らく長い伝統と美しい環境によるのであろう。

　17世紀初頭に禅宗の一派・黄檗宗*143が中国から伝来され、それと共に明朝*144の建築様式が日本にはいってきた*145。2、3の寺がこの様式で建てられたが日本の仏寺芸術に広く影響するだけの力はもっていなかった。

　明治維新以来、仏教はなお衰微の途をたどった。維新直後にはそのうえ無数の仏寺と仏像が勝手に破壊され焼滅されるという、その存続の可能性を全く奪われるような危機にさらされた。しかしこの急進的な運動は間もなく禁止されたが、それは宗教的な動機からではなく、古い美しい仏寺とその崇高な仏像の芸術的価値のためであった。以来仏寺は宗教的な帰依の場としては稀に、大体は単なる葬儀のために使用されている。近代日本にもなお大きな

---

*142　秀吉による大仏殿は、像高19.8m、大仏殿の高さ66m。1586年着工、1596年地震で破壊。子・秀頼によるものは、像高20.8m、大仏殿の高さは65.7m、平面規模は101.3m×57m、100間×120間の廻廊をめぐらし、楼門を開く。1610〜12年工事。1662年震害で破壊。徳川幕府により、大仏は銭貨となされた。なお秀吉による大仏殿は、当時の『洛中洛外図屏風』のなかに描かれている。
*143　隠元(1592〜1673)による。1654年来日し、開祖となる。
*144　中国の明(みん)時代(1368〜1644)。
*145　ここでは、宇治市の萬福寺の伽藍を指しているとみなされる。大部分は1661〜93年の造営。

仏寺建築は建設されたが、現代の仏寺建築は仏教自身と同様に全く浅薄なものである。

VI. 帝都と皇居

　古代には統治の交替ごとに新しい帝都[*146]が建設され、新しい皇居[*147]がつくられ、そのうえ時にはこれは同じ天皇の統治下に何度も起こった。これは歴史の初まりから由来する、死亡に際して、もはや不浄とみなされた家を去り、新しく建てるという日本人の習慣と関係があるのであろう。そのうえ初期の建物の原始的な構造と短い耐久性がたびたびの新築を必要とした。また政治的考慮で時々帝都の移転が行われた。まだ大変素朴な社会状態ではこれは容易なことであった。しかし大陸との直接の交通が始まってからは、国土の一般的な発展と共に帝都の住民も増加し、たびたびの移転は次第に困難になり、そのうえ皇居が大陸建築の影響で次第に巨大にかつ耐久的なものになるとますます難しくなった。7世紀に初めて帝都を大陸の都市計画を模範として、例えば孝徳天皇の難波京（今日の大阪）[*148]、今日の滋賀県の大津の天智天皇の帝都、持統天皇と文武天皇の今日の奈良県飛鳥地方の藤原京が建設された。藤原京は次の大きな奈良の帝都の先駆けとして特に注目される。

　中国唐朝の帝都長安を模範としたこの奈良もしくは平城の大帝都は、元明女帝の統治時代に着工され710年に完成した。784年に至るまで70年以上、7代の天皇の間、奈良は帝都として存続した【図133】。

　この都市は四角形で、東西南北の四方向に直線的に走る道路によって網状に計画された。東西間隔は約4km、南北間隔は4.5～5kmの広さであった[*149]。都市の計画は長安より簡単で明快であった。南北に走る中央の朱雀大路と呼ばれる約60m幅の大きな街路が帝都を、北から見て左京（東の部分）と右京（西の部分）のふたつの部分に分けていた[*150]。左京の端に後に新市街[*151]ができて、この地に現在の奈良市がある。右京の北端にも同様に小さな新市街[*152]ができた。

[*146] ドイツ語原文を直訳すると、「王城」となる。古くは「ミヤコ（宮古）」で漢字では「京」の字をあてていた。
[*147] 天皇の居所は、明治以降、旧江戸城が「皇居」となり、次いで1888年宮内省告示第6号で「宮城」となり、第二次大戦後、「皇居」と称するのが例となった。しかし歴史的には、このほか内裏（だいり）、禁裏（きんり）、御所、宮などがあり、その使い分けは、注記することにしている。なお「皇居」というのは、貴族の日記や文字などでは、平安時代から稀に使われていた。
[*148] 645年から約150年間。現在の大阪市東区馬場町法円坂の地。飛鳥（あすか）と難波の両地とも「宮室」とされた時期がある。なお奈良時代の一時期（734～735）に難波京があった。ここでは前者を指している。
[*149] 現在は東西約6km、南北約5kmとされている。
[*150] 今は約70m幅とする。朱雀大路の北端に平城京があるから、ここを中心にして、古代中国の天子南面の思想にしたがって、南にむかって立ち、左、右を区別する。
[*151] 外京（げきょう）という。
[*152] 北辺坊という。

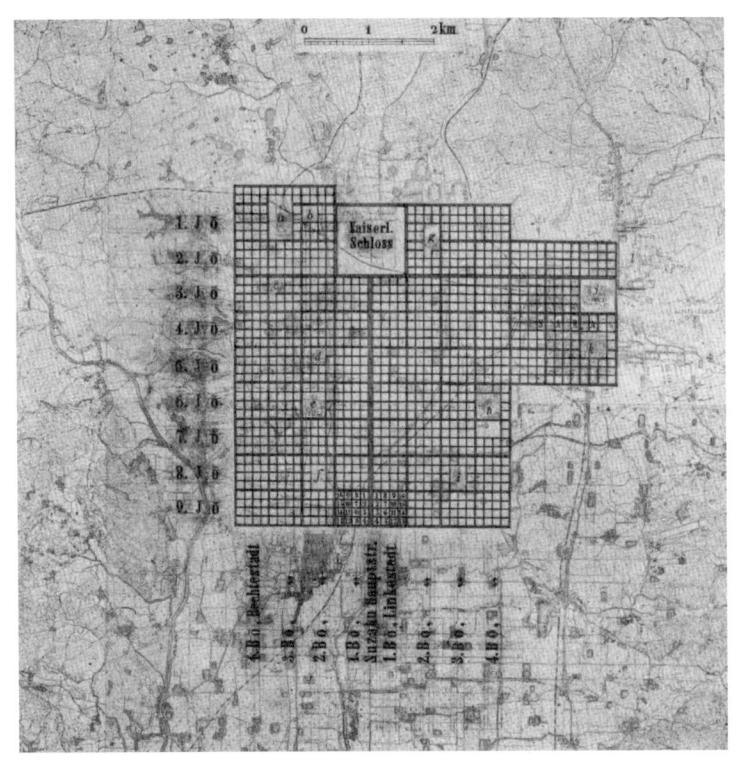

133 寧楽(平城)京
a.西大寺 b.西隆寺 c.喜光寺 d.唐招提寺 e.薬師寺 f.西市 g.法華寺 h.大安寺 i.東市 j.興福寺 k.元興寺 l.東大寺

　朱雀大路に直交して10本の恐らく21m幅(一説によれば24m)の広い主要道路が等間隔に走っていた。ふたつの並行に走る道路の間の土地は「条」と呼ばれ、北から南に向かって一条、二条以下同様にして九条まであった。朱雀大路と並行して同様に等間隔に8本の南北の主要道路が走った。これらの道路の間の土地は、右京、左京共朱雀大路から西方、東方に向かって一坊、二坊から四坊と名付けられた。これらの直角に交差する主要道路でかこまれた土地は再び互いに交差する3本の恐らく9m幅の小さい道路(一説によれば12m)によって坪と名付けられた16の小さい土地に区分され、その数え方は

109

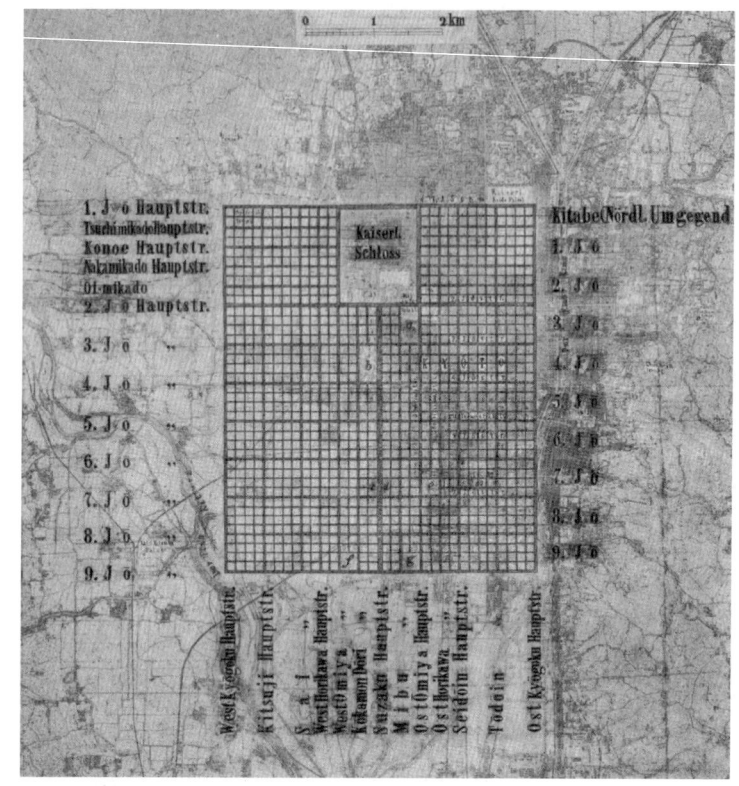

134 平安京

a.神泉苑　b.朱雀院　c.西鴻臚館　d.東鴻臚館*153　e.東市*154　f.西寺*155　g.東寺*156

---

*153　鴻臚館（こうろかん）は外国使臣の接待に使用。名称は、古代中国の「鴻臚寺」に由来する。外蕃（古代中国では自国以外は蕃族とみる）のことを司っていた。この名称は平安時代に入ってあらわれる。筑紫の福岡城跡にあり、837年遣唐大使の入唐の時が初見。平安京では810年渤海（ぼっかい）客使の泊が初見。広さは方2町。ここでは内蔵寮と客使との交易、貴族との取引が行われていた。957年には館舎は衰退。12世紀ごろには私有地となっていた。もと官寺。823年空海に賜われ、真言密教の根本道場となる。密教でありながら、奈良時代の寺院と同じように左右対称の伽藍配置をもつのは、もともと官寺として建てられていたから。

*154　朱雀大路と対称の位置に「西市」あり。図版では西市は省略されている。原著者は「とうし」とする。「ひがしのいち」ともいう。

*155　官寺。伽藍配置は左右対称。東寺と同じ方2町。律令制の崩壊とともに衰退。990年堂舎の大部分焼失。

*156　もと官寺。朱雀大路東450mの地にある。広さ方2町（252m四方）。着工時不明。804年「造東寺次官」に任命があったことが知られ、まず金堂（こんどう）竣工。823年に東寺は空海（774〜835）に勅賜され、真言密教の道場となる。左右対称の配置で、密教らしくないのは、もと官寺だったことによる。正式の寺名として「教王護国寺（きょうおうごこくじ）」と号されるようになった時期は不明。

VI. 帝都と皇居

最北の朱雀大路に一番近いところから図133に示すようになされた。X条、Y坊、Z坪による土地の命名は全く明快である。命名は街路自身には関連せず、街路によって定められた土地に関連している。今日でも日本全国街路名はその両側に家並のある街路自身によらず、街路の両側にある地名と関連している。

皇居（大内裏）は朱雀大路の北端に位置し、その敷地は約1km四方[*157]ある。皇居の敷地を特に広い、恐らく36m幅の街路がめぐっている。皇居の南の主要門、朱雀門は庭園での儀式の開催される大きな庭園、南苑の中にみちびく。南苑の後方には天皇の住居（内裏）がある。南苑の東方には朝堂院と呼ばれる儀式用建築があり、そこで即位そのほかの重要な国家行事が開催される。天皇の住居は伝統的な日本様式でつくられ、一方儀式用の建物は中国風の様式で建てられた。これらの建物は今日保存されていないが、後に詳細に取り扱う、時期的につながる平安の帝都のそれと、ごく似

135　前田松韻博士発表の平安京の復原図（部分）。中央に朱雀大路、その末端に宮城敷地がある
136　現在の京都の一部の航空写真。街路の様子は今日でも古い帝都の姿を伝える

[*157]　大内裏は8町四方と考えられていたが、1964〜69年の発掘調査によって、東辺北よりに、東西270m、南北750mの張り出し部分があることが判明した。この張り出しの南半を「東院」と称し、ここに州浜（すはま）を模した水ぎわと、石組の築山のある庭園、楼閣、池に臨む建物などがあったことが知られている。宴会の場のひとつと想像されている。庭園形式は、後の平安時代の寝殿造のそれとのつながりを感じさせる。

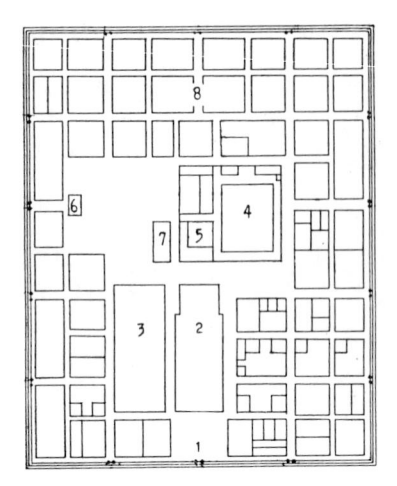

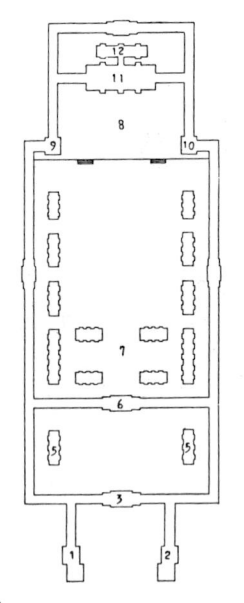

137　平安京宮城平面
1.朱雀門:正門　2.朝堂院:国家の祭典用施設　3.豊楽院(ぶらくいん):宴会施設*158　4.内裏:天皇住居　5.中和院:天皇家の神社*159　6.武徳院:公卿の運動競技の天皇の観覧所　7.真言院:祈禱のための仏教僧院*160　8.諸官庁など

138　平安京の国家の祭典施設・朝堂院の平面
1、2、9、10.楼閣　3.応天門　5.朝集殿:祭典参列者の待合所　6.会昌門(中門)　7.十二堂院:祭典参列者の座席　8.竜尾壇　11.大極殿(主建築)　12.天皇の休憩所

たものであったことは一般的に認められている。

　皇居を中心とする帝都・奈良には、引き続いて急速に大きな仏寺、貴族階級と富裕な階級の住宅が、中国風の色彩豊かな建築様式で建てられた。その当時の人々には活気のある都市の様相は驚異であっただろう。当時のひとりの詩人は帝都を一首の和歌で賛美した。それは次のような歌である。

　　あをによし寧楽(なら)の都は咲く花の
　　　匂ふがごとく今盛りなり

　市街はその模範とした中国の長安の1/4しか広さがなかったが、当時の日本の発展の状態ではあまりにも広大であった。その最盛期でさえも市街の広い部分は耕地のままであった。夜は主要街路も真暗で狐や狸があらわれた。民衆の家屋は

---
*158　豊楽院を正殿とし、東と西にそれぞれ4棟の堂があり、それぞれ歩廊でつながる。1063年の焼亡により廃滅。
*159　天皇が天神・地祇を親祭し、新嘗祭や神今食(じんこんけ)を行う場所。正殿を新嘉殿と称する。敷地の広さ約132m四方。「ちゅうがいん」とも発音する。
*160　修法(ずほう)の道場。834年空海の奏請で設置。

112

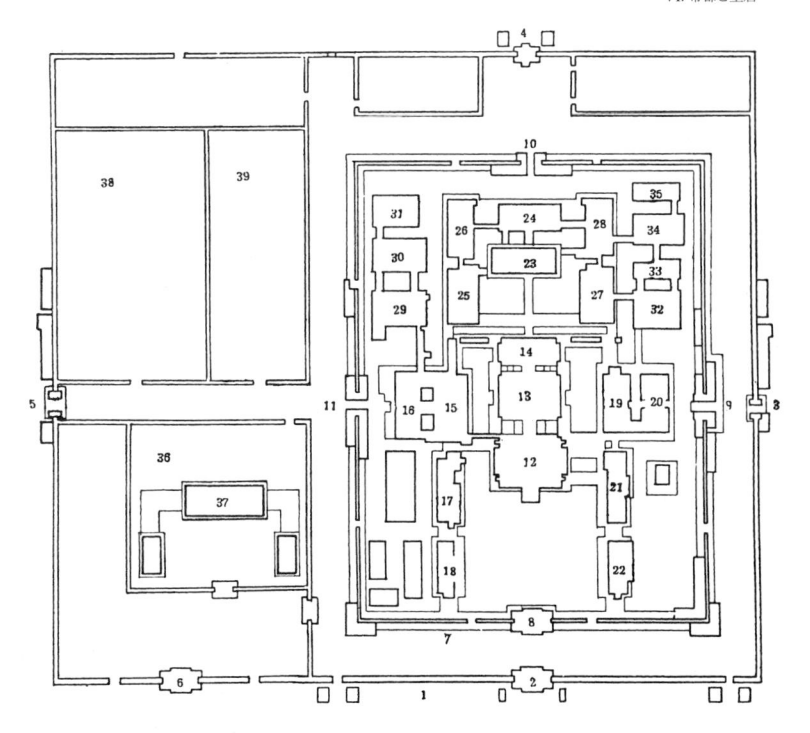

139 平安京内裏の平面*[161]
1.最外部の築地塀　2〜6.諸門　7.二重廻廊　8〜11.二重廻廊の諸門　12.紫宸殿:皇居の主要建築　13.仁寿殿　14.承香殿　15.清涼殿:天皇の住居　16.清涼殿附属屋　17.校書院:文書室　18.安福殿:医薬部　19.綾綺殿:時に天皇の住居、時に集会場または舞楽場　20.温明殿:天皇の祭壇のある場所　21.宜陽殿:宝物室　22.春興殿:武具室　23.常寧殿:以前の皇后の住居室　24.貞観殿:後宮の主建築　25.弘徽殿:皇后の住居　26〜28.官女用建物　29〜35.官女用の附属建物　36,37.皇室の氏神の社とその本殿　38.厨房　39.女性使用人の住居

*[161]　内裏(だいり)は天皇の御所。大内裏(だいだいり、宮城、中央官庁街)の中央東よりある。たびたび火災にあい、その度に天皇は藤原氏の邸宅などに移り住み、これを「里内裏(さとだいり)」という。976年藤原兼通の堀河邸が里内裏の始め。次いで内裏と里内裏の併用時代があり、1227年以後里内裏を皇居とするようになり、天皇の里内裏居住が常態となり、内裏の形式に準じて建てられるようになった。現在の京都御所は、14世紀の土御門東洞院殿で、以来つづき今日に至る。大内裏内の内裏は、1227年炎上してから廃絶。

140 京都御所の配置図（斜線部分は近年惜しくも解体された）

1〜4.外築地の門 5〜7.複廊の門 8.南庭 9.紫宸殿：主建築 10.東庭 11.清涼殿：天皇住居 12.萩壷 13.春興殿：皇居、近年再建 14.小御所：小集会場 15.御学問所：天皇の学習室 16.三間御殿 17.常御殿：天皇の平常の住居、清涼殿の後につくられた 18.迎春：園亭 19.御涼所 20.聴雪：茶室 21.泉殿：園亭、多少耐震的構造の地震の際の避難所 22.錦台：園亭 23.花御殿：皇太子の住居 24.御湯殿 25.御輿寄その他 26,27.官女の待機と居住室 28.厨房その他 29.能舞台 30.待合所 31.車庫 32.皇后の住居 33.馬場の天皇の観覧所 34,35.庭園

昔と同様に大変簡単で素朴なものであった。現在は田畑が、当時の帝都奈良の敷地と現在奈良市のあるその新市街の一部まで覆っている。ただ薬師寺の東塔やそのほかの仏寺の建築があちこちに散在して、古い奈良の都を想い起こさせている。

784年に突然桓武天皇の帝都は奈良から長岡（京都府内）に移された。しかしその後間もなく794年に再び桓武天皇は彼の帝都を平安（今の京都）に建設した【図134、135】。以来京都は1869年まで千年以上の間を通じて、日本の帝都で文化の中心であった。当時京都は三方すなわち東方、北方、西方を比叡、鞍馬、愛宕などの山々にとりかこまれた淋しい村落に過ぎなかった。賀茂の清流が東方を流れ、西方には桂川、そして南方の平地には宇治川が屈曲して流れていた[*162]。帝都を奈良からここに移したのは、次第に大きくなる仏教の弊害を取り除き政治の堕落を終わらせ、そしてこの遷都によっ

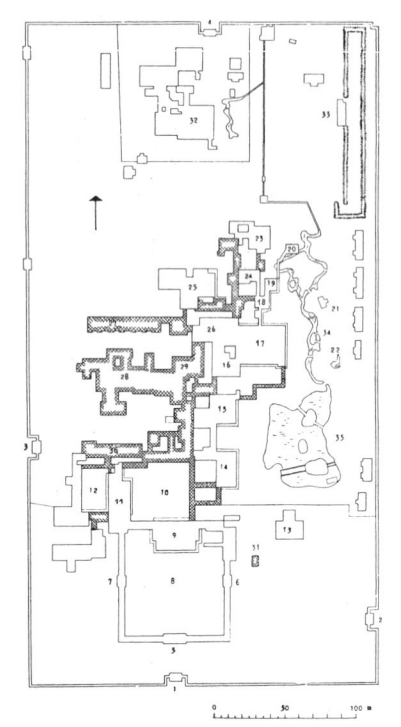

141 京都御所の築地塀

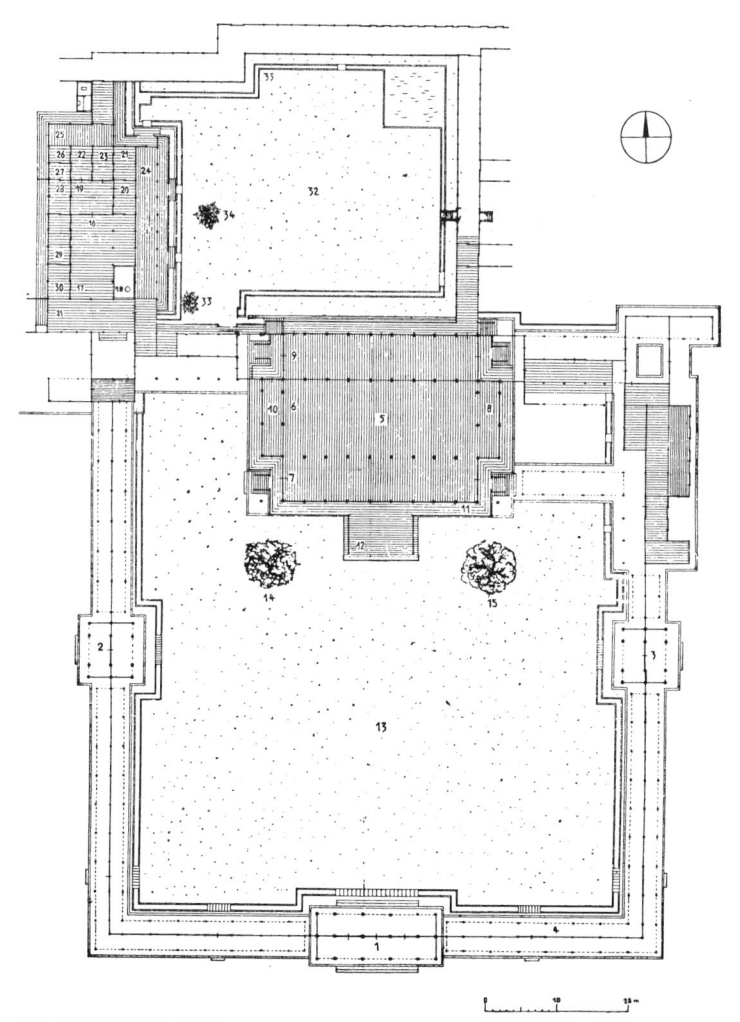

142 京都御所主要部の平面

1〜3.南、西および東門　4.複廊　5.紫宸殿　6.母屋　7〜10.南、東、北および西庇 (母屋と南および東庇間には壁はない。北庇との間には取外しできる木製の戸がある。一方壁が西庇は小さい閉ざされた室を形成している)
11.幅せまい欄干付の濡れ縁　12.主階段　13.南庭前面に白い細砂が敷かれている。　14.橘: ミカンの一種
15.桜　16.清涼殿　17.昼の御座、天皇の居間　18.石灰壇: 天皇の神道の礼拝所、この床は石灰で被われている。
19.夜御殿: 天皇の寝室　20.天皇の特別の祈禱所　21,22.弘徽殿上の局、藤壷上の局: 宮女の詰所　23.天皇と官女の対話室　24.孫庇: 吹抜けの広縁　25.北庇: 縁側　26.御湯殿　27.御手水の間　28.朝餉の間　29.台盤所
30.鬼の間　31.殿上: 公卿の詰所　32.東庭: 白い細砂敷　33.寒竹　34.呉竹　35.小川

143 京都御所紫宸殿と南庭

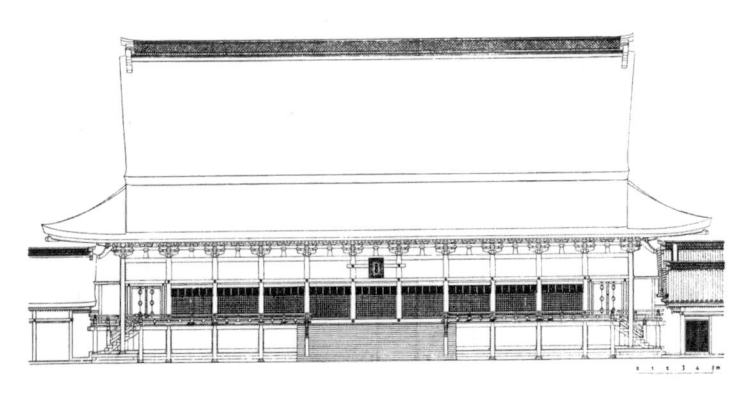

144 紫宸殿正面図

*162 宇治川は琵琶湖を源とする瀬田川の宇治市までの間を指し、木津川と合流する。この木津部分が、古くは京都盆地中央部に流れていたので、原著者は宇治川と記している。この川は平安京中央部で高野川と合流し、洪水をひんぱんに起こしていた。河川の流路を今のように変えた時期は不明。6世紀とも8世紀とも考えられているが、この工事によって平安京の地は、都市に適した地に変えられていったことになる。旧河川は荒れ川で氾濫したとみえ、平安京の地は北から南へ下るゆるい扇状地となっている。

145　紫宸殿の南庇／岸田日出刀教授写真

て古い世界に新鮮な活力を
与えようとしたためである。
そのほかにも新しい帝都は
地理的に大きな利点があっ
た。三方の山の保護で難攻不
落な京都は、一方が南方の平
野を通じて恵まれた交通の
条件をもち、風光は全く特別
な魅力があった。

　帝都・平安は帝都・奈良よ
り大きく、都市計画的観点か

146　1928年、今上天皇[*163]即位式の祭場としての紫宸殿

らみて進歩した計画であった。東西約4.5km、南北は5.3kmの広さであった。
帝都はその囲いとして細い濠と低い土塁があるだけで、中国やヨーロッパの
高く厚い都市の壁と違って帝都の防衛には何ら役に立たなかった。このこと

[*163]　昭和天皇を指している。紫宸殿で即位の式が行われるようになったのは、後柏原天皇（1464～1526）が1500年に即位したが、皇室の財政難で22年後の1521年に式は行われた。この年以後の慣例ということになる。

147 主階段から見た紫宸殿前庭の東門と廻廊／岸田日出刀教授写真

148 縁の下から見た紫宸殿側廊／建築家・市浦健氏写真

149 清涼殿背面の萩壺／建築家・市浦健氏写真

は恐らく日本では都市の発展は大変おそく、そのため都市と村落の間に本質的な区別はなかったことに関係しているのであろう。また日本列島には異民族はほとんど住んでいなかったので、帝都の異民族による襲撃を恐れる必要がなかったことにもよるのだろう。囲いの塀の中の市街地は奈良と同様に朱雀大路とそれに直交する広い主要道路で組織されていた。街路は奈良のものより幅広く多くの種類があり、奈良の都と異なってすべての街路は固有の名前をつけられた。朱雀大路は84m幅[164]、ほかの街路は大体24mと12m位であった[165]。主要街路には桜と柳が植えられた。全街路には両側に3〜4m幅の歩道があり、中央は当時の交通機関として用いられた牛車の通行路であった。このほか市街を多くの運河[166]がつらぬき、船の交通が可能であった。

　皇居（大内裏）は東西約1km、南北1.4kmの広さで帝都の北方の中央にあった【図137】。それは土塀と幅のせまい濠で囲まれていた。塀には14の門が

---

[164] 『拾芥抄』によると80丈（92mとする）だが、道幅は、両側の敷地の築地塀の中心線間の距離を指しているから、実際の幅は、原著者が書いている程度としてよいのだろう。
[165] 大路で36m(12丈)または30m(10丈)、小路で12m(4丈)とする。

150 京都御所清涼殿／岸田日出刀教授写真

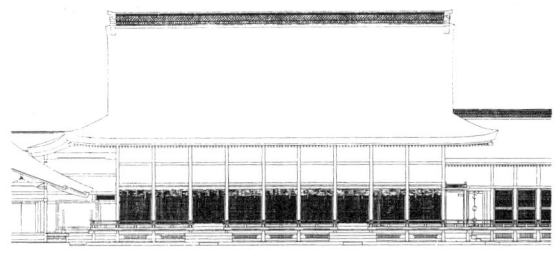

151 清涼殿正面図

あり、東西に各4、南北に各3つずつあった。皇居の敷地内には中央に国家の儀式用の施設である朝堂院、そのほかに饗宴用建物、豊楽院、そして天皇自身の宮殿があった。これらの建物の周辺には多数の官庁建築が建っていた。全建物はすべての点で奈良のそれをしのぐものであった。即位やそのほか国の行事に使う儀式用の建築群（朝堂院）は塀の南の正面にあった【図138】。それは大きな矩形の敷地で廻廊でかこまれている。南の正門の次に東側と相対して、儀式の参列者の待合所に使用された朝集堂と呼ばれる建物をもつ前庭がある。奈良の唐招提寺の講堂は元来はこのような待合室として奈良の都の皇居に属したものであった【第Ⅴ章】。

これに続く主な中庭には12の堂が左右6棟ずつ対称に配置され参列者の

---
*166　東から京極川、東洞院川、西洞院川、堀川、大宮川、西大宮川、西堀川、佐比川、西室町川、西京極川が、北から南へ流れ、通じていた。このうちよく知られているのは、堀川通り（堀川大路）沿いに流れている堀川である。戦後暗渠にされた。東西をつなぐ川としては、大内裏南を流れる耳敏川で、大宮川と西大宮川をつないでいる。

152 清涼殿内部

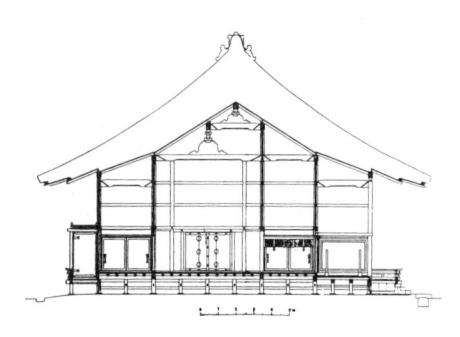

153 清涼殿断面図

座席に供された。この中庭の末端に大基壇があり、その上に儀式用の主建築・大極殿が建っていた。主殿前の左右には廻廊でこれと結ばれた異国的な形のふたつの小塔が建っていた。主殿の後には天皇の休憩用に特別の建物が設けられていた。これらの建物はすべて中国風の様式で建てられた。主殿は正面53m、奥行16mの建物で、約2mの高さの台地の上に建っていた。木部は朱色に塗られ、屋根は緑色の瓦、床は磚[*167]で覆われた。儀式の日には天皇は主殿の中央の玉座につき、台地の上には旗が立てられ、儀式は奏楽の下でおごそかに始められた。京都の平安神宮の拝殿は1895年京都遷都1,100年祭に際して、大極殿を½の縮尺で模して建設されたものなので、今日でもこれらの建物の面影をしのぶことができる。朝堂院の施設の西方に豊楽院があり、ここでは儀式のあとの宴が催された。

*167 粘土を形に入れて焼成したものの総称。瓦と同じであるが、屋根瓦にはいわない。

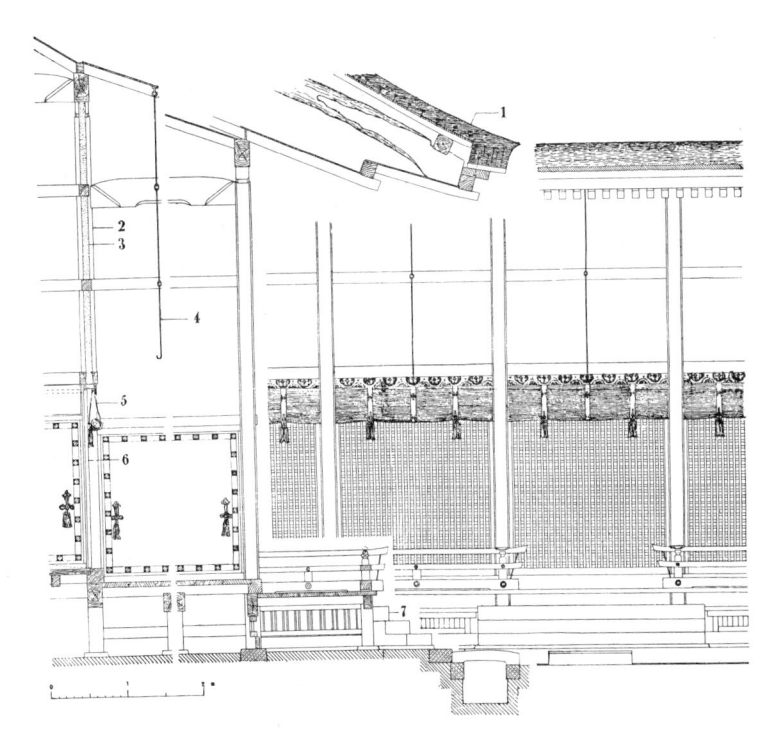

154 清涼殿詳細
1.檜皮屋根 2.素地の檜材 3.白漆喰塗の土壁 4.鉄製の燈籠吊 5.竹製のカーテン「簾」「す」または「御簾」*169と呼ばれ、明るいウルトラマリン色の模様入りの縁と朱色の総がついている 6.蔀戸：黒漆塗の将棋盤状の格子が白塗の板についている 7.木造階段：その木口は白塗

　天皇の住居（内裏）は朝堂院の東北方にあって、矩形で外側は築地、内側は廻廊で二重にかこまれていた【図139】。廻廊にかこまれた内部には左右対称に17棟の主建物、7棟の附属屋、計24の建物が建ち、全部廊下で互いに結ばれていた。南半分に天皇が居住し、北半分は婦人達の居室が占めていた。これらの個々の建物の中で最重要なものは、天皇の宮殿の主殿・紫宸殿*168と、

---
*168 「ししんでん」「ししいでん」。両方の発音がある。
*169 「みす」と発音する。殿舎でも女房（官女）が坐る時は簾をおろし、男性には姿を見せない。女性からは簾から透けた人や景が見える。これを「簾越（すごし）」と称し、平安貴族の美学のひとつとなっていた。

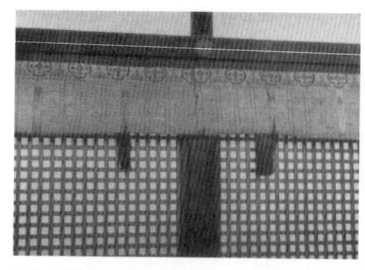

155 清涼殿の簾と蔀戸*173

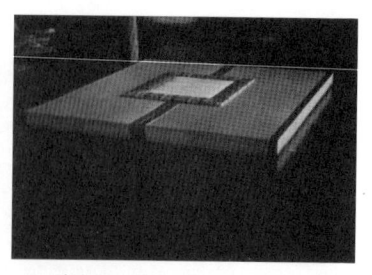

156 清涼殿の天皇の御座所／岸田日出刀教授写真

157 清涼殿の天皇の神道の石灰塗の礼拝所（石灰壇）／建築家・市浦健氏写真

天皇の日常の住居・清涼殿*170であった。このほかに内側の囲いの外の西側、外側の囲いとの間に、神道の氏神、厨房、使用人の住居があった。天皇の住居の主殿・紫宸殿はこれらの建築群の中央に南庭に面して建っていた。これは元来は公式の儀式のためのものではなかったが、12世紀末*171に国の儀式用建物（朝堂院）*172が大火で失われ再建されなかったので、後には即位式やほかの重要な国家行事を紫宸殿で行うことになった。紫宸殿の北西には東側に庭のある天皇の日常の住居・清涼殿が建っている。全体の配置は中国風に左右対称であるが建物自体は伝統的、日本的なものであった。それは素地のままの木材でつくられ、屋根は檜皮葺であった。板張りの1階の床は高く設けられ、床下の空間は開放され、幅せまい濡れ縁が建物の周囲についていた。

---
*170 「せいりょうでん」「せいろうでん」。両方の発音がある。
*171 1177年。「太郎焼亡」といわれた大火。
*172 朝堂院も焼失したが、ここでは主として大極殿を指しているとした方が、後述の記述とつながる。
*173 「しとみど」。単に「しとみ」ともいう。清涼殿では外へはねあげ、鉄金具で吊る。昼間これをおろしていると、室内は暗くなる。したがって冬でもあけておかなければならない。簾があっても相当に寒い。そして板敷きの床で、足袋（たび）をはかない。したがって平安時代には、現代の感覚では、冬季には相当寒かったと思われる。しかし慣れると、それほどでもなかったのかもしれない。

158、159　京都御所東庭と廻りの建物／岸田日出刀教授写真

　平安の帝都の中心点は皇居であったが、間もなく多くの天皇の離宮や、多くの貴族、なかんずく藤原氏の立派な邸宅も、皇居の強い影響を受けて発達した寝殿造の様式で建てられた【第Ⅷ章】。

　これらの貴族達の住宅の敷地は普通120m四方[*174]、すなわち1.44haを占めたが、民衆の住区では同じ区画が32等分され各敷地は約15m×30m[*175]すなわち450m^{2}大であった。後世この敷地は7.5m×30mすなわち225m^2、もしくはもっとせまい広さにまで縮められた。民衆の家は非常に単純で素朴なものであった。間口より奥行きがはるかに深く、前方から後側までつらぬく土間と、これと並行に床板の張った部分のあるのは主として商家であった[*176]。今日でも京都そのほかの地方の商家の平面の構成はこの伝統によっている。

　平安の帝都はその模範とした中国の長安のわずか¼、すなわち27.7%の広さしかなかったが、それでも当時の国の状態では広すぎた。左京地区にはかなり密に家が建ったが、右京地区にはごくわずかしか住人がいなかった。それで85m幅の朱雀大路はひどく荒廃し、雑草で覆われていた。さびれた右京地区は間もなく衰微し、住民は次第に左京に移った。そして左京は次第に東方に広がった[*177]。市街はここで15～16世紀の間に度々市民戦争が起こり帝

[*174]　三位以上、皇族などに与えられた敷地の広さで、位階が下がると狭くなる。
[*175]　1戸主（へぬし）という。各敷地が均等になるのは、1ブロックは40丈（120m）四方と固定していたから。道路幅はこれにプラスした。なお平城京では中心線は道路中央でとったから、1ブロックはそれだけ狭くなり、宅地の広さも一定しなかったことになる。
[*176]　通り土間（庭）形式の町屋をいう。しかしこの細長い敷地に、建物がつまるのは近世になってからのこと。中世までは住居のうしろは空地である。
[*177]　東山と鴨川の間を指す。市街地となったけれど、別に左京の地とされたわけでなく、いわゆる「洛外」である。行政的には平安京と区分され、例えば両者で警察権は異なっていた。

160　橿原神宮全景／奈良県／左本殿、右拝殿。共に以前は京都御所に属し、前者は天皇の祭儀所、後者は天皇の氏神の神社であった

　都は何度も戦火で焼かれたので、度々様相が変わった。皇居もまたその創建以来何度も焼け、ついには再建もされなくなり、貴族階級の邸宅が皇居として利用され里内裏*178と呼ばれた。「里」とは元来「土地」を意味するが、この場合は「皇居の外」のことで、「内裏」は天皇の住居であるから、「里内裏」は「皇居の外にある天皇の住居」のことを指すのである。

　今日の京都市は北方と東方に拡大された左京の部分で、昔の右京の部分は今は田畑になっている。現在の京都にも街路は直角に配置されていて昔の平安京の面影がうかがわれる【図136】。

　現在の京都の皇居（京都御所）は19世紀の半ごろに建設された*179【図140〜159】。その位置と全体の配置は平安時代の皇居と異なるが、施設の主要部分は正確に古い形で再建され以前の姿を伝えている。紫宸殿は唯一の主室（母屋）の周囲四方に外部と仕切られた縁側（庇）がついた形でできているが、四隅の部分はこれが欠けている。この外と仕切られた縁側の廻りもめぐって、なお幅のせまい濡れ縁がある。この濡れ縁には、南正面中央の幅の広い木造の屋外階段と、建物の四隅のせまい階段で上って行くようになっている。主階段の東西には各々1本の樹、一方には桜、一方にはミカンの一種である橘

―――――
*178　里（さと）は宮廷を「うち」（内裏）というのに対する語。*160参照。
*179　1855年。裏松固禅（うらまつこぜん、1736〜1804）の『大内裏図考証』に基づいたとされる。

124

が植えてある。全く平坦な庭の表面は白砂が敷かれ、上述の2本の樹以外何も植えてない。清涼殿の平面は多くの間仕切によって種々の室に分けられている。清涼殿の平面は紫宸殿と対照的に、住宅平面の高度に発達した段階を示している。紫宸殿と清涼殿は10〜12世紀の貴族の邸宅建築の平面形と洗練された当時の建築的思想を忠実に伝えているので重要な記念建築物である。

特に清涼殿はすぐれた建築物である。建築的表現は単純で明快で清浄で装飾は全くない。中国から輸入されたものは完全に同化されている。合理的で自然な、個々の詳細部分までよく考慮された比例の建築造形と、最高度に生かされた木材の質感とは、最高の、清浄極まりない記念建築物を創造したのであった。太平洋戦争中に御所の施設のほとんどすべての連絡廊下と多くの二次的な建物は、紫宸殿と清涼殿とほかの重要な建物を空襲によって起こるかも知れない火災から救うためにとりこわされた。施設全体の美しさはこれによって大きくそこなわれた。これらとりこわされた建物の再建はこの理由で切望される*180。現在の奈良県の橿原神宮の本殿と拝殿は当初は京都御所に属したもので、前者は御所の祭儀所、後者は天皇の氏神の社であった。これらは1889年橿原神宮創設時にここに移築されたものである【図160】。

京都御所の近くに、上皇の住居、仙洞御所がある。これは17世紀前半に建設されたが数次の火災でほとんど庭園しか現在残っていない。このほかに古い帝都・京都には、いまだふたつの美しい宮廷の別荘、桂離宮と修学院離宮が残っている。両離宮は日本の住文化の最高点としてあげられる。これらについては後になお詳しく述べることにする【第Ⅷ章】。

---

*180 訳者註によれば「最近一部が再建されている」とある。

VII. 城と城下町

　日本では城の建築の発達はおくれていて、16世紀までは大きな発展はなかった。古代の要塞についてはほとんど知られていない。多分占領しにくい場所に一時的に設けた柵状のもの、またはほかの原始的な堡塁がこれに利用されたに過ぎないのであろう。

　7世紀になって初めて永久的な要塞がつくられた。当時、中国の唐朝のアジア大陸における威力は現在の（中国・東北地方である）満州を征服し、朝鮮と連合した後非常に強大になった。朝鮮と密接に結びついていた日本は朝鮮で唐の軍隊と戦った。日本軍は敗れ朝鮮から撤退した。唐と朝鮮から日本への攻撃の恐れがあったので、日本は国土の防衛を強化する必要があった。そのため国土の南西地方の到るところに、中国と朝鮮に対して、朝鮮の山塞式の要塞が建設された。それは大体、山の頂上から麓まで広がった石か土塁の囲いでできていた。都市の住民は本当の戦争の時にのみここまで退き閉じこもらねばならなかった。

　このほか国土の東北地方に住み、日本人に次第に北方へ圧迫されたがこの地方では力をもっていたアイヌ民族に対する要塞もつくられた。要塞は恐らく一種の柵状の堡塁でできていた。それは単に軍事的防御点の意味ばかりではなく、アイヌ民族に対する日本人の居住地の囲いとして役立った。これらの大陸と異民族に対する要塞は、10世紀に大陸との関係が緩和し、アイヌ民族は次第に征服されたのでいつのまにか要塞がなくなった。

　11世紀は盗賊団のような不良分子が横行した不穏と混乱の時代であり、武士が次第に農民の階級から興り互いに相争った時代で、各地方の勢力ある一族は自衛力をもち、彼らの家を守らざるを得なくなった。これらの一族の住居はそれで木材でつくられた大変簡単な望楼のついた板塀や土塀に囲まれていた。

161　中世の見張所のついた城。後三年合戦絵巻の一部

162 大阪城。大阪城征服の屛風絵の一部／三井氏蔵

163 聚楽第。聚楽第屛風の一部

　これらの望楼は、盾、弓、矢の保管に使用された。家の内外には一群の武士達がおり、家の付近には農民が住んでいた。ここに後の封建時代の城と城下町の起源がみられる。しかしこのような防御は盗賊の襲撃と不意の暴力にのみ対するものであった。戦争の場合にはこれに反して家を去り、高地の上に一時の利用のために、望楼、柵、または堀をそなえた城をつくった【図161】。

　15世紀に武士達の間で勢力争いが生じ、そしてそれは永年中断することなく続き、ついに武士の時代となった。独立の武将が自分の勢力範囲をもち、彼らの領地の到るところの高地に防御の城をつくった。この時代、1534年に九州の南部の小さな種子島に漂着したポルトガル人が、初めて日本に銃をもたらした。銃の普及は当然軍制と戦術を変化させ、城塞建築にも大きな変化をもたらした。城の施設の内部は多くの区画に分けられ、厚い堅固な塀をつくるようになり、望楼や要塞に属する全ての建物は簡単な木構造から、厚く漆喰で塗られた半耐火的木構造へと変わった。

　16世紀の終わりに全く混乱していた国土は織田信長とその後継者・豊臣秀吉によって統一された。全国の大きな封建領主達は今やこの権力者の下につき、彼の領主の主導権を確保するのに、その多数の軍隊のため、支配する領地の開拓を心掛けねばならなかった。それで彼らはその支配する領地の統治の中心に大きな城を築き、家臣は家族と共にここに住まねばならなかった。武

164、165　大阪城と京都二条城の城壁と櫓。大都市の城塞建築の典型的な例*181

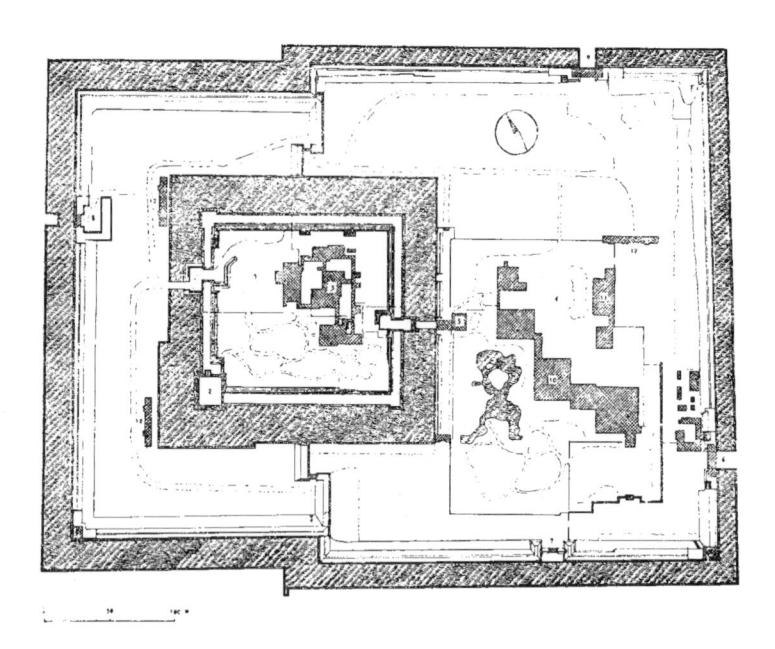

166　二条城の中央部配置図／京都
1.本丸　2.櫓の趾　3.本丸宮殿　4.二の丸　5.望楼　6〜9.東、南、西および北門　10.二の丸御殿　11.厨房　12.倉庫

士の必要を充たすために自然に商人もここに集まった。こうして封建領主の居城の廻りに城下町ができ上った。城はそれで純軍事的な防御点であるばかりでなく、同時にその領地の統治と経済の中心となった。それゆえ城は再び山地から交通運輸の便のよい平野にと移された。しかし軍事的立場が注意されなかったのではなく、城の多くは広い平野の中の高台の上に建設された。こうして城の建築は政治と経済の中心として非常に発達し、16世紀の終わりから17世紀の初めは城の建築の最盛期であった。

167 姫路城遠望／西日本・兵庫県

このような封建制度下の最初の城は1579年、織田信長によって安土（滋賀県）に建てられた。この城は琵琶湖畔の平野の中の丘にたち、大きな石垣でとり囲まれ、施設の中央には高い石の基壇の上に6層[182]の天守閣がそびえていた。天守閣の

168 姫路城の櫓群と城壁

内部は漆細工と有名な画家・狩野永徳の壁画で華麗に飾られ、一部は金箔貼りであった。同様に画期的な城の様式は1583年、豊臣秀吉によって建設された大阪城において完成の域に達した【図162、164】。大阪城は50m以上の高さの、その屋根瓦は金が貼られた8層[183]の天守閣のある巨大な施設であっ

---

[181] 現在の大阪城は、徳川氏による修造後のもの。二条城は、徳川将軍と朝廷との儀典の場の性格が強い。1602～03年工事。本丸にあるのは、1893年に移された旧桂宮御殿。
[182] 「層」と「重」は同じ意味に使われ、屋根の重なりを指す。今は外観5重、内部7階と推定されている。天守閣は1576年着工、1579年竣工で、城全体の工事は、その後もつづけられた。

169、170　小さい月見櫓のついた松本城(現存)と萩城(1874年解体)。地方都市の小さな城の例

た。城の廻りに城下町大阪が建設された。秀吉はなお京都に〈聚楽第〉[*184]【図163】、京都近郊に伏見(または桃山)城を築いた。前者は城というより邸宅であったし、後者は秀吉がその晩年に住んだ巨大な住宅であった。これらの特に代表的な城と並んで、今や全国に多数の封建諸侯の城が建設された。これらは完全にまたは部分的にそこなわれたり、あるいは廃墟となってはいるがほとんど全部保存され残っている。これらのうち最もよく保存されているのは、兵庫県の姫路城【図167、168】である。

　姫路城はその白い外壁のために「白鷺城」とも呼ばれ、広い平野の中の深く繁った森で覆われた丘の上に建ち、その麓に姫路の城下町がある。城には6層[*185]の天守閣と3つの小天守がある。全体の施設は地形の利用によって、大層変化に富んだ構成となっている。名古屋城も1945年太平洋戦争中に焼失するまで最もよく保存されていた。その5層の最高の棟に一対の金の鯱をのせた天守閣は46mの高さがあり近代的大都市名古屋の王冠のようであった。

　最盛期の城【図164〜175】は、普通は3重であるが、何重にも重厚な塀と堀でとり囲まれ、全体の施設は3つに区分された。本来の要塞を形成する最内部(本丸)、第二の部分(二の丸)および第三の部分(三の丸)である。施設の

[*183]　今は外観5重、内部9階(10階ともいう)と推定されている。天守閣は1583年着工、1588年に竣工とされている。城全体の工事は、1598年ごろまで続いたとされている。
[*184]　「じゅらくてい」「じゅらくだい」ともいう。1586年着工。城郭形式の邸宅。5重の天守があり、諸大名屋敷、利休屋敷も配されていた。
[*185]　今は5重6階、地下1階付きと表現する。

171　西本願寺の対面所／京都

拡大によってなお多くの部分がこれにつけ加えられた。

要塞の一部分が敵によって打ち破られた場合にも、城はなおよく防御でき、内域に建つ天守閣で最後の抵抗がなされた。城壁は施設の廻りを直線的に囲むのではなく、曲がりくねっていて側面防御ができるようになっていて、城の個々の部分の不規則な輪郭が生じた。

172　二条城の上段のある広間。正面に床の間と棚、左方に書院、右方に帳台構*186／京都

これらの城壁はしばしば全く簡単な芝を貼った土塁であった。しかし多くの場合、菱形の漆喰無しでつまれた石で、その外面は凹面形でつくられた石垣である。時によって非常に

---

*186　棚は違棚の意。書院はさまざまな意味があるが、ここでは付書院(つけしょいん)の意。帳台構(ちょうだいがまえ)は床の間にむかって右にあり、敷居を一段高く、鴨居を低くし、左右に引きわける襖を入れる。寝殿造の入口を装飾化したものであるが、奥に警護の武士がいたとされ、「武者隠し」ともいわれる。

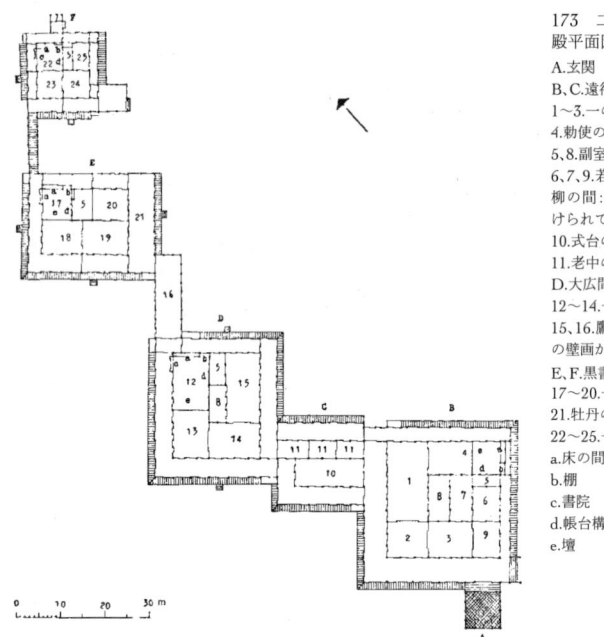

173 二条城の二の丸御殿平面図／京都
A.玄関
B,C.遠侍
1〜3.一の間から二の間
4.勅使の間
5,8.副室
6,7,9.若松の間、芙蓉の間、柳の間：室の壁画から名付けられている
10.式台の間
11.老中の間
D.大広間
12〜14.一の間から三の間
15,16.鷹の間、蘇鉄の間：室の壁画から名付けられた
E,F.黒書院、白書院*187
17〜20.一の間から三の間
21.牡丹の間
22〜25.一の間から四の間
a.床の間
b.棚
c.書院
d.帳台構
e.壇

　大きな石が使用されたのは、よりよく築城するためばかりでなく、威圧的な印象のためであろう。大阪城の巨大な石垣の石は特筆される必要がある。そのひとつは10.8mの幅で高さが5.5mある。仮に奥行が2.5mあり、花崗岩の重量が10cm角で2.7kgとすれば、この石は約390tもある。どのようにしてこんな石を運搬したのであろうか？　このような大きな石は主として船で遠方から運んだか、または空の容器を多数一緒に結びつけて海上を輸送したものと想像されている。城壁の上には白く漆喰で塗られた土塀がつくられるが、また平屋の長い多聞と呼ばれる、平常時には武器と食糧の保管に、戦時には戦術的防御点として役立つ建物も設けられる。城壁の角やほかの重要な場所に2層または3層の望楼がある。しかし城壁の上に松が植えられただけのものも稀ではない。城壁上につくられた土塀と多くの建物には円形、半円形、三角形、四角形の銃眼が見張りの目的と発射のためにとりつけられている。

---

*187　武家では、黒書院は柱、天井、建具桟などを黒漆などで色付けしてあり、居間的な書院座敷とし、白書院は白木造で対面所とされている。しかし寺家では、西本願寺の対面所（白書院）の方が装飾的であり【図171】、黒書院の方が白木造に近い。名称の使いわけは武家と寺家との間の封建的秩序の維持の意図からかと思われる。

これらの銃眼はヨーロッパの中世の城と同じように、外側にまたは内側、あるいは両側に、できるだけ視野を拡げ最大の射撃範囲をうるために斜めになっている。

城の望楼とほかの城壁の建物には、抽出口またはヨーロッパの城のいわゆるPechnase*188のような石を投下するための張り出し窓状の突出（石落し）がある。城壁の外側の堀は大体清く青い水で充たされるが、時には地理的な位置と土地の性質によって空のことも、沼状のこともある。城

174、175　旧江戸城の城壁と塀。現在、東京の宮城として近代大都市の中心となっている

の入口として種々の城門があり、堀の上には普通の橋、または跳橋が掛けられる。各々の門は普通二重の門から成り、城壁に囲まれた四角な桝形と呼ばれる前庭に、敵の侵入を困難にするため互いに直角に配置される【図166】。

主要建築として要塞の最も内の区画に、高い石の基壇の上に多層の城塔（天守または天守閣）が聳えている。これはヨーロッパの中世の城のBergfried*189に相当するもので、見張りと指揮塔として、倉庫、武器庫として、城主の最後の防御の拠点、状況によっては彼の住居として使用される。そのうえそれはまた封建君主の権力の象徴であったし、また同時にヨーロッパの都市の大聖堂や市役所のように城下町の栄誉でもあった。普通いくつもの小さい城塔が天守に近く建てられ、直接または道路によって連絡されている。

---
*188　訳者註によれば「侵入する敵に対しチャンを浴びせかけるため、城壁に設ける小さい出櫓」とある。
*189　訳者註によれば「天守閣、望楼に相当するもの」とある。

176、177　1945年まで外務省の附属屋として残っていて焼失した大名屋敷の長屋

戦国時代には城主は天守閣に居住したので、その内部は立派に装飾された。しかし平和状態の到来につれ、住居は天守閣から離れ次第に単独に発達し、天守閣の内部は純実用的につくられるようになった。

城主の邸宅はそれで城の第二の区画[*190]に置かれるが、最も内の区画[*191]に留まるものもあった。城のほかの建物はみな漆喰壁の半防火的材料でつくられたが、邸宅は書院造の様式【第Ⅷ章】の木構造であった。このことは日本人がいかに伝統的な木造に愛着をもち固持したかを示している。巨大な江戸城の徳川将軍の邸宅は封建領主の最大の邸宅とみなされる。今日まで保存されている代表的な例は、元来は豊臣氏の伏見（または桃山）城に属していた京都の西本願寺の巨大な対面所[*192]および、京都の徳川氏の二条城の二の丸御殿である[*193]【第Ⅷ章、図171〜175】。

要塞地区の最内部にはなおほかの管理用、倉庫用の建物があった。家臣の住居は主として城の外側の区画にあり、重要な家臣のそれは城の2番目の区画にあった。しかし全家臣の住居を城内に置くことはできなかったので、下級の家臣の住居は、城を囲んで形成された城下町に設けられた。

日本の城とヨーロッパの中世の城との間に少なからぬ類似がその施設、またその軍事技術的詳細についてあることがしばしば指摘される。それが単に偶然の一致であるか、直接の関係が両者間にあったかははっきりしない。ともかく当時の軍事的権力者がしばしば日本に来た西洋の訪問者から、ヨー

[*190]　「二の丸」を指す。
[*191]　「本丸」を指す。
[*192]　訳者註によれば「この建物は伏見城から移築されたものではなく、西本願寺に新築されたことが、その後の研究によって明らかにされた」とある。居間は1618年新造とされている。
[*193]　1602〜03年および1625〜26年造営とされている。

ロッパの築城について
いくらかを知らされて
いたことは大いに可能
性のあることである。

徳川氏が権力を掌握
して以来、新しい城をつ
くることはきびしく禁
止された。そのうえ封
建領主をできるだけ固
く手中におさめるため、
城を自由に整備するこ
とが禁じられ、そのほか

178　17世紀の江戸の木版画／現在の東京

各領地は唯一の城のみ所有できる規定が発布された。それで封建領主はみな
彼らの城を、その住居としての城さえも取りこわさねばならなかった[194]。徳
川氏の権力掌握以来、19世紀の終わりまでの250年間については、このよう
な理由で江戸城の完成を除けば、何も城の建築について述べることはない。

江戸城は当初は15世紀半ばに有名な武将・太田道灌[195]によってつくられ、
1606年徳川家康が将軍政治の中心として大規模に拡張したものである。そ
の際に今日の東京、都市・江戸もつくられた。江戸城の建設は中断もあった
がその後も続けられ、1636年、3代将軍・家光の時に完成された。全施設は
東西約5.5kmと広く、南北は約4kmある。最内部の区画には5層の天守閣と
将軍の巨大な邸宅があった[196]【第Ⅷ章】。それは実際日本のもった最大の城
であった。今日、皇居として使用されている江戸城は当時の内側の区画にす
ぎないし、いまだに保存されている建物の数も少ない。しかしその広い深い
森に覆われた緑の高台、芝を貼った高い、柔かい土手、松が上に植えられた力
強い石垣、そして青い水を湛えた静かな堀のある敷地は魔法のように美しく、
近代的大都市の独特な中心点を形づくっている【図174、175】。

城の建築は徳川氏の支配の下でほとんど全部中止されたが、この時代は国
の平穏と市民階級の向上の結果、至るところで城の傍にある都市の急速な発

---
[194] 1615年の武家諸法度（ぶけしょはっと）と1635年の改訂法度を指す。
[195] 1432〜86年。上杉定正の重臣。平安末期に江戸氏の居館であったものを、1456〜57年に中世風の城郭にしたので、道灌をもって江戸城の始祖とする。
[196] 将軍邸を指す。これは、公式行事の場（表：おもて）、将軍居住の場（中奥：なかおく）および（将軍夫人や子女の居住の場（大奥：おおおく）とからなる。これらは一体となっていて、総面積は、1845年で264,000m²余。注目すべきは公生活と私生活とが一体となっていることである。

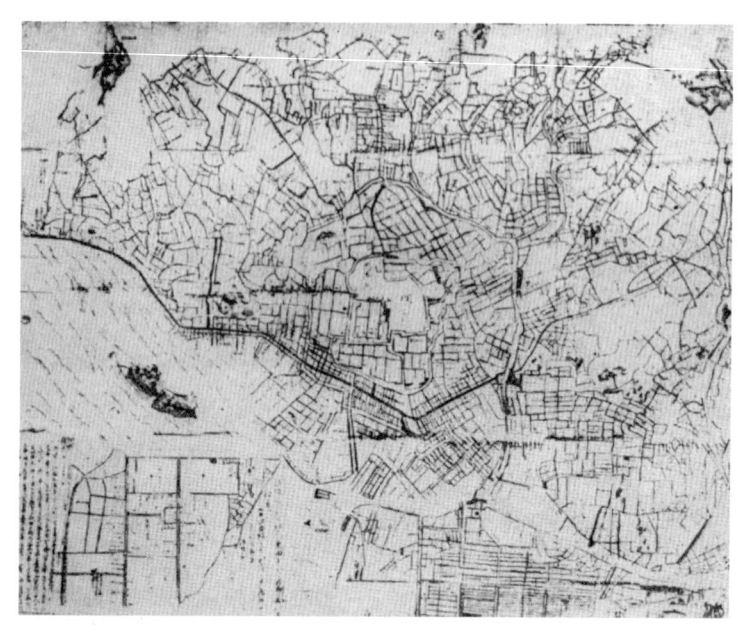

179　17世紀末の江戸の地図

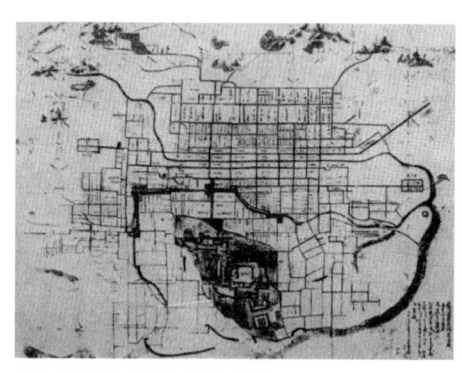

180　17世紀の北日本・高田の地図

達をもたらした。なかんずく江戸と大阪は東と西日本で間もなく最盛期を迎えた。

　この時代、大名（封建領主をこう呼んだ）は2年目ごとに幕府に仕えるため地方から江戸へ来なければならず[*197]、その間彼の家族は永続的な住居を江戸にもたねばならなかった。この規定の目的は大名の家族をいわば人質として将軍の統治する都市にとどめ謀叛の可能性を除くためであったし、大名の力は度々の旅行と社会的義務のための大きな金の消費

[*197]　参勤交代制を指す。1635年に正式に制度化。

VII. 城と城下町

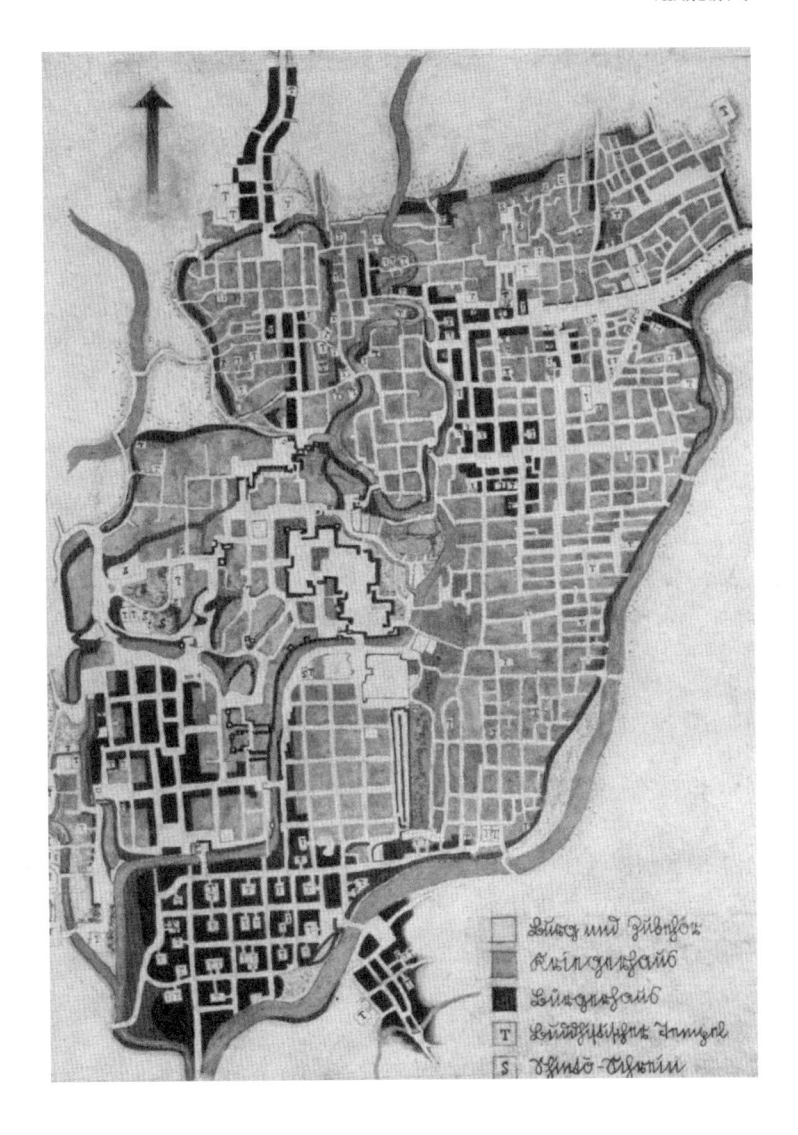

181 1820年ごろの図による城下町熊本の地図。武士と市民の家の割合を示している
(書き入れ——上より:城と附属施設、武士の家、市民の家、仏寺、神社)

によって弱められた。それで約300人の大名は大きな土地を求め、各大名は彼の地位にふさわしく必要な尊敬を受けるため、いくつかの、普通は公式、半公式と私的目的の3つの立派な家を建てねばならなかった[*198]【図176、177】。全大名の家臣達の住居も同時に江戸に建てねばならなかった。

このシステムは都市・江戸の大きな躍進に多く貢献した。そして全国の武士達の集合の中心としてますます大きくなり、すでに18世紀にはその人口は多分100万以上に増加した。人口に関して江戸は当時日本最大の都市であったのみならず、恐らく世界最大の都市であった。1880年にはロンドン、パリ、ベルリン、ニューヨークの人口はそれぞれ380万、220万、184万、280万人であったが、1800年にはまだ各80万、64.7万、18.2万、6万人にすぎなかった。

江戸には「火事は江戸の華」との諺が言われるくらい火災が多かった。1657年の火災[*199]は特に大きく、都市はこれによってほとんど全滅した。当時の記録によると江戸城の大部分、500の大名の邸宅、300の仏寺と神社、9,000の倉庫、60の橋、880の街路と武士と民衆の無数の住宅が火災で焼失し、10万人以上が死んだ。この火災の後、街路は拡張され、あちこちに防火上の広場がつくられ[*200]、柿板葺、藁葺のもえやすい木造の家に替わって次第に瓦葺で、厚く漆喰で外壁を塗られた半耐火的な家ができるようになった。これらの家々は都市・江戸の独特な特徴となった【図178】。

都市・江戸が政治の中心として躍進したのに対して、大阪は豊臣秀吉の築城以来、商業都市として発展した。ここには多くの大名の倉庫があり、その領地の物産の販売の場所であった。それで17世紀から19世紀まで、活発な経済生活が大阪に発展し全国の商業の中心となった。

日本の城下町【図179～181】は、中国やヨーロッパの中世の都市と異なって堅固な都市の城壁で守られることは極めて稀であったが、一方それは城本体からはその城壁と堀で厳しく分離されていた。それは城下町は家来達と市民の居住地で単なる城の付属品とされ、階級意識が当時大層強く、市民は非常に低い階級であったので、その防御は注目の外にあったから当然のことであった。武士と市民の都市の区画は明瞭に分離されていた。高級武士層の住宅は城の近辺にあり、下層の武士達は外側の地区に住んだ。市民の家は都市

[*198] 上屋敷、中屋敷、下屋敷を指している。
[*199] 明暦の大火をいう。1657年正月に相ついで起きた3つの大火の総称。被害は史料によって異なり、大名屋敷160、旗本屋敷770、町屋40町とする。江戸城天守閣も焼失、以後再建されなかった。もはや武力闘争の時代でなくなった。
[*200] 広小路、火除明地、火除堤で、主として江戸城への延焼防止として企画された。江戸城内の御三家邸は城外へ、周辺の武家屋敷は大規模な配置替え、寺院は外濠外または郊外の新開地に移した。

の中央部にあってその中を国の主要交通路*201とつながる主な道路が通っていた。市民の家、特に手工業者の家は職業または事業に従って集められていたので、例えば鍛治町、漆屋町、鉄砲町、弓町、大工町などの町がある。多くの仏寺、神社は都市の外側の部分、および都市の内部の重要な地点にも軍事的防御点として利用するために建てられた。

市民は疑いもなく城下町の最重要な住民であったにもかかわらず、彼らの占めた土地は武士の地区のそれよりはるかに小さかった。この時代の初期に、多分、江戸の都市の面積の70％は武士階級の家で占められた。1869年以後、江戸は東京と改名されたが、なお都市の土地の60％は武士達の家で占められ、20％が仏寺と神社、20％が市民の家であった。

城下町の街路のシステムは大体において、奈良、平安と同様に直角の網状に配置されていた。しかし土地の性状または軍事上の、例えば遠望を防げるような考慮から、街路は時に直線でなく、ジグザグ状または曲線状になっていた。実例をあげれば江戸では都市の低い部分では、街路は直角で網状に配置されていたが、都市の高い部分では不規則でくもの巣状になっていた。城下町の街路は大体せまく、通常7～8m幅であった。江戸の大火の後、街路が広げられた後でさえ、主要街路・日本橋通りはわずか18m幅で、ほかの主要街路も10～12m幅にすぎなかった。

封建時代の社会構造では市民階級は大変低い順位の階層で抑圧されていたが、永続する平和の中で豊かになり勢力をもつようになり、一方武士階級は実力と意義を失い*202、ただまだ表面的な役割を演じていた。すでに18世紀の初めごろにこの発展は明らかになり、武士階級の力は、結局は全く市民階級の手中に移った。新しい日本の始まりと共に武士階級は完全に消滅、城下町は港湾都市、交通運輸都市、市場都市や、大寺院、神社の周りにできた都市と共に、急速に近代都市にと発展した。

---

*201 東海道、中山道（なかせんどう）、日光道中（途中から奥州道中が分岐）、甲州道中を指す。幕府が公的に指定した道路。宿場町が配され、これも公的に指定された。大名など宿泊用の本陣、脇本陣が設けられていた。
*202 武士は武器をもっているが、平和の時代であるから、どちらかといえば、刀は地位の象徴か美術品にすぎず、実体は、行政官にすぎなくなっていた。物価の上昇と生活のぜいたく化により、大名から旗本に至るまで貧しくなり、ことに多くの大名は、明治維新で借金を踏み倒し、明治動乱期には民間から献金させていた。その代償は羽織を着て町を歩いてよいとか、武士の住宅と同じように長屋門や玄関をもってよいとかいうものであった。

VIII. 公卿住宅と武家住宅[*203]

　古来日本は大陸文化の、特に8世紀唐朝と直接の関係が始まって以来大きな影響の下にあった。大陸文化の影響はすべての領域に広がった。中国の長安を模範とした710年の奈良の都の開設後、政府は多分都市の美化のため、公卿や富裕階級に中国風の色彩豊かな瓦葺の住宅の建設を命令した。

　奈良近郊の法隆寺東院の講堂、伝法堂は当時の大陸様式で建てられた住宅の姿を伝えている。この建物は元来、光明皇后の母・橘夫人の住宅に属したもので、後に法隆寺東院に講堂として寄進されたものである。寄進による移築の際に建物は全体にわたってかなり変更された。

　しかし、日本の住宅建築に対する大陸建築の影響は、主として皇居と公卿の家の一部にとどまった。大部分は公卿の住宅でさえも開放的な高床式の家屋の古い伝統の下で、大陸建築の技術的影響を受けて発達した。公卿階級の代表者のひとりのこのような家屋が、近ごろ古文書をもとにして復原された【図182】。

　8世紀の終わり奈良から平安（京都）への遷都以来、12世紀の終わりまで公卿階級は文化的社交的生活の全体の中心にありこれを支配する階級であった。美しい環境の邸宅の中で当時の公卿は恋の冒険の多い、豪奢な、享楽的な、しかし一方では文化的には高度な、芸術的意義の多い生活を送った。公卿の邸宅と別荘は都の内外に自然と完全に調和して、10～12世紀間に指導的な住宅様式であり洗練された優雅な時代感覚を反映したいわゆる寝殿造(しんでんづくり)でつくられた【図183～185】。

　寝殿造で建てられた公卿の邸宅[*204]は、規模は縮

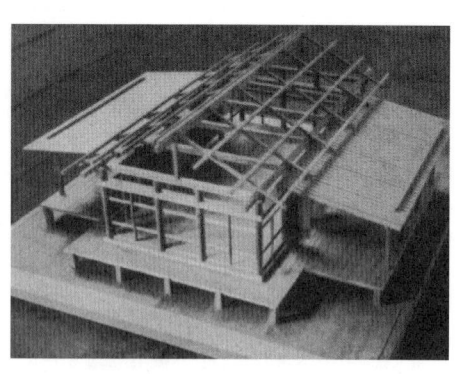

182　8世紀の貴族の住宅／関野克教授復原

[*203] 「公卿の住宅」、「武家の住宅」はあるけれど、公卿造とか武家造とかいう特定の住宅形式はない。時代により、また身分の上下により住宅形式は変わっていった。そして今日いわれる「専用住宅」は、明治以後社会機能の分化とともにあらわれたもので、それ以前は、「住宅」と称しても、社会階級の上下にかかわらず、何らかのほかの機能を併用していた。

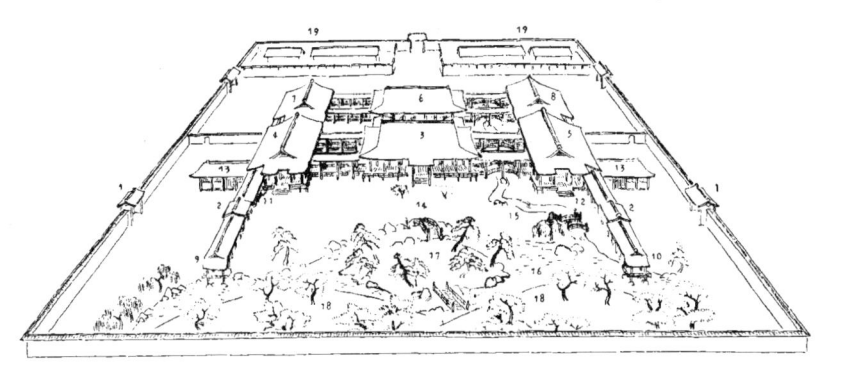

183 寝殿造の邸宅の基本形の想像図
1.正門 2.中門 3.寝殿 4〜8.西、東、北、北西、北東対屋 9、10.東西釣殿 11、12.東西の中門廊 13.家臣の詰所、車庫など 14.南庭 15.小川 16〜18.人工の池、島、築山 19.附属舎

小され単純化された建築法式ではあるが、皇居の本来の住居部分と一致していた【第Ⅵ章】。敷地は普通120m角、すなわち144aで平安京の1ブロックと一致する。全施設の中央には、南面した一部屋の主建築が建てられ、寝殿と呼ばれた。大きな前庭がつき、家の主の居住と接客の室として使用された。

寝殿の東西には左右対称に同様に一室の副屋があり、東、西の対屋(相対している建物)と呼ばれ廊下[*205]で寝殿と連絡されていた。寝殿と東西の対屋の北方に北、北東、北西の対屋がならび、同様に廊下で連絡されていた。対屋は家族の住宅として使用され、北の対屋には家の女主人が住んだ。なお東と西の対屋から、廊下が南方の庭に設けられた人工の池の岸に建つふたつの小さな吹き放ちの亭につながっていた。この亭の東方のものを東釣殿、西方のものを西釣殿と呼んだ[*206]。これらは釣りに使われたが、またここで夏は夕の涼風を楽しみ、または池の魚、月、花、雪景色を鑑賞したのであった。

対屋と釣殿を結ぶ2本の廊下の中程に中門と呼ばれる各ひとつの門があり、廊下はこのため中門廊[*207]といわれた。全施設は土塀で囲まれ、西と東に正門があった。これらの正門[*208]から入り、中門から廊下に上がるか[*209]、中

[*204]　「公卿」は、古代中国の「三公九卿」の制を模した制度で、太政大臣、摂政、関白、参議および三位以上の上級官人貴族を指している。中下級の貴族を含めている場合がある。
[*205]　「透渡殿(すきわたどの、すいわたどの)」、「透渡廊(すきわたろう、すいわたろう)」、「渡殿(わたどの)」、「透廊(すきろう、すいろう)」ともいう。壁はなく吹き放ちである。
[*206]　通常は、一方(東が多い)を「泉殿(いずみどの)」とし、他方を「釣殿(つりどの)」とする。前者は平面中央に湧泉をもつものを典型とする。
[*207]　外門方向は板壁とし、南庭方向は吹き放ちとする。南庭での行事を見物する席ともなる。

門を通って庭園すなわち南庭に入り、主建築の前面に達した*210。芸術的につくられた南庭の池にはひとつの中島があり、両岸と橋で結ばれていた。水の流れは北から庭の中を屈曲して、廊下の高床の下を通って導かれ池に注いだ。池ではしばしば異国的な舟で舟遊が歌と音楽を伴って催され、庭では定まった儀式になると、音楽を伴う古い日本の舞踊(舞楽)のための屋外舞台が設けられた。当時、公卿階級は交通の手段として牛車を使ったので、両中門廊の外部にこれの車庫があった。対屋の後ろの最後部に厨房、家事用建物、使用人の住居などがあった。

184 寝殿造の邸宅*211。京都神護寺蔵の山水屏風の一部

寝殿造の施設の個々の建物の左右対称の配置、廊下のシステムは大陸に由来するものであるが、建物自体は壁の少ない高床式で、素木のままで檜皮の軽い屋根の純日本的なものであった。それで建物は軽快で、繊細で、純日本的性格をもっていた。

主建築・寝殿は矩形の平面で唯一の主室(母屋)とこれをとりまく建具の

185 寝殿造の室内。絵巻春日権現霊験記の一部

---

*208 東面が普通であったようである。三位以上の門形式は、四脚門(よつあしもん)。
*209 壁に両開きの扉が開かれ、主賓とか身分の高い人が入る。
*210 天皇、上皇などは、寝殿前から直接に上がった。
*211 中門廊、渡殿、寝殿、北対(きたのたい)が見えている。東対は欠けている。
*212 「妻戸」という。端(はし)の戸という意味。通常は寝殿の両側面(妻側)についていたので、この称が使われた。蔀戸(しとみど)が全部おろされても、出入りは妻戸からできた。

ついた縁側（庇）からできている。この縁側の廻りにせまい吹き放ちの手摺のある濡れ縁があり、これに正面中央、時には両側に屋外階段がついている。

建具のついた縁側の両側面の隅に、各ふたつずつ開き戸のついた入口がある*212。建具のついた縁側の外側の柱の間の部分には一種の跳ね上げ戸（蔀戸）がつけられている。この戸は通常上下に二分された木の格子戸*213でできている。上半部は上部の楣*214に取りつけられ水平の方向に回転する。日中は鉄製のかぎによって水平に開かれた状態で固定される。下半部は滅多に取り除かれることはない。しかし時には1枚の跳ね上げ戸が使用された。

将棋盤のような扉の格子細工は黒漆で塗られ、素木の建築から特に美しく目立っている。内部では蔀戸の前に細い竹のカーテン（簾）が下げられる。建具のついた縁側と内の室との間には、細い竹または絹のカーテン、または厚い紙か絹を貼った襖があった。

主室（母屋）の内部はしばしばそこに造りつけら

186 中世初期の武士の住宅*215。法然上人行状絵巻の一部

187 焼失前*216の京都金閣の2階縁側／天沼俊一教授写真

---

*213 半蔀（はじとみ）という。
*214 今の長押（なげし）とは異なるが、蔀は長押に取りつける。原著者は蔀の戸あたりにもなっているとして、こう表記したのだと思われる。
*215 法然の父・漆（うるま）時国の館（12世紀中ごろ）を、14世紀の初期に想像して描いたもの。父は美作（みまさか、岡山県）の久米の押領使（おうりょうし）であったから、下級官人程度と思われる。いちおう中門廊があり、寝殿造風に描かれている。この時代の建築文化は、上から下へ流れていたことがうかがえる。
*216 1950年の焼失を指す。今は古式のまま再建されている。

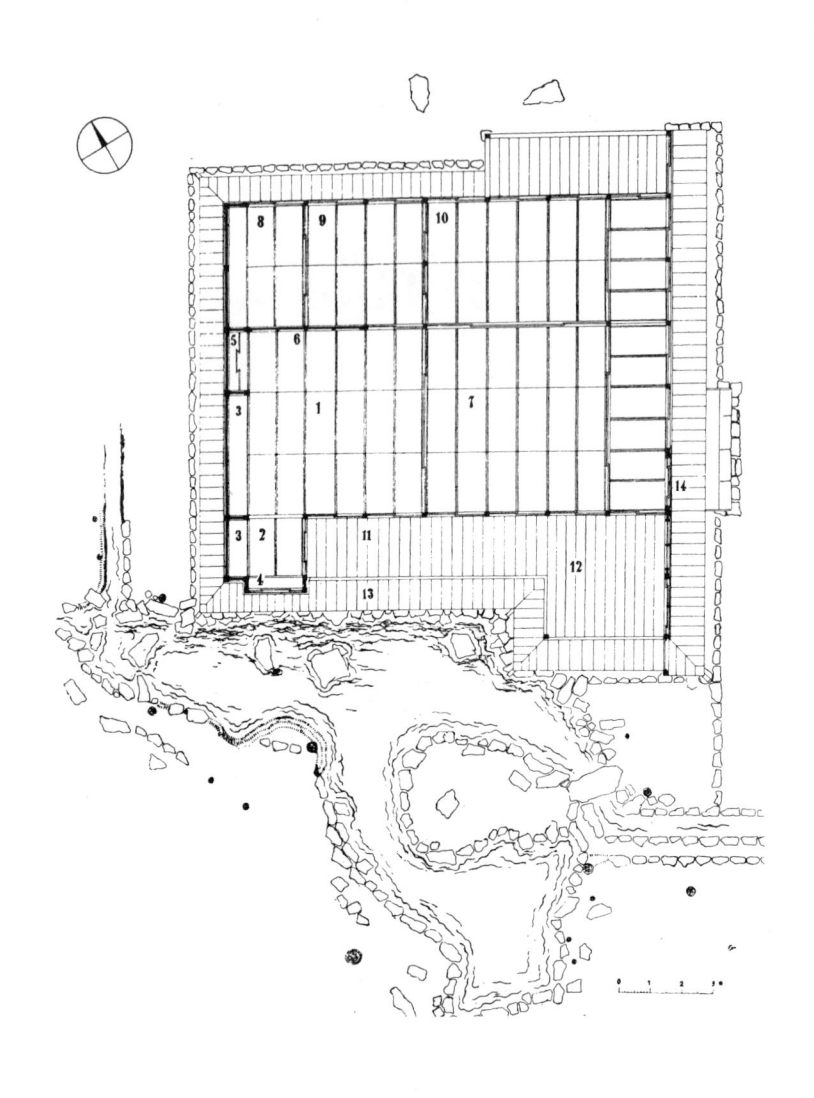

188 園城寺境内の子院・光浄院の客殿の平面図／京阪地方滋賀県
1.上座の間 2.上段 3.床の間 4.書院 5.棚 6.帳台構 7.次の間 8.納戸 9、10.8畳と12畳の室 11.広縁
12.中門廊(中門のある廊の名は、寝殿造の中門付きの廊から由来すると想像される) 13.濡れ縁 14.主入口

れた壁で閉ざされた小さな室（塗籠）以外は全く開放的であった。この室は就寝と更衣に使用された。主室は仕切り（衝立）、折りたたみ仕切（屏風）、絹の幕のついた可動スタンド（几帳）などで、季節または使用目的に

189　光浄院客殿

従って自由に仕切られ、室内は豊かな色彩で充たされた。仕切り（衝立）から、引き開けることができ、取り外しのできる紙の戸（または紙の壁）[*217]が発達し、それは室の大きさの様々な変更には開き戸よりはるかに実用的であった。室の開放性は、一方では日本の夏の気候を考慮したものとして、しかし他方当時の公卿の生活様式からも説明できる。家での儀式の開催は社会的に大きな役割をもち、そのために大きな広い室が必要であった。室には特別の天井はなく、床は板張りで、座ったり横になるには可動の畳がおかれた。

　対屋の大きさとしつらえは、寝殿のそれとほとんど同じである。ここに述べたのは普通の形で、なおほかに多くの変則な様式の施設があった。寝殿造の全体の性質は実用的より審美的に方向づけられたものであった。

　寝殿造の公卿の住宅はひとつも遺されていないが、19世紀の中ごろ、古い様式通りに建てられた京都御所の紫宸殿と清涼殿は、これをよく解明してくれている【第VI章、図142～159】。寝殿造のそれ以外の研究材料としては文芸作品や絵画がある。さらに奈良の春日若宮の神楽殿（神社の音楽と舞踊用の堂）、京都近傍の宇治の宇治上神社の拝殿は、寝殿造の繊細な建築を伝えている【図63, 76, 77】。

　公卿の全盛時代は永久に続くものではなかった。11世紀にすでにいくつかの地方で武士階級が台頭し、その影響は引き続いて強くなってきた。古い一枚の絵に当時の武士の家が表現されている【図186】。敷地の中央に農家風の突出した翼のある家が建っている。主建築の室内には寝殿造の影響がみられ、翼部の建築は家来の室として使われていて、寝殿造の中門のある廊下を

*217　はめ殺しの襖を指しているのか。

190　光浄院客殿上座の間

想い出させる。また厠*218が付属している。家来の室、厠は武士の家の欠くべからざる構成要素であった。

　12世紀の終わりごろ東日本の鎌倉に武士の政治が始まり、武士階級は実力を手中に収めた。しかし西日本の京都は文化の中心として残り、帝都・京都ではまだ寝殿造が行われていたが*219、時代の移り変わりは明らかであった。様式は大いに簡単に実用的になった。左右対称の建物の配置は強く保持されず、廊下でつなぐかわりに個々の建物は直接相互につながれ多くの独立した室に区分された。

　武士は永い間、公卿の下で生活し、特筆すべき自己の文化を全くもたなかったから、鎌倉の当時興隆した階級の武士の住居、少なくとも最高の武士階級のものは多分寝殿造に非常に似たものだっただろう。しかし家来の室、厠などは武士の住宅に不可欠のものとしてこれらに付け加えられ、全体としては素朴で実際的な、兵士風の生活を表現したものであったろう。建物の配置はもはや左右対称ではなく、全く自由で実用的なものであった。後になお詳説する主殿*220と呼ばれた主建築が全体の中心を形成していた。このような武士の住宅は土塀または板塀、そのうえときには塀で囲まれた。この囲いの主

---
*218　板敷きである。縁部分に家来が寝ている。
*219　歌人であり、官人であった藤原定家の日記によれば、透渡殿のある典型的な寝殿造は、1230年嘉陽門院（後鳥羽上皇の娘）邸の焼失でなくなったとある。頼朝が将軍に任じられて38年後。朝廷の武力が完全に解体されて9年後。これから以後、正式の寝殿造が建てられなくなったことを、暗示している。
*220　主殿は元来武家用語で、平安貴族の寝殿に対して称されていた。用途は客殿が主であった。後に寺家でもこの用語が使用されるようになる。

191 護国寺月光殿の内部／東京

要な門の両側またはその上に、大体床の高い弓矢の倉庫が建てられ、全体に城のような外観を与えていた。

　14世紀の半ば以来、京都の足利氏の新しい武家政治の下で、武士達の生活は公卿的、都会的になり、その住宅は次第に寝殿造と似たものになった[*221]。一方では武士階級と当時の精神面での指導階級、禅僧との密接な関係が開かれ、武士の住宅は禅僧のそれに少なからず影響された。禅僧の住宅では当時光を透す白い紙で貼った引戸（明障子または障子）が使用された。主要な室の設備として、中に仏教的絵画を掛けられる床の間または床、仏教の経巻の保管される棚（壁付の板製の棚）、そしてそこで経巻を読む書院（一種の読書用出窓）が含まれていた。入口のそばには玄関と呼ばれる特別な前室がつくようになった。

　14世紀から15世紀間の住宅建築としてほかの2、3と並んでふたつの特別な庭園建築が保存され遺っている。京都の鹿苑寺（通称金閣寺）の金閣（金の亭）と慈照寺（通称銀閣寺）の銀閣（銀の亭）である。金閣は14世紀の終わり、足利3代将軍・足利義満によって彼の北山殿に建てられ、将軍職を息子に譲った後、ここで禅の修行に献身した。彼の遺志によってこの施設は彼の死後寺に寄進され[*222]鹿苑寺と名づけられた。ほとんどすべての建物は以前にすでに焼亡し、金閣のみが1950年に焼かれるまでのこされていた[*223]【図187】。

[*221]　事実は「寝殿造の要素が次第になくなった」とする方がよいと思われる。以前に武家特有の住宅形式が完成されていたわけではない。寝殿造が武家の生活に適するように変化していき、寝殿造の要素をなお残していたとする方が、穏当だろう。足利将軍邸の形式変化はそうなっている。
[*222]　当時は戒名として院号（ここでは鹿苑院）をもらうには、一寺を創立しなければならなかった。

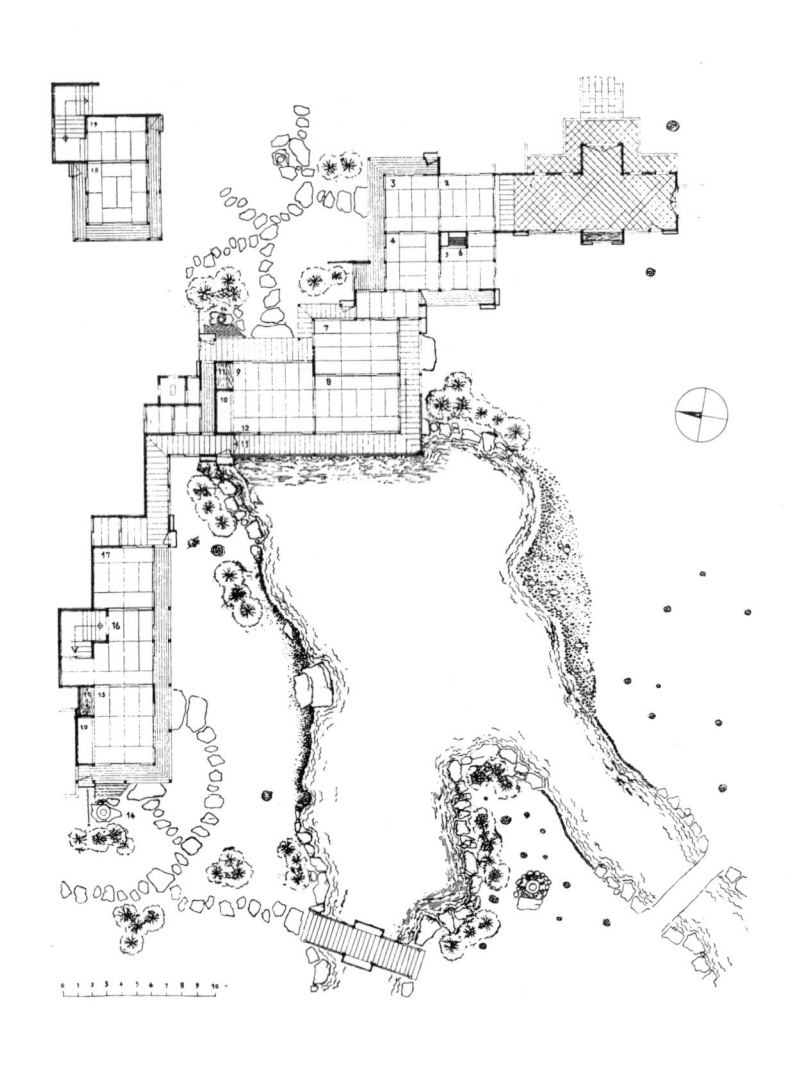

192 横浜・三渓園内〈臨春閣〉の平面図
1.玄関　2～5、7～9、15～19.室　6.水屋　10.床の間　11.棚　12.平書院　13.縁側　14.手水鉢

193 〈臨春閣〉／横浜

それは池の畔に建つ3層の庭園建築であった。最上階は禅宗様式（唐様）でつくられ金箔が貼られていたので金閣（すなわち金の亭）の名がある。

京都・慈照寺[*224]の銀閣（銀の亭）は小さい持仏堂・東求堂（とうぐどう）と同じ寺にあって、15世紀の終わり、義満の北山殿を模範として建てられた8

194 〈臨春閣〉／横浜

代将軍・足利義政の東山殿の遺物である。銀閣は2層の庭園建築で、その上層は金閣のように禅宗様式でつくられている。それは銀箔で貼られることになっていたが義政の死によって実施されなかった。東求堂は義政が持仏堂として使った小さい建物である。しかし書院と棚が設けられ、新しい住宅建築の様式の始まりを示している。

このように日本の中世以来、公卿階級の住宅様式・寝殿造から次第に新し

---

*223 訳者註によれば「1955年に再建されている」とある。
*224 義政は没後「慈照院」という院号のついた戒名をもらい、その条件として東山殿は慈照寺とされた。

0 10 20 30 m

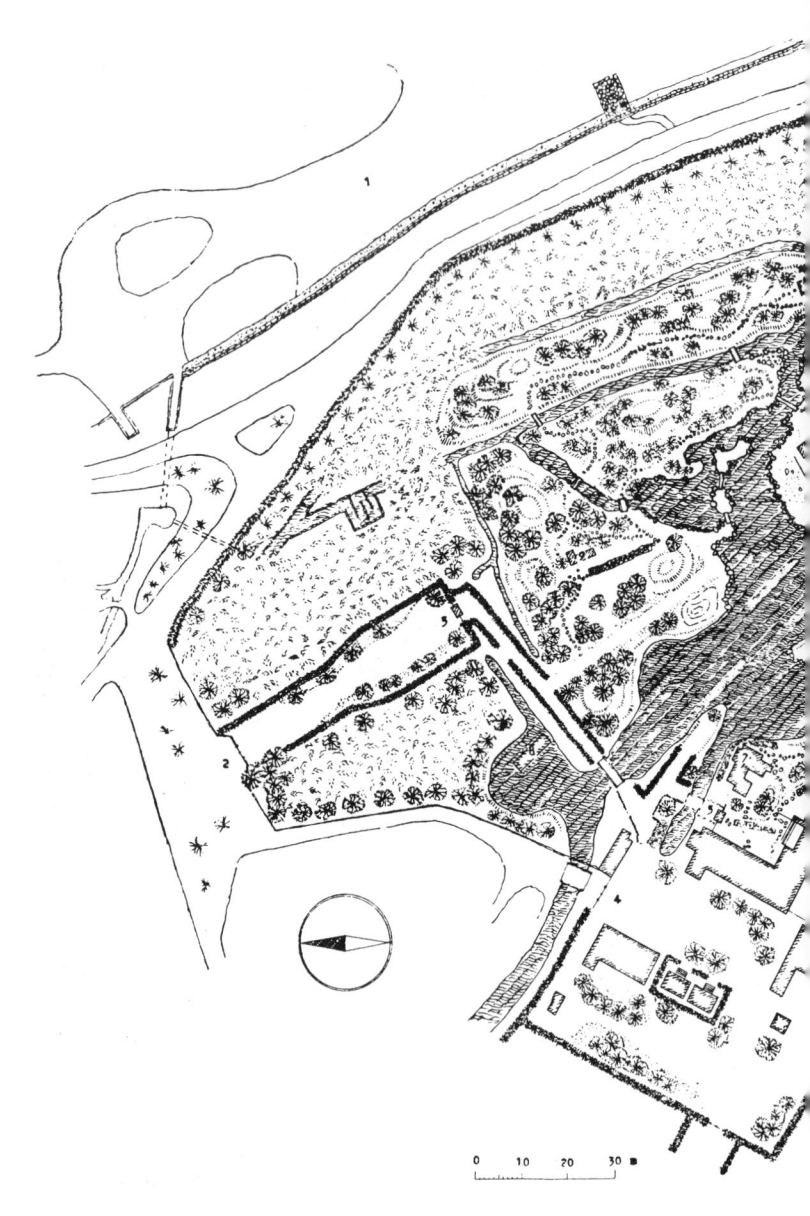

VIII. 公卿住宅と武家住宅

195　桂離宮の配置図／京都
1.桂川
2.表門
3.御幸門
4.通用門
5.中門
6.御所
7、10、14.月波楼、松琴亭、笑意軒
8.御舟屋
9.外腰掛
11、12.万字亭、賞花亭
13.園林堂
15.舟着場
16.芝庭

196　桂離宮の竹垣

151

152

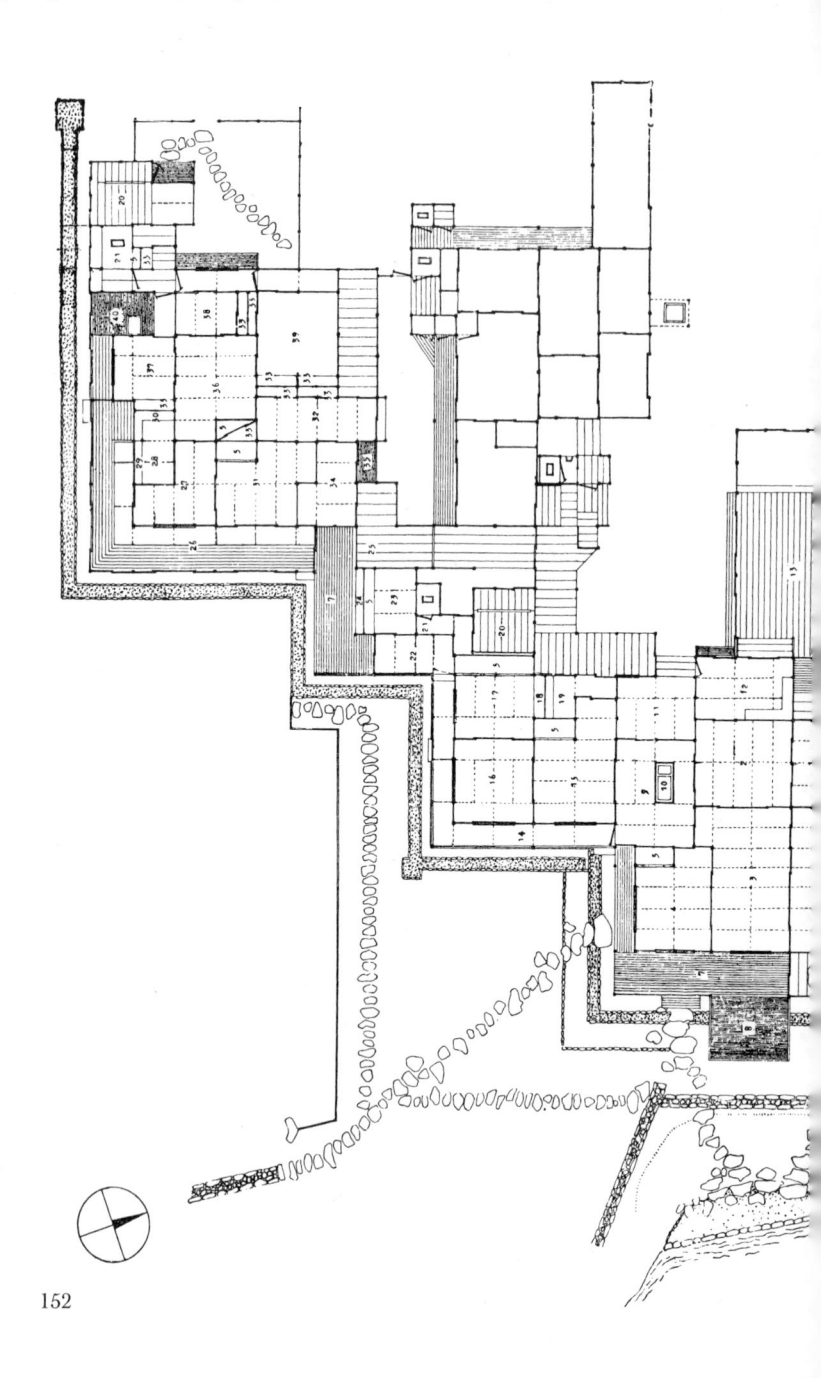

VIII. 公卿住宅と武家住宅

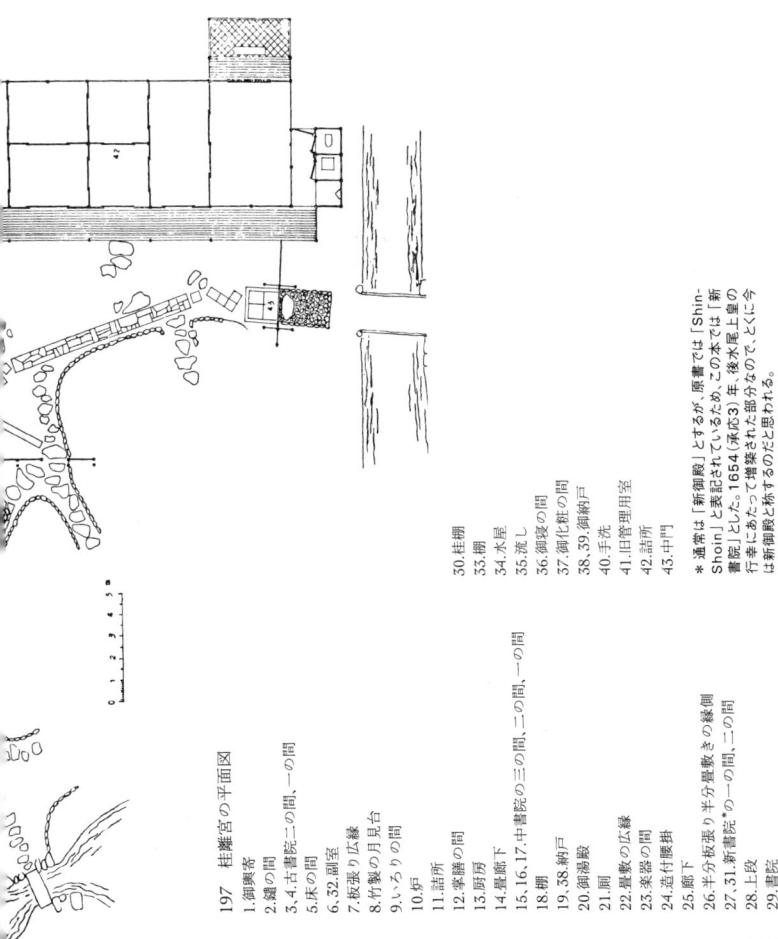

197 桂離宮の平面図
1.御輿寄
2.鑓の間
3,4.古書院二の間,一の間
5.床の間
6,32.副室
7.板張り広縁
8.竹製の月見台
9.いろりの間
10.炉
11.詰所
12.楽譜の間
13.厨房
14.黒廊下
15,16,17.中書院の三の間,二の間,一の間
18.棚
19,38.納戸
20.御納殿
21.厠
22.畳敷の広縁
23.楽器の間
24.造付腰掛
25.廊下
26.半分板張り半分畳敷きの縁側
27,31.新書院の一の間,二の間
28.上段
29.書院
30.桂棚
33.棚
34.水屋
35.流し
36.御渡の間
37.御化粧の間
38,39.御納戸
40.手洗
41.旧管理用室
42.詰所
43.中門

＊通常は「新御殿」とするが、原書では「Shin-Shoin」と表記されているため、この本では「新書院」とした。1654（承応3）年（後水尾上皇の行幸にあたって増築された部分なので、とくに今は新御殿と称するのだと思われる。

198 前面に池のある桂離宮。右から左に、古、中、新書院

い住宅建築様式が形づくられ、近世の初期になって初めて完成された。それは書院造であって、その初期の段階では主殿造[*225]と呼ばれ、そして今日の一般的な日本の住宅建築はこの様式に非常によく似ている。書院は前述の通り僧侶の住宅の書斎の読書用の出窓、または書斎自身を、そして後々には書院のある室、ついにはその中心点がこのような室である室の集まりを一般的に呼ぶことになった。

　書院造とはそれで、その主要建築がこのような室の集まりの住宅様式をいう。それゆえ主要建築、書院または主殿は寝殿造の寝殿に相応するものである。滋賀県の園城寺の子院・光浄院の客殿（応接用建物／1601年建造）は典

[*225] これは、寝殿造から書院造へ移る過渡的形式のひとつとみなす方が穏当であろう。したがって両方の要素を含んでいる。主入口は中門廊の扉でなくなっており、その間の柱間にある「連子窓（れんじまど）」は、三位以上の地位の象徴であった。1095年、五位の顕季の中院邸にこの窓をつけ、関白の師通に破却を命ぜられた事件が思い出される。約500年後の光浄院客殿では、地位の象徴であったことは忘れ去られている。

VIII. 公卿住宅と武家住宅

199 桂離宮と新書院と中書院の一部

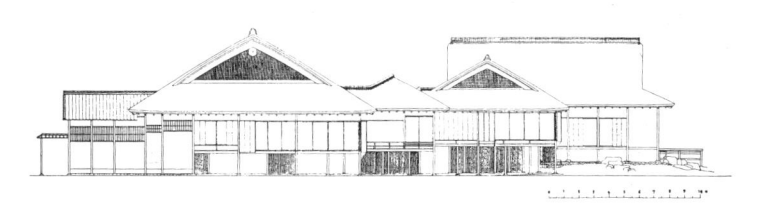

200、201 桂離宮の東南および南面立面図

155

型的な主殿である【図188〜190】。この建物の平面は矩形で十字形で分割されている。建物の後方にある主要室には、上段と床の間(絵画用ニッチ)、棚[*226](壁付ニッチ棚)と書院[*227](読書用出窓)がついている。そのほかにここには北側にある床が壇のように上げられた次の副室への入口である、特別に装飾的なもの(帳台構)がついている。この室は寝室または更衣室として使用され、恐らく寝殿造の主要建物内の小さな閉ざされた室(塗籠)から発達したものであろう。建物の南側には縁側がありその東南部は突出している。なお、全建築をせまい濡れ縁がとりかこんでいる。

202　桂離宮中書院南西面／藤島亥治郎教授写真

建物の東側に公式の入口がある。室と室との壁は主として壁紙様の紙で貼られた引戸(襖)でできている。外壁の開口は外側は大体2枚の板の引戸で、内側に1枚の光を透す白い紙で貼った引戸(明障子または障子)がある。これまで丸い断面だった柱は四角形になり、室には別に天井が設けられ、高い板張りの床にはこれまでは座ったり横になったりする時に使用されていた畳が全体に敷かれるようになった。この住宅様式は、1467年から1478年まで

---

*226　違棚(ちがいだな)という場合が多い。
*227　付書院(つけしょいん)という場合が多い。本来は出文(だしふ)机などとも称し、書見、筆記の場であったが、ここでは主として文房具などを飾る装置となっている。

続き京都全市街を破壊した応仁時代の内乱以降初めて行われたと一般的に認められている。

光浄院の宮殿と並んで園城寺のほかのひとつの子院、勧学院の宮殿(1600年建造)と、以前はこれも園城寺の境内にあった東京護国寺の月光殿【図191】は、主殿すなわち初期の段階の書院造のすぐれた実例である。

混乱状態に陥った日本は16世紀の終わりごろ、織田信長とその後継者・豊臣秀吉によって統一され、それから日本の近世は始まった。この時代の豊臣氏の没落までの最初の40年ほどの間は活気にみちた、豪華好みの時代としてめだっている。巨大で華麗な城廓や、上層武士階級の書院造の住宅が次から次へと建設された*228。京都に1587年豊臣秀吉によって建てられた〈聚楽第〉は格別に華麗なものであった【図163】。

203、204　御輿寄と竹製の縁、月見台

そのような大きな書院造の施設には、いくつもの書院(主室に床の間、棚、

---

*228　主殿なる用語に代わって「広間」、大規模な場合は「大広間」と称され、武家の接客用の正式建物形式であったが、それでもなお、寝殿造的要素をいくらか残していた。そしてようやく1610年ごろから漸、中門風の縁、輿寄(こしよせ)の妻戸などの要素を払拭し、ほとんど書院造化してしまう。しかし「実検の窓」という用語が武家の間で使われたとあるから、寝殿造の中門廊の「連子窓(れんじまど)」は、形式をかえて残っていたようにみえる。

205, 206 桂離宮古書院の二の間と一の間

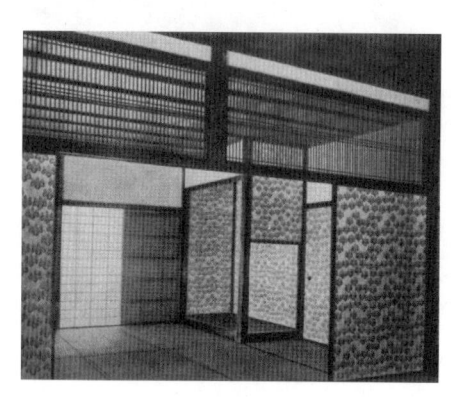

書院などのある室の集まり）の建物が、平面では階段状に互いに結び付けられ、その一端に特別室が入口の傍につけられた。これは禅僧の住宅から由来したもので玄関と呼ばれた。このような平面構成の典型的な例は1602年に徳川家康によって建てられた京都の二条城の二の丸御殿である【図166、172、173】。絵画と彫刻が室内の構成に重要な役割を演ずるようになった。扉や壁には有名な芸術家によって絵がかかれ、室はそれによって活気ある特徴をもった。しかし色彩豊かな格天井、過剰な力んだ彫刻そしておびただしい金具は室をしばしば趣味の悪いものにした。元来は豊臣秀吉が建てた伏見城に属していた京都西本願寺の書院は、既述の二条城の二の丸御殿と同じく、巨大で華麗な書院造の形式の好例である【図171】[*229]。このような最高の武士階級の立派な邸宅と並んで京都の醍醐寺三宝院の書院は、書院の節度ある形を示し、

207、208 桂離宮新書院の二の間と縁側、および中書院一の間

恐らくこの時代の普通の武士の住宅と共通するものであろう。

この時代に夜間、家を木製の引戸（雨戸）で閉ざすことが始まったので、室の外側の木の戸は不要になり、外壁の開口部は全面紙の戸とされ、そのため室内は大変明るくなった。

ちょうどこの豪華好みの時代に豊臣秀吉に保護された茶の儀式（茶の湯）が最盛期に達し、茶室（茶の湯用の室）または茶亭（茶の湯用の亭）の特殊な建築が形成されたことは重要な意義のあることである。これらの建築は落ち着いた、素朴な、謙虚なもので、華麗なその時代の書院造と鋭く対照的である【第IX章参照】。茶の湯用建物はその建築自身重要な意義があるばかりでなく、一般の住宅建築に及ぼした影響がそれ以上に重要である。なぜなら法外なものになった書院造はこの影響で再び単純で落ち着いた住み心地のよいものに

---

*228 訳者註によれば「小堀遠州を作者とする説は現在否定されている」とある。これは御殿について言っているのではなく、その前にある庭園のことを指している。

なったからである。茶道*230は日本の住宅建築の見逃すことのできない規準的要素である。

茶道に影響された16世紀末から17世紀初頭にかけての書院造の最優秀な例は後になお詳細に取り扱う桂離宮の古い部分である。また横浜の原氏の庭園にある〈臨春閣〉(春を迎える亭)もよい実例である【図192〜194】。この建物は本来は偉大な茶の宗匠・千利休の計画によって京都の〈聚楽第〉の庭の池畔に、秀吉の側室のひとり淀君の住居として建てられたもののようである*231。書院造のこの建物の古典的な美しさには茶道の精神がしみ込んでいて、自然と建築の驚くべき調和が成しとげられている。京都西本願寺の庭園の中にある〈飛雲閣〉(飛

209 修学院離宮・下之茶屋の園亭、茶室〈蔵六庵〉のある〈寿月観〉/京都

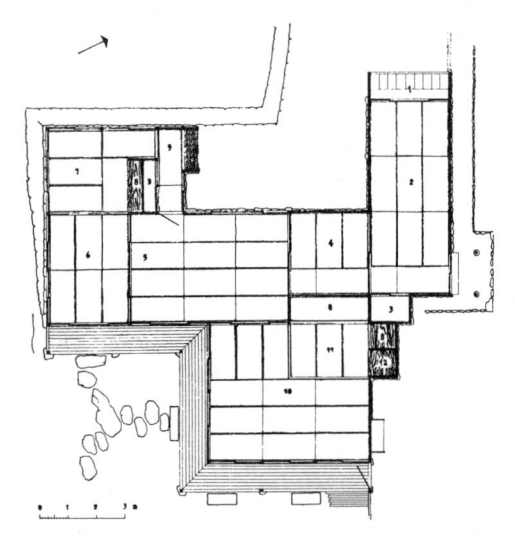

210 修学院離宮の茶室〈蔵六庵〉のある園亭〈寿月観〉の平面図
1.御輿寄　2,4〜6. 10畳半、4畳半および6畳の間　3.棚　7.茶室　8.床の間
9.水屋　10.広間　11.上段　12.棚

*230 「ちゃどう」、「さどう」。茶の湯の漢語的表現。茶の湯が芸能・遊芸的な要素を感じさせる和称であるのに対し、茶道は仏教・儒教につながる精神とその道統宣揚の意識を感じさせる。
*231 訳者註によれば「この建物はもと紀州候の厳出(いわで)御殿として和歌山(市)郊外に1649年(に)建設されたものであり、利休とも関係ないことが最近の研究によって明白となった」とある。

211 修学院離宮の上段付きの広間

ぶ雲の楼閣)もまたかつて秀吉の〈聚楽第〉に属していたものである*232。これは3層の庭園建築でその変化の多い構成で有名である。しかしあまり多様な調和しない要素から構成されているので統一性に欠け、その室内構成は大変美しいが、外観は落ち着きがないように感じられる【図218】。

17世紀の前半、徳川の支配の始まりと共に、今日の東京、江戸をその中心とする確固たる封建制は始まり、約250年間も続いた。権力はなおも主として武士階級の手中にあった。住宅建築は大体において書院造のままで、全階級の住宅建築は、今や非常に強力な階級差別に従って、その大きさと装備のみならず詳細に至るまで規制された。この制限は実際、華麗な邸宅建築の様式の一層の進歩を阻害したが、しかし一方では一般の住宅建築を形式的、装飾的要素から解放し、その健全な発達を促進した。特に茶道の普及によって室の計画は自由になり、そして家は小細工のない住心地のよいものとなった。

指導的なものはその後もなお武士の住宅であった。江戸の上層の武士階級の家は以前と同様、華麗な書院造でつくられた。その中で代表的なものは大江戸城中の徳川家の一統のもので、その第一は統治者である将軍の邸宅であった。この邸宅は巨大な規模で複雑な平面でふたつの部分に分けられた。

---

*232 訳者註によれば「〈聚楽第〉にあったとする説は、現在は根拠がうすいとされている」とある。

212、213　修学院離宮・中之茶屋にある〈楽只軒〉とその床の間

多数の豪華な部屋のある前の部分*233は、多分現存する京都の二条城二の丸御殿と似たもので、主として政治の仕事と公的な目的に使用され、一方、その不明快な室の配置のため「謎の部分」と呼ばれた後方の部分では、将軍の個人的な生活が行われた。両部分間の交通は厳しく監視され将軍以外の男性はほとんど後の部分に入ることを許されなかった*234。すでに述べたように大名(地方の封建領主)も江戸にその家を建てねばならなかった。これらは各所有者の収入により、もしくは主邸宅か副邸宅であるかによって様々につくられたが*235、大体において将軍の邸宅の縮小された規模のものであった。

　主邸宅の敷地は厚い漆喰壁の1または2階の主として家来の住宅に使用される長い建物で取り囲まれ、全体として城のような印象を与えた【図176、177】。正門はいかめしくその形は家の主人の収入に従って規定されていた。

　江戸そしてほかの諸方の城下町のそのほかの武士階級に属するものの住宅は、小さい領主の邸宅をなお一層小規模にしたものであった。その大きさ、

---

*233　将軍邸のうちの「表」と「中奥」とを含めて説かれている。中奥はもともとは将軍の居室であるが、側近政治が行われるようになってからは政務をとる場ともなった。
*234　「大奥」の部分を指している。「中奥」との間は「鈴の間」でつながれ、赤い組紐のついた鈴を鳴らして事を通ずるようになっていた。
*235　身分の上下にかかわらず、「表(おもて)」と「奥(おく)」に二分されているのが原則である。

214　横浜・三渓園内〈聴秋閣〉。この建物は17世紀初めに京都二条城内に建てられ、数度の移築の後、1922年現在の場所に建てられた

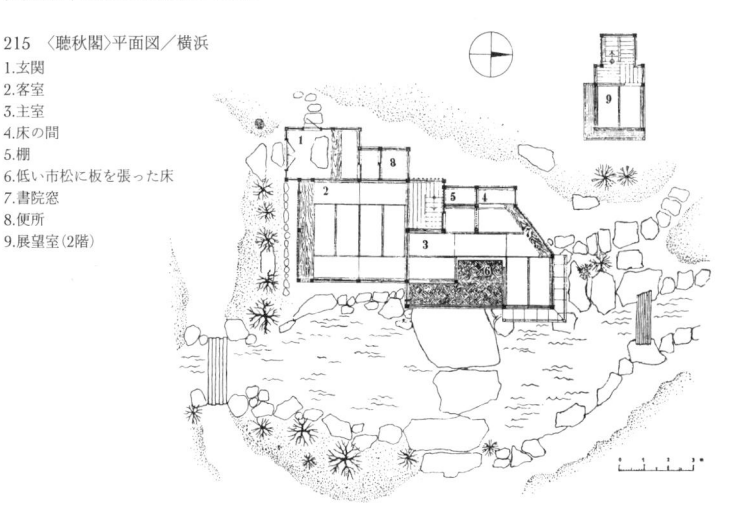

215　〈聴秋閣〉平面図／横浜
1.玄関
2.客室
3.主室
4.床の間
5.棚
6.低い市松に板を張った床
7.書院窓
8.便所
9.展望室(2階)

装備は家の居住者の力に応じてきびしく定められた。このきびしい建築制限と茶道の影響によって家は結局、大変実用的で同時に住み心地よくつくられた。それは大体において現在の住宅とすでに非常によく似たものであった。

この時代の後期の平和な時期に市民階級は裕福になり、富の点では間もなく武士階級にまさるようになった。それで裕福な市民の家屋は、度々の階級の原則からの建築制限と奢侈禁止令にもかかわらず、武士の住宅に強く影響された。

216、217 〈聴秋閣〉の主室と客室

江戸には数度の火災のため、この時代以前のものはほとんど現存していない。これに反して京都には美しい実例が残って、すでに述べた桂離宮の増築部および修学院離宮はその最高のものである。

桂川の河畔にある桂離宮は17世紀の初め、徳川家によって[*236]智仁、智忠両親王のために建設され、同世紀の中ごろ著しく拡大された。これは茶道によって洗練された古典的な書院造の主建築と、いくつかの魔法のように美しい〈松琴亭〉、〈笑意軒〉、〈月波楼〉などの茶亭、そのほかから成る偉大な芸術的施設である【図4、5、195～208、226～236、245、246】。

建物と庭園はこのうえなく美しく統一されている。主建築は古い部分、中間の部分、新しい部分、すなわち古書院、中書院、新書院の3つから成立している。古書院

---

*236 徳川幕府の財政的負担によっての意味で、原著者はこう書いているのだと思われる。デザインは八条宮智仁(としひと)、智忠(としただ)親子であるとするのが穏当である。本邸なら皇族にふさわしい一定の形式が求められるが、これは別荘であるから、もはや権力をもたされていない施主にはデザインの自由があったと考えられる。なお、「新書院」の表記については153ページを参照されたい。

に入口がつき、それに中門から苔の植えられた前庭を通って飛石の道が魅惑的な意匠でついている。元来月見のためのひとつの竹のテラスが古書院の主庭園側の南東部の前につけられている。中書院は庭園面で後退して古書院につなぎ合わされ、同様に新書院は中書院につらなっている。

このように全建築はその階段状の平面によって庭園と結びつきいわば庭の中に溶け込んでいる。主建築は精巧な平屋の建築でその多くの開口部には半透明の白い紙貼の引戸がついている。床は桂川の氾濫に備えて特別に高く設けられ、ゆるい勾配の檜皮葺の柔かい屋根が載せられている。すべての線の単純明快なこと、比例の完璧なことがこの離宮の外部、内部を通じて際立ち、自制と節度が全建築を支配している。外見上の単純さの背後にはしかし、大変洗練された注意深い詳細なことが隠されている。古典的な建築の精神と茶道の理想がここに完全にお互いに溶け合っている。建築と庭園の建築家・小堀遠州は工費の制限されないこと、完成の時期を定められないこと、何人も

218 〈飛雲閣〉内の柳之間／京都／堀口捨己教授写真

計画に干渉しないことの3つの条件の下に、庭園と建築の指導に当たったと言われている。この伝説が信ずべきものかどうかはは別にしても、桂離宮は建築と庭園の最高の美しさを発揮していて、日本のみならず世界の最も美しく純粋な構築物であることは何ら疑いのないことである*237。

修学院離宮は17世紀の半ば徳川幕府によって*238後水尾上皇の別邸として建てられた【図209〜213】。極めて風光の美しい比叡山の南西斜面に位置し、多くの美しい住宅と庭園建築のある上部、中部、下部の3施設から成っている（上之茶屋、中之茶屋、下之茶屋）*239。修学院離宮と桂離宮を比較してみるとすれば、大変美しい修学院離宮の建築もその立派で美しい庭園、特に広大で自然的な上之茶屋の庭園にくらべればこれに及ばないとされよう。

そのほかの茶道に影響された住居建築様式のすぐれた例は、元来京都の二条城に属し、何回もの移築の後、現在の地に建てられた、横浜の三渓園内の小さな庭園建築の〈聴秋閣〉である【図214〜217】。

19世紀の終わりごろの新しい日本の始まりと200年以上もの鎖国の後の西欧文化の侵入によって、日本の社会は急激な変化を経験した。日本人の公的生活の強い西欧化に反して、個人的生活は以前のように古い伝統に安んじていた。職務は西洋の衣服で椅子に腰かけた。しかし家庭では着物を着て畳の床に座った。近代的な、耐火的耐震的な独立または集合住宅はごく少ししか建てられなかった。今日の一般の住宅はガラスの使用または平面の構成、構造的技術的な細部にヨーロッパとアメリカの影響を受けている点で以前のものと違っている。しかしその本質においては今日においても19世紀の武士の住宅と似ている。今日の日本の住宅の詳細については、著者の日本の住宅の著書でこまかく取り扱っているのでここでは立ち入らないことにする（Tetsuro Yoshida : *DAS JAPANISCHE WOHNHAUS*, Verlag Ernst Wasmuth G.m.b.H., Berlin, 1935.参照／邦訳『建築家・吉田鉄郎の『日本の住宅』』、鹿島出版会）。

---

*237　訳者註によれば「小堀遠州を作者とする説は現在は否定されている」とある。
*238　徳川幕府の財政的負担によっての意味を、原著者はこう表現していると思われる。
*239　3施設というのは、現状を称しているのであって、後水尾上皇時代は、上部（上之茶屋）と下部（下之茶屋）で構成されていた。中部（中之茶屋）は、朱宮（あけのみや）の御所の地で、それが林丘寺門跡の地となり、1886年宮廷とゆかりのある部分を分離し、中之茶屋とされた。

IX. 茶室と茶庭

　茶の湯の亭、茶の湯の室はまた茶室と呼ばれ、ただ茶の儀式（茶の湯）を行うための特殊な亭または室である。茶の湯は日本文化と密着して育った独特な儀式である。通常5人の招待された客は、茶の湯の儀式用の亭または元来そのためにつくられた小さい室に通される。そこで食事と飲物でもてなされるが、その際主人が客の前でたてる茶が主な飲物となる。芸術品の鑑賞と享受がこの際大きな役割を演ずる。この儀式の全経過は芸術的、宗教的、倫理的な一連の思想に、また一方、一種の合理性、経済性を強調した生活態度に基づいている。茶の湯の儀式に際してはひとつの純粋に社交的な集まりが大切であるばかりでなく、むしろ審美的教育と宗教的な精神形成、同時に行事の実習と合理的な経済性の会得を茶の湯が仲介するのである。

　茶室の発展は茶の湯自体の発達と並行している。茶はすでに8世紀中国から輸入されたが、恐らく宮廷か一部の寺院でのみ飲用されていた。12世紀に禅僧・栄西（1141〜1215）が宋朝の中国から帰国に際して茶の種を持参し、茶の保健的効果を強調した。それで茶の栽培が全国に拡がり、茶の飲用は禅宗寺院内ばかりでなく、世俗社会で次第に流行してきた。この茶の飲用の流行につれて10〜100種類の茶を飲み、その種類を飲みあてる闘茶のような社交的娯楽が起こった。このような闘茶の集まりは極端に派手で活気のある娯楽であった。

　これは後代の精神的な茶の儀式と本質的に全く異なったものであったが、茶が当時すでに単なる飲物でなく特定の社交的要素となっていたことは注目に値する。このような茶の集まりは主として派手に飾られた普通の書院造の家の応接室内で、しかし時には多分すでに述べた京都の金の亭（金閣）や銀の亭（銀閣）のような特別な園亭で催された。

　我々がすでにすべての芸術の愛好者、保護者として知っている足利義政（1436〜1490）の時代に、それまでの外面的感覚的な茶の集まりの風習がすたり、その代わりに内面的で素朴な茶道が発達した。足利義政が将軍職を退いた時、彼は東山殿に引退し、そこで芸術と芸術家に囲まれて静かな生活をおくった。ここで奈良の僧・珠光（1422〜1502）[*240]の新しい茶の儀式、茶道のことをきき彼を招いたのであろう。珠光は彼の単純な謙虚な茶道について教え、その本質を融和、敬意、清潔、静寂と特徴づけた。義政は大いに同感し珠

[*240]　今は1423〜1502年としている。

219, 220　山崎の仏寺・妙喜庵内の茶室〈待庵〉の床の間と炉／京都近傍

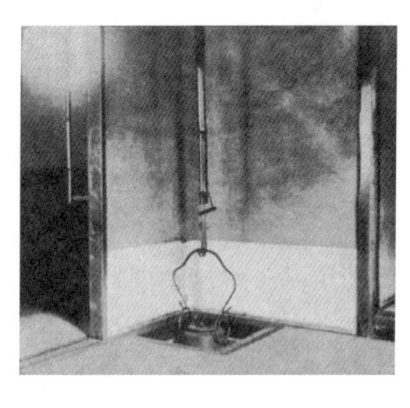

光と共に茶の湯の形式を定めた。珠光は普通、茶の湯の創始者として認められている。

　茶道の創始と共に次第に茶室が発展した。はじめは書院造の家の応接室の一部が衝立で、茶を飲む静かな場所として区画された。このような室の区画された部分は囲(かこい)と呼ばれ、これから4畳半の広さ（約3m四方）の本来の茶室ができてきた。今日でも家の中につくりこまれ、独立して建てられていない茶室を「囲」と呼んでいる。伝説によれば以前足利義政の東山殿に属していた、京都慈照寺の庭園内の東求堂の4畳半の室が茶室の原型であろうとされている。茶室の装備は当時はまだ普通

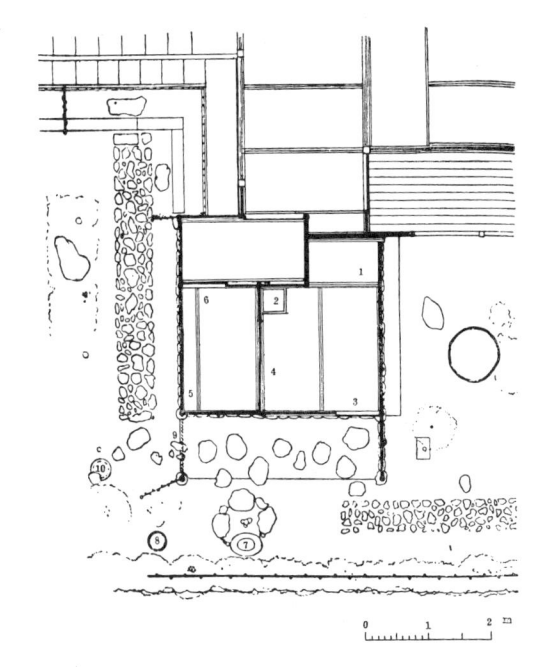

221. 茶室〈待庵〉の平面図／
堀口捨己教授による
1. 床の間
2. 炉
3. 躙口
4. 太鼓張り襖
5. 板畳
6. 茶道口
7. 蹲踞
8. 石燈籠
9. 扉
10. 塵穴

の書院造の応接室と異ならず、特別の茶庭はもちろんまだ発達していなかった。

茶道の創始者・珠光の後を大阪近傍の堺の紹鷗（1503〜1555）[*241]がついだ。堺は当時活気のある貿易港として繁栄し、その富裕な商人達の間で茶道が非常に流行していた。紹鷗はこの儀式に深い内容を与え、茶室を自然な田舎風につくった。

紹鷗の弟子のひとり千利休[*242]は日本の最大の茶の湯の師匠、もしくは茶の宗匠となった。彼は豊臣秀吉の保護の下で茶道の精神と形式を最高度に完成した。特に最も深い静寂、永遠と無窮との結合を強調し、派手や豪奢の中に見出せない美を追求した。これは独創的な審美的思想で「さび」または「わび」とよばれ、日本の中世の終わりに禅宗の影響下で形成された。これは特に外国語では定義することがむずかしく、恐らく「不完全なものの美しさをめざしての努力」と説明するのが最善であろう。この思想は美を人工的な完

---

*241 今は1502〜55年としている。
*242 生没年1522〜91。

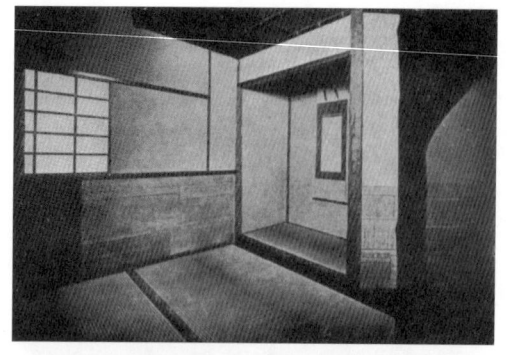

222, 223 茶室〈如庵〉の床の間と炉。壁の下部には古い暦が貼られている

全性の中よりも自然の不完全性の中に求めようとする傾向から理解すべきである。

この「さび」の思想によれば完全なものは事実立派であるけれども詩がなく想像力の働く余地はない。永遠と無窮に近く、我々の望んでいる心情の安定をもたらす静寂の美は、これに反して古い原始的な、自然な、非対称の、そして不完全な対象物に感じられる。この「さび」の理念を茶の湯の根本思想として特色づけ、それを建築、庭園すべての工芸品に適用し具体化したのが利休であった。利休は素朴な農民の家と山村の寂しい風景を愛し、これらから茶室と茶庭のモチーフを求め、それを最高に繊細な感情と最深の思想で取り扱った。茶室の一見農家を想い出させる外見は藁または柿板*243で葺かれた素朴な建物以外の何物でもない。しかし本当は熟慮され最も洗練された芸術品であり、いわば茶の宗匠の建築的な詩ともいうべき詩人の作品である。利休は好んで3または2畳敷大(約2m×3m、または2m×2m)の小さな茶室を建て、それをますます意味深い内容で充たすことに努力した。室が小さければ小さいだけますます平面の構成、室の装備、茶道具の配備、参加者の配置そして最終的には茶の儀式の実行の方法に非常な注意がはらわれた。そして茶室の形式は儀式がはっきりと定まるにつれて、利休によって初めて形づくられ完成されたので

*243 うすく削り剥いだ板。材にはヒノキ、サワラ、マキなどを使う。

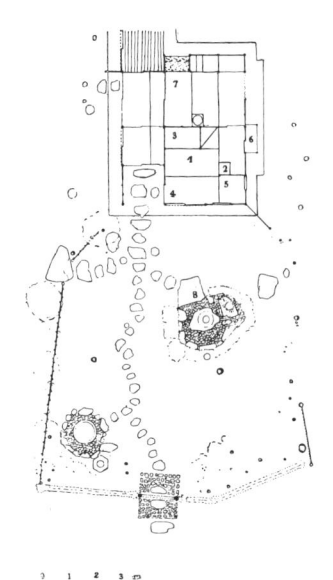

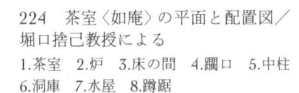

224 茶室〈如庵〉の平面と配置図／堀口捨己教授による
1.茶室 2.炉 3.床の間 4.躙口 5.中柱
6.洞庫 7.水屋 8.蹲踞

225 茶室〈如庵〉と庭園

あった。

　2、3の利休の傑作が保存されて遺っている。その内のすばらしい一例は京都近傍山崎の寺院・妙喜庵にある〈待庵〉で、1582年の戦争中に滞在した秀吉のために建てられた2畳敷の茶室である【図219〜221】。自然詩的な哲学的な利休の傾向がこの室から明瞭に感じとれる。

　多くの才能のある茶の宗匠が利休の教えを受けた者の内にいた。その中で大名であった古田織部(1544〜1615)、織田信長の弟の織田有楽斎(1547〜1621)は茶道の建築と庭園に格別の才能があった。東京近傍の大磯に現在ある茶室〈如庵〉*244とその庭園は有楽斎の傑作として有名なものである【図222〜225】。

　権力者・織田信長と豊臣秀吉が与えた保護がなかったとしたら、茶の儀式は決してこんなに早くかつ大成功をおさめることはできなかったであろう。

*244　訳者註によれば「現在再び愛知県犬山に移築中である」とする。いま犬山市のホテル敷地内にある。

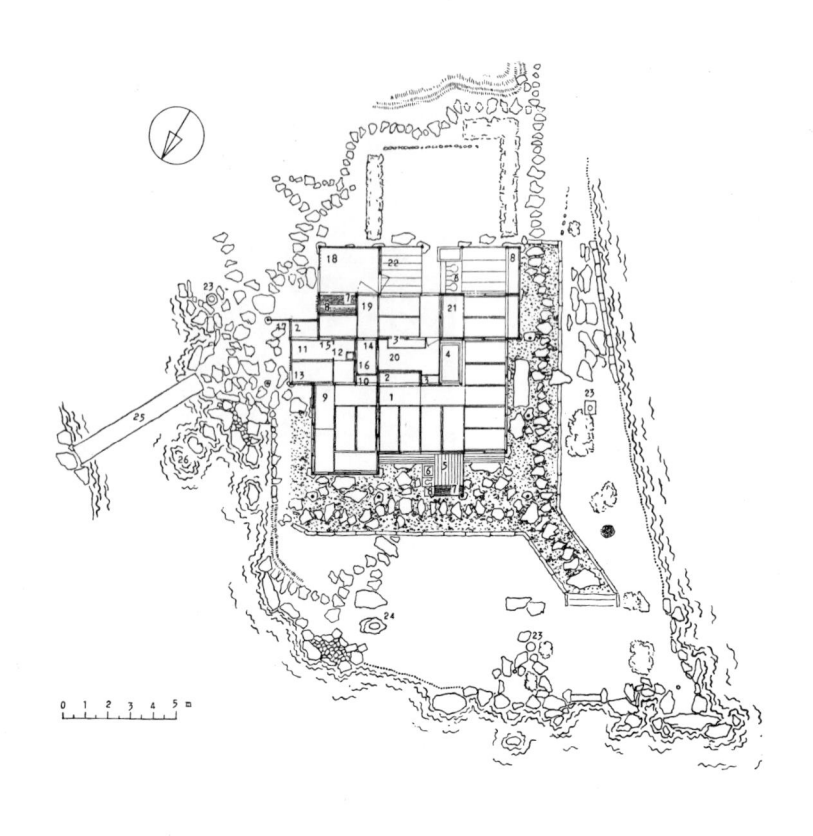

226 桂離宮庭園内の茶亭〈松琴亭〉とその周囲の平面図

1. 一の間
2. 床の間
3. 棚
4. 炉:上部は棚
5. 竈構え(くどがまえ)
6. かまど
7. 流し
8. 棚板
9. 二の間
10. 棚
11. 茶室
12. 炉
13. 躙口
14. 茶道口
15. 給仕口
16. 中柱
17. 刀掛
18. 水屋
19. 次の間
20. 中庭
21. 次の間
22. 縁
23. 石燈籠
24. 手水鉢
25. 石橋
26. 流れ手水

227 〈松琴亭〉とその周辺

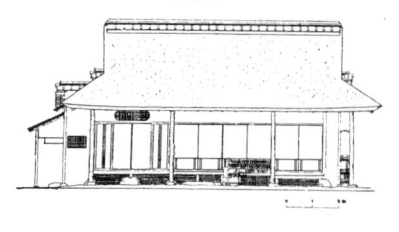

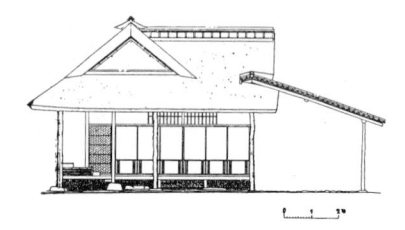

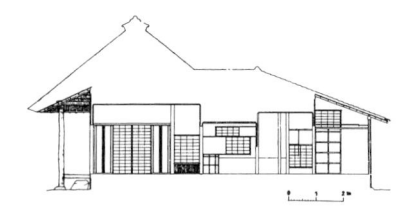

228〜231 〈松琴亭〉の北西、南西、北東面の立面図および断面図

このふたりは茶の湯を愛好しそれを政治の道具とした。秀吉は千利休に彼自身の茶の師匠として高い地位を与えた。彼は武士の闘争欲を抑制し、彼らの考えを平和の途へ、最終的にはまた社交的な娯楽の開催と友人との交際、そして精神の形成にと向けるのに茶の儀式を利用した。彼は一度京都で全階級からの1,000人以上の参加者のために、大きな社交的な茶の祭典を開催した。この大衆的なふるまいは強烈な印象を与え、茶の儀式の民衆への導入に大きな意義があった。秀吉の茶の湯の発展のための功労は充分に評価できないほど大きい。

江戸の徳川幕府も茶の湯を政治に徹底的に利用し、あらゆる方法でこれを奨励した。その結果、すべての階級、すべての地方に茶の儀式は驚くほど普及し、日本の近世の生活文化への影響ははかり知れないものがあった。それは直接生活のすべての領域、食物、衣服、住宅に影響を及ぼし、それによって作法と習慣の洗練、審美的感情を深めた。

17世紀の江戸の最も有名な茶匠は古田織部の弟子のひとり小堀遠州であった(1579〜1647)。彼自身も大名であり、かつ天分豊かな芸術家であった。彼は建築と造園芸術に非常な才能をもち、工

芸と文芸でも熟練の粋に達していた。彼は徳川氏の3代将軍・家光の茶の師匠となった。彼の計画した茶道の建築と庭園には技巧的、芸術的な面が強調された貴族的で都会的な傾向が表現され、自然な、詩的な、庶民的で田舎風な利休の建築の要素と対照的である。京都大徳寺の境内の僧房、龍光院の茶室〈密庵〉また遠州が後年ここで僧として生活をおくった同じ寺の境内の僧房孤篷庵内の〈山雲床〉と〈忘筌〉*245も明らかにこの芸術的傾向を示している【図237～

232 〈松琴亭〉の詳細

240】。しかしこの茶室は書院造の古典的な要素を多く採り入れ、一見、普通の居室と大変似ている。このような茶室を普通、書院式の茶室と名付け、本来の田舎風の茶室と区別している。京都の桂離宮の庭園内の茶室〈松琴亭〉もまた最近までは小堀遠州の作品と見なされていた【図226～236】。

遠州と同時代でその作品が対照的なほかの有名な茶匠は、京都生まれで千利休の孫・千宗旦（1578～1658）であった。彼は哲学者であり禅寺の中で育ったので彼の禅思想は禅宗が支配していた。彼は彼の祖父のように貴族階級に仕えることはなく、彼の茶の流儀は大変質朴なものであった。京都の茶匠の一族・裏千家の茶室〈今日庵〉および〈又穏〉*246には、明瞭に自然で素朴なそ

---

*245 ともに茶室名。当初の〈忘筌〉は1643年建設。1793年焼失したのを忠実に復元。12畳の広さをもち、面取りの角柱、長押（なげし）つき、張付（はりつけ）壁で書院造風で、草庵風の茶室とは著しく趣を異にする。原著者が「書院式の茶室」というのはこのため。
*246 4畳半。

の建物の特色があらわれている【図241〜243】。

しかし大体において16世紀に完成してから以降、茶の儀式の建築と庭園は何ら発展もなかったのは、徳川将軍政治の消極的な政策によってすべての創造的な思想が抑圧されたからであった。人々は古い形に結びつけられて留まり、それから離れようと望まなかった。今日の茶室もまた古い形を堅く守っている。

伝統的な茶室は住宅の内に設けられるか、庭園の中に独立の小家屋として建っている。前者の場合すでに述べたように囲、後者の場合には数奇屋(すきや)(大体不完全なまた不充分な小家屋の意味)と呼ばれた。数奇

233、234 〈松琴亭〉の一の間と二の間。一の間の床の間と襖は青と白の市松模様の紙が貼ってある

屋は独特に形成された物である。茶室には一定の大きさは定まっていない。時には茶の儀式は8〜10畳(約4m×4mから4m×5m)またはそれ以上広い室で開催される。しかし落ち着いた、明澄な茶の儀式の雰囲気はここで得られない。小さい室においてのみ俗世界から解放された茶の儀式による小宇宙が創造されるのである。それで普通の茶室の広さは4畳半(約3m四方)またはより小さく、すなわち4、3、2畳大(約2m×4m、2m×3m、2m×2m)である。さらに3/4の長さの大目畳(だいめ)[*247]と呼ばれる特殊な畳(約1m×1.5m)の利用によっ

[*247] 今は台目畳とも書く。古くは「大目」と書くのが通例であった。3／4はおよそで絶対値が決められていたかどうかは不明。茶道具を置く棚を置くことを許さない点前(てまえ)畳として案出されたもの。

て3 3/4（すなわち3畳と大目畳）、2 3/4または1 3/4大の室がある。そして最後には畳の間に敷く、幅のせまい主として松の板の使用によって、なお変化に富んだ各種の平面構成が可能になった【図244】。しかしこれらすべての中で4畳半の室が基本形である。

4畳半の基本的な茶室では炉を切った半畳の畳が室の中央に位置し、その廻りに4枚の畳が敷かれる【図243】。床の間（絵画を飾るニッチ）が室の一隅の外側に設けられ、室にはつねに外部からの客の入口と、家屋内からの主人用の入口がある。すべての畳にはその用途に従った名称がある。高貴な客人用にのみ定められる床の間の前の畳は「床前畳」または「貴人畳」*248とよばれ、それに隣接し客が座る客入口の畳は「客畳」、中央の炉のある半畳の畳は「炉畳」、茶道具がおかれ、その上で主人が茶をたてる畳は「道

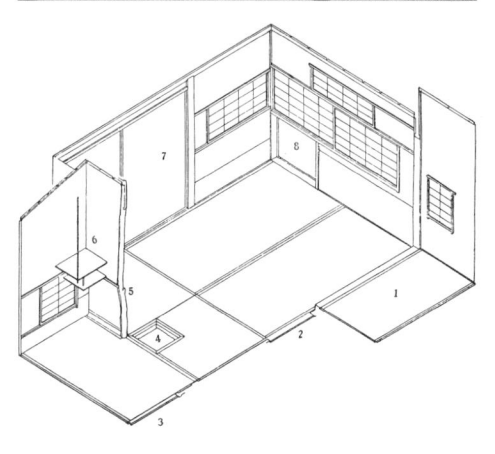

235、236 〈松琴亭〉の茶室と等角透視図
1.床の間 2.給仕口 3.茶道口 4.炉 5.中柱 6.棚 7.襖 8.躙口

*248　4畳半の茶室についていう。このほか貴人座に見立てられる畳も、このように称されることがある。

具畳」または「点前畳」、そして主人の入口の傍の畳は「踏込畳」と呼ばれた。点前畳と客畳が根本的なものである。ほかは状況によっては除外することができる。2畳の茶室は客畳とその端部に炉の切られた手前畳から成っている。普通はせまい室にふさわしく、天井は大変低く約2mほどの高さである。

237　大徳寺境内の塔頭・龍光院の茶室〈密庵〉／京都

空間の制限と並んで茶室では、材料の使用と室内構成に、自然な素朴性、不均一性または非対称性が重要な意味をもつ。これによって淋しい、人里離れた山中の小屋を象徴的につくり、その自然の不完全性と不充分さの中に潜在する美を求めたのであった。室の天井は薄い、編まれた板、芦、細竹、柿板などで、素朴に詩的につくられ、しばしば屋根裏部屋

238　大徳寺内の塔頭・孤篷庵内の茶室〈山雲床〉

のように斜めになっている。壁は粘土でその灰色でざらざらした表面は大変単純で落ち着いていて、しばしば藁の繊維をまぜてにぎやかにしている。壁の下部には保護のため白または灰色の紙が貼られる。時には新しい紙の替わりに、古い手紙または古い暦のような不用になった紙が、不充分で質素な効果をねらって利用される【図219、220、223】。

しかし茶室の壁の特性は窓との関係にある。家から庭への移り変わりが、

壁が少ないためほとんど感じられない普通の日本の住宅とは対照的に、茶室では壁面の存在と開口の可能性の少ないことで室の閉鎖性が強調される。ただ所々に小さい窓が採光と通風のためにあるが、庭を眺めるためではない。ただこのような閉鎖された室の中においてのみ、茶の湯は静寂と集中の雰囲気の中に独自の世界を創造するのである。そしてここでのみ騒がしい日常世界では効果的でない芸術品、花、茶道具が人の感情と心に語りかけるのである。

茶室にはさまざまな窓がある。室の一般の採光のためには外側に格子のついた連子窓[*249]と呼ばれる長方形の引き違い窓がある。しかし茶室の特徴ある窓の

239、240　大徳寺境内の塔頭・孤篷庵内の茶室〈忘筌〉の床の間と縁側／京都／縁側の開口の下部は全く開放され庭園が見える。縁先には立って使う手水鉢がある

種類は部分的採光用の円形または四角で角を円くしたり斜めにしたものである。これはみな竹または芦の編んだ格子がつけられ、その外観がこの場所が壁の粘土が塗られず木舞が見えているようなので下地窓、木舞窓と呼ばれる【図238、246、253、255】。利休がある日、粗末な農家の壁に一部分が竹の木舞そのままになっているのをみてこの窓を着想したと言われている。なおしば

[*249]　社寺では断面が方形の材（子、こ）の稜（かど）を正面に向け、窓枠内にとりつけたもの。民家では平らの面を外にむける。茶室では竹格子とするのが普通。

241, 242　裏千家の茶室〈又隠〉と庭園／京都

しばしば斜めになった天井に、その手本は農家の台所にある特殊な揚げ蓋のついた突上窓と呼ばれる天窓がある。これが茶室に採用され、暁の茶会には光線が室内にこの窓から降りそそぐ。これらすべての窓は合理的で芸術的な採光と、また同時に室の変化に富んだ造形を目指して不規則に自由に配置される。客が彼の場所から主人の茶の点前の芸術をよく見られるように、主人の占める場所の効果的な採光に特別な注意が払われる。室内の採光の調節のためには竹の簾が窓の外側に備えつけられる。二部分に分けられる会が行われる前半にはこの竹の簾によって弱められた光線が室内にさし、落ち着いた調和のある雰囲気がつくられ、後半では窓はみな開かれ竹の簾は取り外され室は明るく新鮮に見える。室の気分はこのようにして全く変えられる。

　どの茶室にも客と別々の入口がある。前者は屋外から茶室内に、後者は家屋内から通じている。客の入口は大変低い。それは高さ約70cm、幅約60cm位の一枚の引戸のついた、いわば矩形の穴に過ぎない【図242、243】。この入口から客はひざまずいてすべりこむのである。それでこの独特な客の入口を

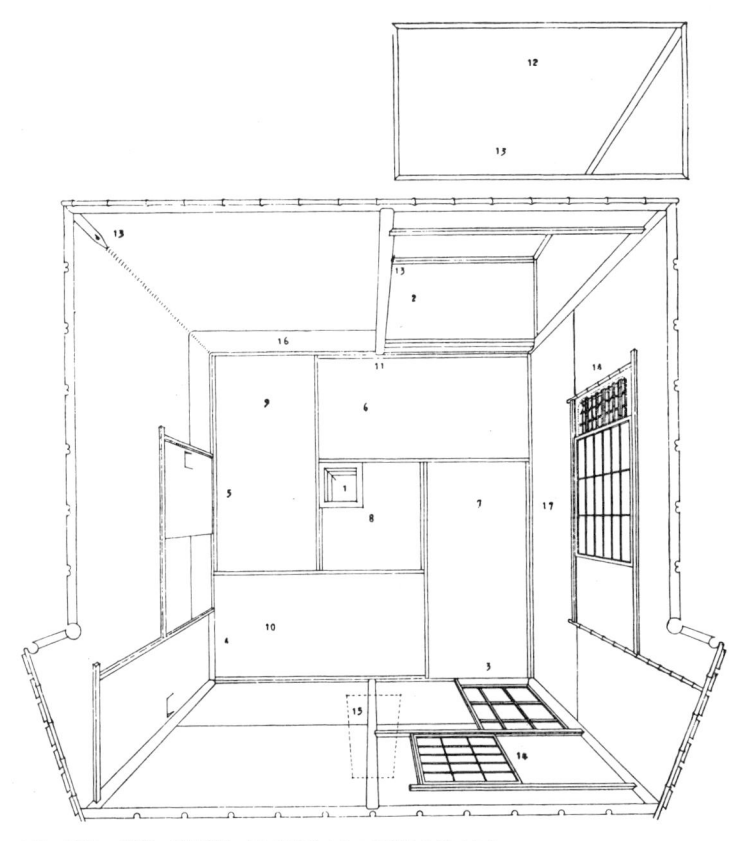

243　正規の4畳半の茶室*251の図。〈又隠〉はその典型的な例である
1.炉　2.床の間　3.躙口　4.茶道口　5.洞庫　6.床前畳または貴人畳　7.客畳　8.炉畳　9.点前畳　10.踏込畳
11.床柱　12.掛軸用掛釘　13.花入用掛釘　14.下地窓　15.突上げ窓　16, 17.白と暗色の腰貼り

躙口(ひざずいてすべりこむ入口)と呼ぶ。これもその起源は利休がある日、粗末な漁夫の家*250の傍を通りかかり、その低い入口から人がひざまずいて

---

*250　『松屋日記』によれば、家ではなくて、大坂の「ひらかた(枚方)」の船着場で、舟から人がくくり出てくるのを見て「侘びて面白いと思ったから」とある。伏屋根のある船の入口形式ということになる。挟み敷居と挟み鴨居を取りつけ板戸を入れる。宗易(利休)が初めて茶室の入口の形式として試みたとする。
*251　4畳半より狭い茶室を「小間」、それより広いのを「広間」と分け、前者で草庵風の茶法、後者では書院風の茶法を慣例としたが、草庵風の広間もあらわれる。4畳半の茶室は、「小間」であり、「広間」であるとされる。ここではグレイ・ゾーンの茶室が標準と考えられている。

244 茶室の平面構成の例
1.炉 2.床の間 3.中柱 4.躙口 5.貴人口 6.茶道口 7.給仕口 8.中板 9.洞庫

入るのをみた体験からだと言われている。茶室の客の入口は原始的で自然な不完全性と不充分性の中に静かな永遠の美を求める、茶道の独特の審美的根本思想「さび」の思想に関係があるものと推論される。外部の客の入口の前、庇の下に今日でもしばしば刀掛けが見られる。ここに昔は茶室にはいる前に刀をさしこんだのである。主として書院形式の茶室では時に普通の客の入口と並んで第二の紙障子の引戸があり、初めは貴人がひざまずかずに楽に室にはいれるように使われた。それは貴人口（貴人の入口）と呼ばれた。主人用には通例、茶道口と給仕口のふたつの入口があり、既述のように家屋内からの入口である。後者は食事の時に客のために食卓などをはこぶのに使用され

る*252。これは茶道口より低く上部は円形である。しかしひとつの入口がふたつの目的兼用の場合も多い。主人の入口は必ず枠のない白い壁紙を貼った引戸*253で、壁の暗い灰色に対して強く際立ち大変清らかな効果がある【図223、236、243】。

床の間は普通の住宅の場合と同様に茶室の中心である。形と材料は大体において住宅の床の間と同様であるが、一層簡単で田舎風である。床の間の額縁のない掛絵、すなわち掛物と花は茶の湯の芸術で非常に根本的な役割を演ずる。茶会の前半では床の間

245、246　桂離宮庭園内の〈笑意軒〉とその詳細

の奥の壁に下げられた掛軸を室の弱められた光で眺め楽しむ。茶室内の掛軸

---

*252　茶の湯は、一般に茶を飲んでいただけ、つまり喫茶（きっさ）だけと思われがちであるが、正式の茶会では、食事（懐石料理）ののちに喫茶が行われる。
*253　正確には周囲の框（かまち）までも見えないように、両面から紙を張った襖（大鼓張りという）。美濃紙で下張りして、鳥の子、湊紙、奉書などを張り、その上に反古紙（ほごし）、古暦、歌書などを張ることもある。「枠のない」は、「枠が見えないように」の意。

247 仙洞御所庭園内の茶亭〈又新亭〉の水屋
248 大徳寺境内の塔頭〈聚光院〉の水屋／京都

249 〈臨春閣〉内の水屋の設けられた一室／横浜

はつねに落ち着いた気分をかもすものであるべきであり、しばしばそれは絵でなくて宗教的哲学的内容の禅僧の簡素な書にすぎないことがある。茶会の後半[*254]ではこれに反して完全に変えられた明るい新鮮な室の雰囲気の中で、床の間の壺または床の間の奥の壁の中央、または自然の丸太の床柱に掛けられていた小さい壺の一輪挿の花を観賞する。華やかな花はこの雰囲気にふさわしくない。ただ小さいやさしい花の1本が壺か一輪挿に生けられている。点前の場所が3/4の長さの大目畳で張り出してつくられている小さな茶室では、自然のままの丸太の中柱、すなわち室の中の柱が、室の主な部分と張り出した点前の場所の中間の炉のすぐ傍に立っている【図223、224、235、236】。

中柱から伸びる短い壁によって点前の場所は独立の小さな室に変えられ、それによって大変美しく室が形づくられている。点前の場所の一隅に茶筒と

[*254] 前半を「初座」といい、後半を「後座」といい、両者の間に客は外に出て茶庭の腰掛にかける。これを中立(なかだち)という。その間に主人(亭主)は茶室内部の飾りつけを改め、再び客の席入りを請う。花が生けられるのは後座のとき。

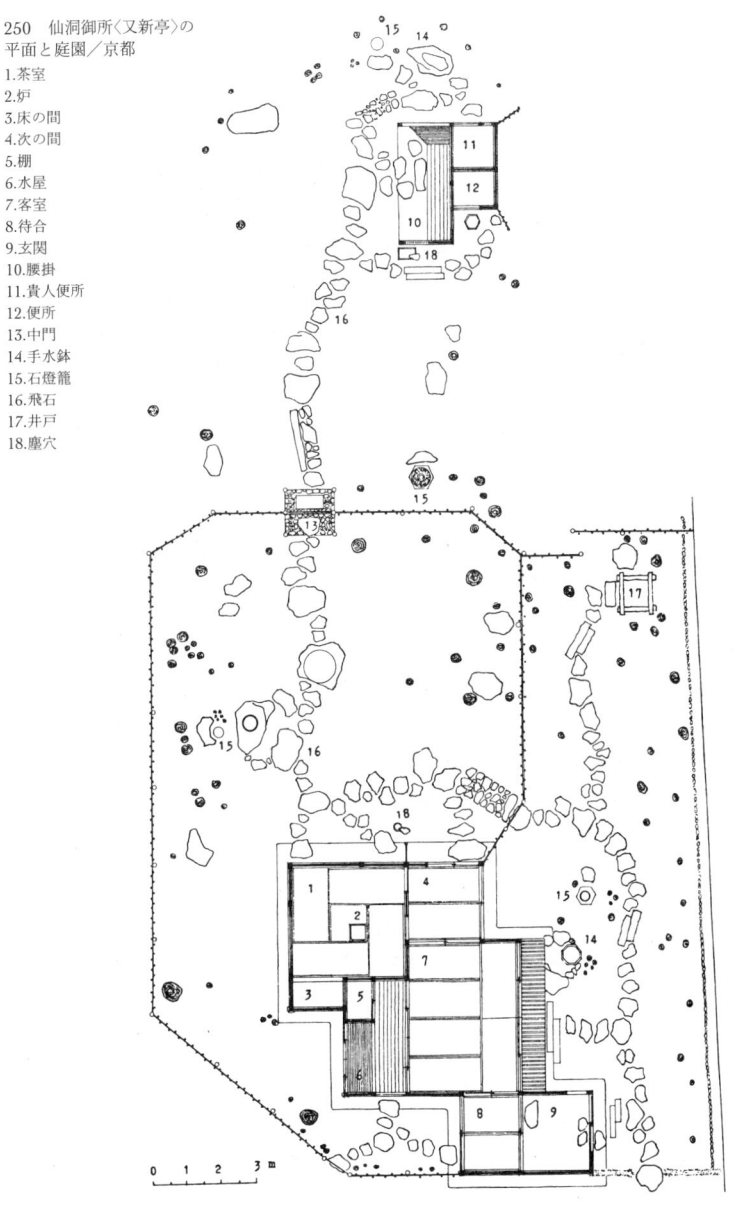

250 仙洞御所〈又新亭〉の
平面と庭園／京都

1. 茶室
2. 炉
3. 床の間
4. 次の間
5. 棚
6. 水屋
7. 客室
8. 待合
9. 玄関
10. 腰掛
11. 貴人便所
12. 便所
13. 中門
14. 手水鉢
15. 石燈籠
16. 飛石
17. 井戸
18. 塵穴

251、252、253　桂離宮庭園中門、茶の宗匠・裏千家、表千家の茶庭の中門／京都

茶碗のための壁付きの板の棚が、竹の細い棒で天井から芸術的に吊られている。

どの茶室にも茶の儀式に使用されるものがすべて格納され、そこで茶道具が洗い浄められ、茶の湯が用意される茶用の厨房（水屋）が附属している【図247〜249】。それは通常約4m²大の小さな室で、その注意深く考えられた空間の利用は驚嘆に値するものである。茶道具を載せる棚板は合目的で芸術的につくられ、床にはかがんで利用する竹製の流しがある[*255]。茶室と同様にこの室にも合理性と美の相互作用が見出せる。

[*255]　坐り台所形式で、今日の住宅のように立ち台所でない。昔は住宅には、坐り台所がかなりあったという人もいる。

IX. 茶室と茶庭

茶室は茶庭（露地）と統一され、分離できない一体の施設となっている。茶の儀式の建築は茶庭と一緒になって初めてその機能を発揮し、その効果が得られる。茶室で庭のないものはまず考えられない。しかし茶庭は厳密な意味での本来の庭園ではない。それはむしろ訪問者に清浄な寂しい印象をおこさせ、山中の一軒家の幻覚をあたえる茶室への細い道と言った方がよいだろう。

利休は自然で清浄な日常生活から解放された、人為的なものの全くない静寂な茶庭を好んだ。古田織部と小堀遠州はこれに反し、いくらか芸術的なほかの思想をもった有能な造園家であって、彼らは茶庭の中に

254、255　裏千家と表千家の茶庭の腰掛待合

芸術性を加味するのを好んだ。しかしすべての場合、茶庭はあまりそれ自身目立つものであってはならなかった。そうでないと茶室の効果、そして儀式自体をこわすことになるだろう。庭園はつねにその効果を強めるために茶の湯用の建築に従属せねばならない。

大きな茶庭は普通、二部分に分けられる。外側の庭は外露地と呼ばれ、茶室の建つ内側部分は内露地と呼ばれる【図250】。両者は異なった様子につくられる。一方が森林のように静かで寂しければ、ほかは平野風で広く明るくつくられる。ふたつの庭には茶室以外に、なおほかの茶の湯の正式な実施に必要で、同時に庭の芸術的造形に大きな役割をもつ庭園建築や施設が建っている。庭の門が外側の庭に導き入れる。ここにまず茶室風に建てられ招待された客がみな集まるまで待つ待合所（寄付）があり、それから普通三方に壁

187

があり軽快な差し掛け屋根のついた待合のベンチ（待合または腰掛）がある【図254〜258】。客がみな揃うと待合所を出て西欧風に待合のベンチに腰掛け、庭の美しさを鑑賞しながら主人が彼らを中門[*256]で迎えるのを待つ。最後になお便所[*257]があり、独立の建物のことも待合所または待合のベンチのある建物に附属することもあり、場合によっては待合所、待合ベンチと便所はひとつの

256〜258　桂離宮庭園の腰掛待合と砂雪隠の石組
1.屋根のある腰掛　2.砂雪隠（すなせっちん）
3.蹲踞（つくばい）　4.石燈籠　5.塵穴

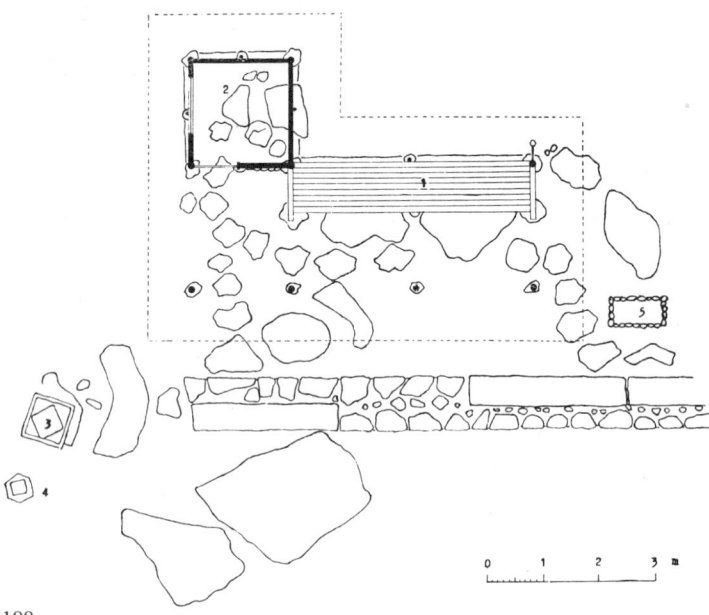

259〜263　屈んで利用する手洗施設、蹲踞の種々な実例

庭園建築にまとめられる。状況によっては3つの建物全部を欠くことも許され、住宅の応接室と縁側と便所をその替わりにすることができる。

　外庭と内庭の間にさらに門があり、中門すなわち内部の門と呼ばれる【図251〜253】。それは茶室の領域の始まりを示している。中門は庭の門と同様にしばしば軽快な竹の編んだものでつくられる。藁または柿板の屋根のついた優雅な門のことも多い。中門は時には客がくぐりぬける一種の穴のような

＊256　ここでは外露地と内露地の境の門。形式は決まっていないが、軽快な構造をもつ。
＊257　茶の湯は禅宗の影響をうけているので、禅家風に「雪隠（せっちん）」という。

189

264〜267 4種の石燈籠

通路に過ぎないこともある。茶会の始めに主人が茶室からここまで来て客を茶室に案内する。様々の種類の竹垣が外庭と内庭とを互いに、そしてほかの世界から分離する。特に庭の素朴さと調和する低い細竹の木舞のような垣が多く使われる。内庭にも外庭と同様の待合用ベンチがある。会の第一部の終わったあと客は茶室から出て、第二部の準備が茶室内で終わるまでこのベンチに腰掛けて待つのである。内庭内に砂雪穏または飾り雪穏があり、伝統によるものであるが実用的な意味は現在ではない。そしてさらに茶室の客の入口近くに低い丸い石の手水鉢を囲む数個の石がある。ふたつの庭を通して飛石が置かれ、あちこちに石燈籠が立っている。

低く屈んで使用するように定められている手水鉢の廻りの石組を蹲踞と呼

268、269　円形と角形の塵穴

び、手水鉢は屈んだ姿勢で口をすすぎ手を洗うのに使い、これは茶室にはいる前の精神の清浄化のシンボルとしての作法である【図221、224、250、259〜263】。手水鉢には普通多くの小さい石で囲まれた排水孔がある。手水鉢にはくぼみを彫った自然石が好んで使用されるが、角形、円筒形、そのほかの形の芸術的につくられた多種の手水鉢がある。また古い寺院の礎石、古い石塔または石燈籠の一部が利用される。このことにも有り合わせの材料に芸術的意味をあたえる茶の湯の思想の特色がひそんでいる。手水鉢に附随する自然石は伝統的に一定の目的と形式がある。手水鉢の右方のこれより低い自然石は冬季に温湯の容器をその上に置くのに使用され、そのため湯桶石、すなわち湯の入物用の石と呼ばれる。手水鉢の左方に湯桶石よりさらに低い自然石があり、夕方または夜、もしくは暁方も手燭をその上に置くので手燭石と呼ばれる。手水鉢の前の大きな平らな石は前石と呼ばれる。この石の上で屈んでひしゃくできれいな水を鉢からくみ、手にそそぐのである。このような実用的機能を充たすほか、これらの石はまた芸術的なもので、むしろこの方がより本質的である。手水鉢を中央にそれより低い湯桶石、さらに低い手燭石、そして最後に平たい前石は調和した均整をつくりだし、全体は岩の泉を思わせる。水が竹筒から手水鉢に導かれることも多い。農家から得たモチーフのひとつである。

庭門から変化の多いうねった飛石の歩道が中門を通って茶室にと導いている【図224、225】。歩行用の石、飛石は不規則な形の風化した平らな自然石で、人の歩幅に合せて地中に深くすえられる。すぐれた茶匠が多分、苔を歩行で

270　生花師匠・西川氏の茶室の一部／京都

損じないように、また同時に地表面の単調さを破るために採り入れたものである。道を気持ちのよい美的なものにするため、いろいろな大きさ、形、種類、色彩の飛石が、不同性、非対称、調和の原理に基づいて据えられる。利休が飛石の据えつけについて合目的性と審美性の割合は6対4にすべきと唱え、一方、古田織部はこれと逆の割合を求めたとの逸話が語られている。歩道の分かれる部分や大切な部分には、実用的、美的理由から特に大きな飛石が据えられる。風化した古寺の礎石はこれに好んで使用された。このような自然と人工の併存から一種の生き生きした効果が生まれた。長い飛石の道をできるだけ変化豊かに造形するために、しばしば玉石や粗い切石で舗装した部分を挿入した【図242、252、270】。

　茶庭の照明には石の燈籠が使われ、手水鉢のうしろや待合のベンチの傍や木陰に立っている【図264～267】。石燈籠の起源は元来、仏寺や神社の献燈にある。そして茶会がその一層の発展の途上で夜間や暁に開催されるようになったので、庭園の照明が必要になった。神秘的な照明と効果的な静寂をつくり出すため、茶匠は大方、苔むし風化した古い仏寺や神社の石燈籠を茶室に移しかえる考えをもったのであろう[258]。そしてついには茶庭の石燈籠は

---
[258]　石燈籠を社寺から、茶庭、書院庭へ移したのは、茶人が最初。

古い仏寺や神社の石燈籠を模倣してつくられた。しかしこれと並んで、後にはとりわけ各匠の名前のつけられた新しい燈籠[*259]もまた現われたのであった。

　茶の湯の精神の原則は庭園にもくり返されている。手水鉢の備えにそれは見られたが、なお茶室または腰掛待合の近くに設けられた小さな塵穴にも見受けられる【図268、269】。それは小さな円形または矩形の自然石のついた装飾的な粘土の穴である。掃き集められた落葉や塵を入れるのに使われるが、本来の意味は清浄の根本思想を象徴する審美的なものである。

　茶庭の植栽は茶の湯のさびの思想から自ずから制限される。地表面は大体苔が植えられ、常緑の木や灌木が好まれる。利休は常緑の松や竹を好み、ほかの樹種を混ぜるのを避けたと言われている。花の咲く植物は普通、茶庭の静かな雰囲気を多彩で防げないよう、そして庭のほかの花で印象を弱められることなく、客の注目をすべて床の間の花に結びつけるために避けられる。これについても利休に関する小さい逸話が伝えられている。それによると彼がかつて朝顔を庭に植え大層美しく咲いたのを彼の保護者・豊臣秀吉が聞き「それは美しいだろう、明朝早く見に行こう」と言った。しかし彼が翌朝訪れた時、庭には朝顔は見当たらずひそかに失望した。しかし茶室の中に入った時に、彼は一輪の非常に美しい露にぬれた朝顔が床の間の花瓶に生けられたのを見た。利休は床の間のただ一輪の朝顔の効果を上げるために、庭の朝顔を全部切ってしまったのであった。

　茶庭の清浄さは非常に大切なものとして守られる。これについて茶匠の教えは実用的より審美的、哲学的目的の方が強い。それは清浄のみならずむしろ美の愛護と自然の愛好が決定的である。このことをほかの小逸話が明らかにしている。利休がまだ若く茶匠・紹鷗の下で修行していた時、ある日師匠から庭を清掃するように命じられた。しかし彼が庭に来てみるとすでに清掃されていたので先ず何をすべきか判らなかった。しかし彼はそこで1本の木をゆすったので紅葉した葉がはらはらと舞い落ちた。彼はそれで庭園が情緒深く見えるようになったと思ったので、師匠に清掃は終わったと報告した。師匠は若い弟子のしたことを見て彼の才能をほめたと言われている。

[*259]　新しい形式の燈籠。創作品である。織部型、雪見型などを指す。

X. 農家[*260]

これまで考察してきた建物はその発生と発展を元来朝廷の、貴族の、または武士の文化に負うもので、その表現は支配階級の芸術的意欲に基づくものであった。民家はそうでなく、この中でも農家は一番重要なものである。これらは一般に民族が自然に生んだもので、民族の生活をそのまま具体化したものである。

農家の歴史は原始農耕時代にまでさかのぼる。原始的な農家は竪穴または土間住宅であった。それは炉が中央にある板張りの床のない唯一の室でできていた。耕作の発達と生活の条件の改善と共に、恐らく唯一の室は二部分、すなわち仕事場と就寝の場所に分けられた。就寝の部分は最初は恐らく藁か

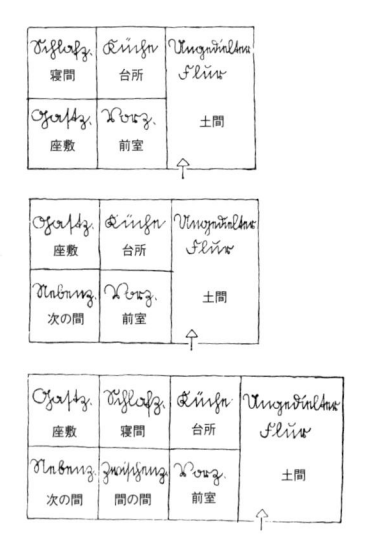

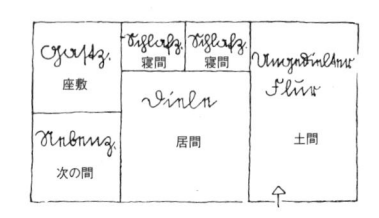

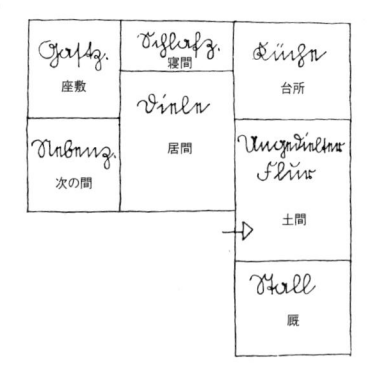

271　日本の農家の主な平面図（左3つ）
272　東北その他僻地の日本農家の平面図（右上）
273　農家のL字型平面図（右下）

*260　「農家」の章を読むにあたって注意すべき点は、次の点である。原著者がこの本を書き終えたのが、1951（昭和26）年。その前に太平洋戦争（1940〜45）あり、戦後の混乱期あり、原著者は戦前の資料と自分の体験に頼らざるをえなかったことである。したがって、註解者の見たところ全国的であるかのように一般化されているところがある。やむをえない。ただ掲出の写真の多くは、今は見られない農家やその環境があらわれていて、貴重な資料となっている。

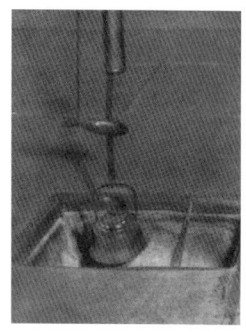

籾殻が敷かれ、時代と共に、そして支配階級の住居の影響を受けて次第に高床の板張りの床となった。17〜19世紀間に初めて農民の身分がある程度まで確立され、同時にまた建築構造と技術の進歩によっ

274、275 扇形と魚形の調節機のついた自在鉤（じざいかぎ）

て農家の建築様式が完成された*261。今日の農家は部分的にはその時代のものから発展したもので、そのうえその時代にできてそのまま伝わっているものも多くある。あちこちにまだ多くの古い農家があり実際は14〜15世紀にできたものなのに一般に「千年家」と呼ばれている*262。

大阪府羽曳野市の吉村邸は16〜17世紀にできたもので*263、近世の富裕な農家の好例である【図290〜294】。吉村家は何代もの間大庄屋であった。その家屋は武家住宅の建築様式、書院造の影響を示している*264。これと並んで今日なお僻地に時々先史時代の農家をおもわせる非常に原始的な段階の農家が残っている【図34、35】。原始的な農家のこれ以上の資料を茶室が示している。それは初期の茶匠がそのモチーフをしばしば古

276 京都、奈良地方の農家のかまど。最大の火穴の上の常緑樹はかまどの神への供物

---

*261 原著者は、現存民家と直接につながる江戸時代の民家を指している。
*262 兵庫県の箱木家住宅や古井家住宅を指している。室町時代建設と推定されている。千年家は、もちろん特に古い民家の美称で、箱木家では16世紀に時の代官から与えられたものとされている。
*263 主屋は江戸時代前期、表門は1798年建設とされている。
*264 床の間つきの座敷についてのことである。影響というよりは、大庄屋で巡検の武士などを迎えるためにそのようにつくらなければならなかったという方が正しいだろう。しかしこの座敷の私用が禁じられていたわけではない。ほかの部屋とともに法事や結婚式、そのほかに使われる。

277　富士山麓の村／東日本

い原始的な農家に求めたからである。

　日本の農家の建築は非常に多様な形をしている。これは列島が東北方向に長く延び、その地勢が非常に変化の多い日本の地理的な位置によるのであろう。それで山脈によって分けられた地方の農家は気候、風景、土地、そして入手できる建築材料、またなお経済状態、各地方の伝統の条件下の永い発展の間に多様になった。しかし農家の平面は各地方で大変違っていても原則はどこも同じである。すなわち矩形の平面で土間とこれに接する高床の4室に分けられた居住部分から成るひとつの主な形がある【図271】。間仕切壁は居住部分の中央に立つ柱から十字形に通っている。この最も簡単に分けられた4室は大体、前室、居間兼台所、客室、寝室として使用される。同様の形式のより大きな家はなおふたつの室があり、大体応接と客室にあてられ、6室が2列になって土間の一方に集まっている。室の間仕切はすべての住宅と同様に主として紙障子または板の引戸で、家の内部は必要に応じて1室とすることができる。室は外部に対して全く開放されている。ただ通常、家の北側にある寝室だけは多くの壁があり、しばしば窓のないこともある。家の日の当たる面には通常縁側がある。そこでよく老婆が孫達と日向ぼっこをし、彼女の息子とその妻が田畑で働いている間家を守っているのが見受けられる。

278〜283　全国にある農家。茅または藁葺屋根*265

　台所以外の室は普通すべて畳敷きであるが、僻地ではしばしば客室のみ畳敷きで、あとの室は板張りのことがある。客室には床の間が設けられ、どの農家にもほかの日本の住宅の多くと同様に神棚と仏壇がある。仏壇の上には家族の位牌がおかれ、神棚には太陽の女神・天照大神と村の守護神の祭壇が祀られている。仏壇は客室または寝室に押入のように造りつけられ、一方神棚は前室の長押の上の棚板の上に設けられている。毎朝仏壇の前に米飯と茶と花を供え朝食前の祈りを捧げる。神棚の前にはこれと違って神酒と神聖な常緑樹（榊）を捧げるが花は供えない。

　居間兼台所は板張りで地面まで掘り込まれた炉がある。この炉の上にやかんや鍋が長短を簡単な仕掛けで自在に加減できる竹の柄で下げられてい

*265　左側の第2、第3を除けば、ほかは養蚕農家と考えられる。2階または屋根裏部屋は蚕室。

284 京都近郊の山村、八瀬村の家々

285 八瀬村の農家

る【図274、275】。米やほかの食物を炊くかまどと流しは普通、土間の一隅にある。京都、奈良地方の農家ではいろいろな穴のあるかまどが美しい大きな半円型の弓形となってつくられている【図276】。かまどはどの地方でも神聖な物として尊ばれた。居間兼台所と土間にはほとんど天井がないので炉やかまどからの煙は屋根裏に自由に上り屋根の煙出しか妻壁から屋外にと出る。

土間は一番多様な用途に使用された。ここで収穫物が加工された。ここは食物と農具の貯蔵庫であった。一方の側にはしばしば厩[*266]が設けられた。

---
*266 「まや」ともいう。馬だけでなく、牛を飼ってもこう称する。

X. 農家

286 奈良地方のある村

土間と高床の居住部分の間の敷居の中央には大黒柱(主な柱)と呼ばれる特に太い柱が立っている。この柱は神聖なものとされ、その太さは家の誇りであった。東北地方やほかの僻地では農家の規模は大きくなり、その平面は上述のものとやや異なっている【図272】。ここでも家は地表と同じ高さの土間と、床の高い部分に分けられた。

287 奈良地方の土蔵のついた農家*267/岸田日出刀教授写真

地表と同じ高さの土間に接して大きな板張りの居間、これに接してふたつの小さい寝室と客室がひとかたまりになっている。板張りの居間には掘りこん

---

*267 主屋は高塀造(たかへづくり)といい、本百姓層以上の農家形式。同様の形式は河内(大阪府)にもある。

199

288　奈良地方の切妻のつらなり　　　　　　289　奈良地方の典型的な切妻屋根

だ大きな炉がある。普通、天井はなく、煙で黒くなった室の木部はよく磨かれ、美しい濃い茶色をしている。

　炉はすべての農家で家屋の中心となっていた。家族は炉の廻りに折りたため移動のできるうすい畳の上に座り、おしゃべりしたり食事をしたり仕事をしたりする。炉の廻りの場所は家族の順位に従って分けられ、主人、主婦、客、使用人にはみなそれぞれの場所が定まっている。主人は土間から見て炉の後方に座る。主婦と客は側方に相対して座り、前者は室の内側に後者は室の外側の場所に座る。男または女の使用人は土間の一番近い場所に座る。

　時には相違しているように見える平面、例えばL字型の平面も本質的にはただ上述の典型的な形式の発展に過ぎない【図273】。

　日本の農家は木造で架構構造である。壁の部分は粘土でできている。地方によって、また経済的条件によって、粘土壁は仕上げられなかったり白い漆喰で塗られたり板を張られたりする。一番美しいのは奈良と大阪地方の農家の特徴である雪のように白い漆喰塗の壁である。農家の外観は屋根によって最も強く決定される。屋根の主材料は茅、藁[268]、柿板と瓦である。この中で茅または藁屋根が古くから最も普及していて農家の代表的な屋根とされている。茅葺屋根は切妻、寄棟、または入母屋と呼ばれる一種の変形屋根に使用される。入母屋屋根は一種の切妻屋根で、その妻に短い降り棟がついたものである。茅または藁の寄棟が一番普及していて、一方より装飾的な意味をもつ入母屋屋根は京都地方と東日本の一部にのみ存在する【図277〜285】。切妻屋根は奈良地方と中部および東部の山地の地方に広まっていて、その中で京都と大阪地方の急勾配の茅葺屋根が最も美しい【図286〜289、291〜294】。奈良と大阪地方の茅葺屋根の特徴は、白い漆喰壁の瓦を葺いた両妻が防火壁を形成し、そしてこの急勾配の茅葺切妻屋根に緩勾配の煙出し小屋根のつい

---

*268　稲藁は使わない。麦藁は稀に使う。ほかに葦（よし）を使う。

X. 農家

290 大阪近傍羽曳野市の吉村邸の平面図
A.主屋 B.長屋 C.倉庫 D.竿の保管所 E.食物庫 F.納屋 G.附属屋
1.土間 2.女中部屋（壁付梯子にて上る中二階）3.台所 4.物置 5.下男部屋（中二階）6.居間（10畳）7.室（6畳）8.食堂（7畳）9.室（8畳）10.茶室 11.客玄関 12.前室 13.応接室 14.次の間 15.畳敷縁側 16.客室 17.広縁 18.縁側 19.客用浴室 20.客用便所 21.納戸 22.土蔵 23.廁下 24.庭 25.更衣室 26.浴室 27.炊場 28.便所 29.予備室 30.次の間 31.更衣室 32.通路 33.納屋 34.小堂
a.かまど b.流し c.水槽 d.仏壇 e.押入 f.木犀 g.床の間 h.付書院 i.手水鉢 j.井戸

BAMBUSWALD：竹藪
GEMÜSEGARTEN：菜園
GRABEN：堀
HAUPTGARTEN：築山庭園
HINTERGARTEN：後庭
VORHOF：前庭

291、292　吉村邸の主屋と長屋門

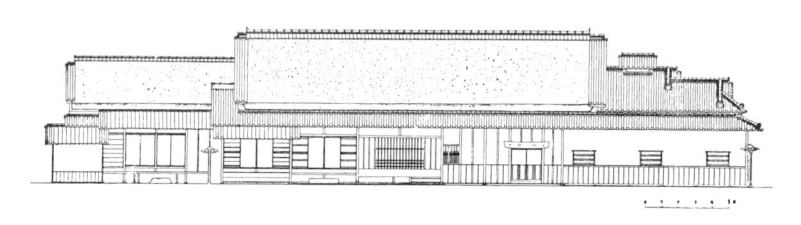

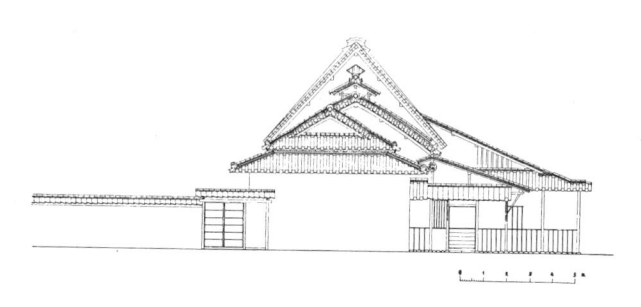

293、294　吉村邸の南および東立面図

た瓦葺屋根がついていることである。既述した大阪府羽曳野市の吉村邸はこのような屋根の代表的な例である。

　中部日本の岐阜県の山中深く白川村に、法外に大きい急勾配の茅葺切妻屋根のついた非常に大きな農家がある【図295～303】。この農家の中の一軒、遠山邸は約200年前に建てられ、22m幅の正面、12mの奥行がある*269。切妻屋根は地面から棟まで約15mの高さがあり4階建てである。切妻面の壁は板が張ってある。1階は今日では15人から成るが、かつては50人もいた大家族

*269　今は1827年建設とされ、規模は22m×13.3m。

が住んでいる。上階はみな主として養蚕に利用され、各階の床は蚕の繭が一階の炉によってよく乾燥されるように竹格子になっている。伝説によればこの村の住人は源氏によって亡ぼされた武士の平一族[*270]の後裔といわれている【第Ⅱ章】。辺地で経済的に恵まれない山地のため[*271]、できるだけ大家族が共同生活する必要があったのでこの巨大な農家ができたのであった。

東日本の山の多い地方の、農家の妻壁には柱、梁、棟梁のような木部構造材の効果

295、296　岐阜県白川村／中部日本

的な構成が見られ、その日光によって茶色になった色彩は白壁とよい対照を見せている。

茅葺屋根の棟の造形は農家の外観の根本的な要素のひとつである。瓦、茅、竹、杉皮などの多種の材料で各地方特有の形をもつ種々の屋根棟の造形が生み出された。三角形の妻壁の傍の棟の上に、もしくは妻壁に種々の煙出しがつき、屋根の棟と共にナイーブな農民の芸術的感覚を示している【図304】。

北方の海岸地方や山間の村落に、緩い勾配の普通柿板葺[*272]で石を重しにのせた切妻屋根がある。これらはヨーロッパのアルプス地方の家々と大変よ

[*270]　平氏（平家）のこと。
[*271]　正しくは谷間で平地が少ないためとする方がよいだろう。構造的にも技術的にも他の地方と同じ水準にある。越中（富山県）とか飛騨高山の大工に依頼して建てられた。
[*272]　柿板葺きでなく、厚板葺きであろう。柿板は何枚も重ねて厚く葺かなければならないから、社寺以外にはとんど使わない。

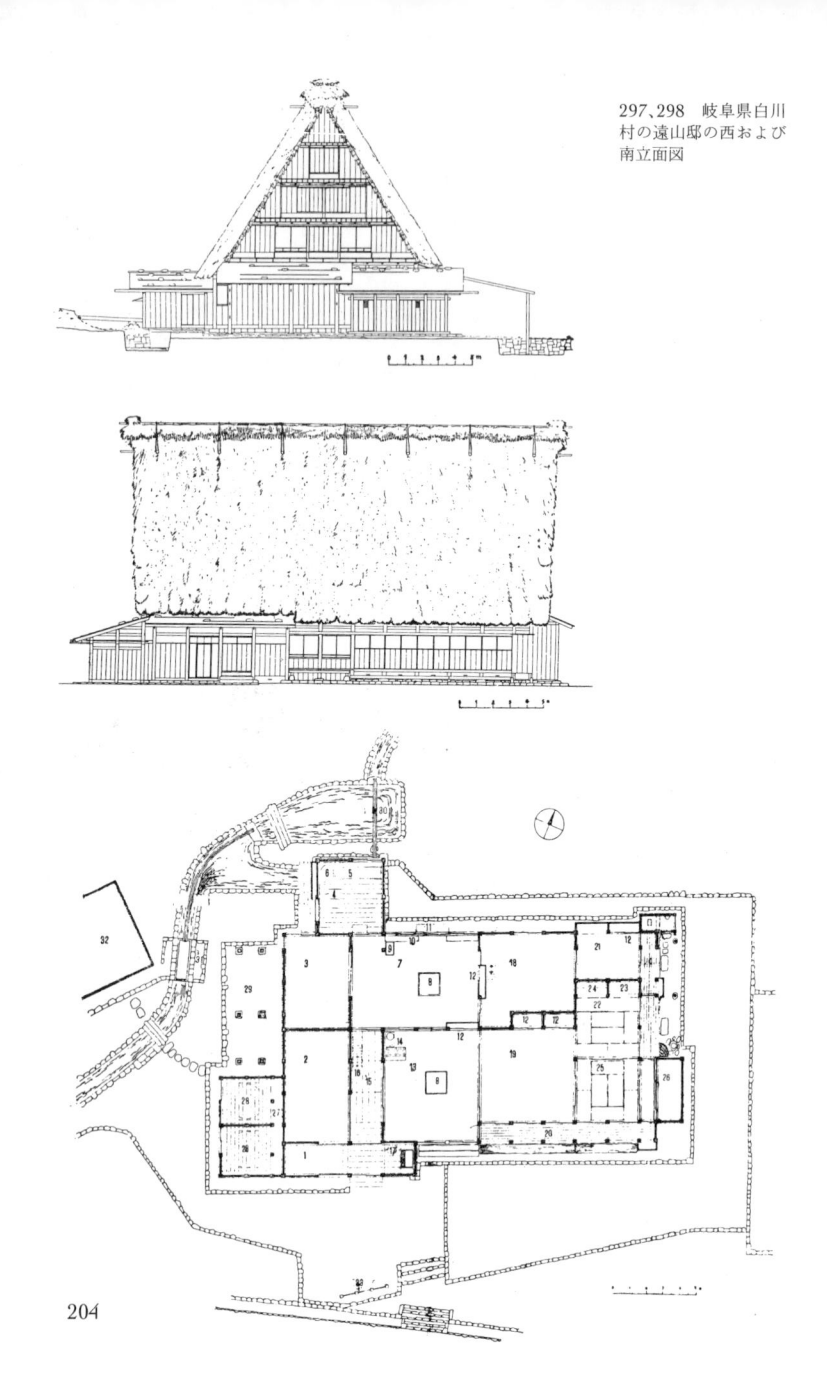

297、298 岐阜県白川村の遠山邸の西および南立面図

X. 農家

300 北方から見た白川村の遠山邸

299 岐阜県白川村の遠山邸の平面図(左)
1.土間 2.厩 3.物置 4.水部屋 5.水桶 6.浴槽 7.台所 8.炉 9.流し 10.棚 11.窓下の押入 12.押入 13.居間 14.かまど 15.板張りの床 16.屋根裏への階段 17.小便所 18.女部屋 19.男部屋 20.縁側 21.家長夫妻の寝室 22.応接・客室 23.床の間 24.棚 25.仏間 26.仏壇 27.便所 28.糞尿槽 29.仕事場 30.木の水道管 31.洗場 32.附属室(仕事場) 33.馬つなぎ場

301 遠山邸の屋根裏階の内部（養蚕に使用される）

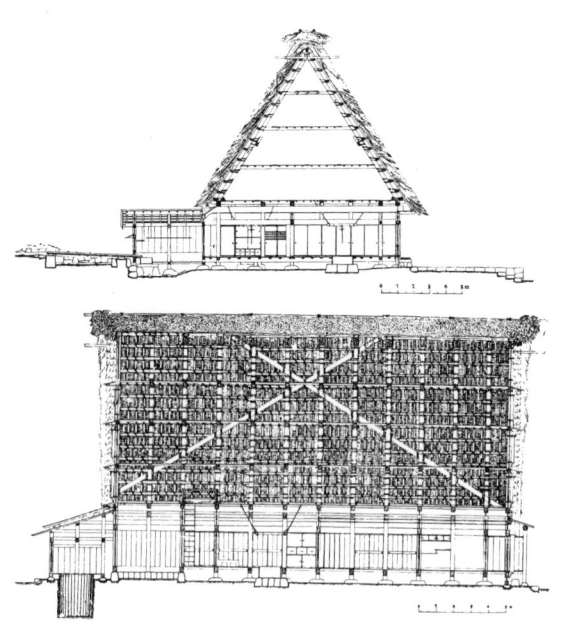

302、303 遠山邸の縦および横断面図

X. 農家

304 日本の農家の棟と妻飾りの2、3の例。棟は瓦または茅、藺草(いぐさ)、杉皮で葺かれ、細い竹や太い竹、割竹、茅束、木片で固定される

く似ている【図305〜307】。西日本の平地の部分では農家は緩い勾配の瓦葺の切妻屋根が多い。これに反して杉の豊かな地方では屋根が杉皮で葺かれ、大きな竹林のある九州では割竹の屋根がしばしば見られる*273。

農家には上述の母屋のほかに穀物蔵、物置、肥料小屋、馬小屋、浴室、便所、そしてそのほか上級の家にはみな耐火的な穀物と家財の倉庫（土蔵）などの附属室がついている。耐火造の倉庫、土蔵は太い木の架構に厚く漆喰を塗ったもので外面は大体白色である【図287】。土蔵の白い壁は農家に裕福さの確実な様子を与え、日本の村落の独特の特徴となっている。敷地の様相と多くの建物相互の位置は村落の形と関連している。

日本の村落には大体においてふたつの主な形式がある。すなわち農家が散在する村落と、家屋が集団となって建っているの

305〜307　長野県の農家と町屋／日本海の佐渡が島の小さな家／中部日本／これらの家の特徴は重しの石を置いた緩勾配の柿板屋根である*274

---

*273　南九州（宮崎県、鹿児島県）を指している。
*274　柿板（へぎ板）でなく、厚い長板とした方がよいようにみえる。小丸太を水平にわたし、石を置き重しとしている。中世の京都や奈良の町屋では、柿板の例が記録には出てくる。

とである。農家の散在する村落では敷地は普通に広く、建物はその中に自由に建っている【図308】。母屋は敷地の中央に南または東面して建っている。母屋の前の日当たりのよい庭は乾燥場に使用される。母屋の後方にはつねに大抵は杉、槲*275などの小さい林があり、風除として役立つと共に燃料や家屋の改善用の建築用材として利用される。

この形式の代表的な例は東京の東端にある武蔵野の台地の畑のある村落である。広い畑地のあちこちに個々の農家がその中に在るのを示す小さい林が見られる。北日本の日本海に面する富山県の平野の中の水田のある村落はほかのよい実例である【図310】。広い水田の中に、同様に高く繁った杉の小さな林がある農家の敷地が、島のように散らばっている。家々は全く森の中にかくれているように見える。これに接する土地はその農家に属するものである。これらの多くの小さい林の中に、時々一段と大きい村落共同体の鎮守の境内の森が目につく。鎮守の祭礼には旗*276が立てられ、森

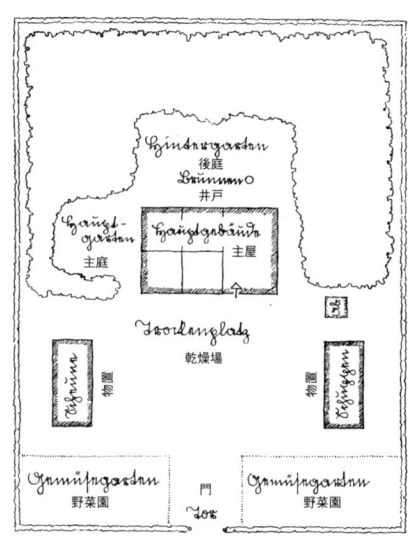

308 建物が散在して建つ農家敷地の一般的な形式

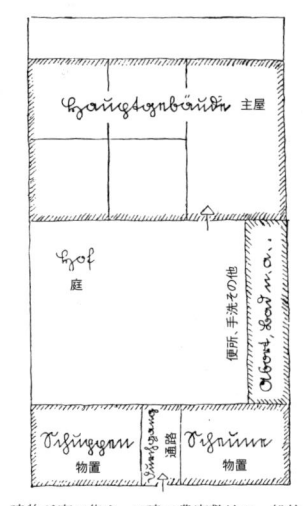

309 建物が家の集まって建つ農家敷地の一般的な形式

---
*275 落葉高木樹。ブナ科の樹。
*276 「のぼりばた」の略。普通は「幟」の字を使う。

310 家屋が散在する富山県のある村落／北日本*277

311、312 京都地方の長屋門

から太鼓の響きが村中に伝わる。神社のない村落はほとんど考えられない。両者の密接な関係には宗教的な祭典と政治との原始時代からの結びつきがずっと生きているのである。家屋が集団となっている村落では敷地は小さく、建物のまとまり方はより都会的である。

　よく道に面して、特に長い中央通路がありその左右が物置、納屋に使われる家のような形の門（長屋門）が建っている。通路から中庭に入るとその後方に母屋が建っている。中庭の周囲には土塀に沿って附属屋が建っている【図309、311、312】。どの敷地も土塀で囲まれているのが普通である。

*277 現在私たちは富山県は中部日本とする。富山県生まれの原著者は、「北日本」とする。原著者の地域感覚がここにみられる。散居村の多いのは、原著者の故郷の砺波（となみ）平野である。

313 高山市の町屋の室内／中部日本

315 新潟県高田市の雁木造り（雪国で軒から庇を出し、その下を通路とするもの）

314 伝統的な町屋の一般的な平面

この形式の代表的な村落は京都と奈良の近傍の平地に見られる。ここでは農家は道路に沿って並んでまとまった集落をなしている。家屋の集団の中から仏寺の大きな瓦屋根が聳えているのが普通である。

　昔から開発された奈良、京都地方で中庭のある農家が発達し、これに対し後に開発された地方では個々に外庭があるのは、古い地中海沿岸の国々で住宅に中庭があり、北の地方では個々の家に外庭があるのと似ているのは興味深いことである。

　漁村の漁民の家は農家とほんの少ししか変わっていない。漁民の生活水準

211

316　武生市の呉服商の家／北日本*278

が農民より低かったので大体農家より粗末で小さい。

　古い都市や町の伝統的な市民もしくは商人の家も、農家と密接な関係があるので簡単に述べる。市民もしくは商人の家は、古くから人口の増大と都市での商業の繁栄に伴って農家から分離して、17〜19世紀に独自の発展をした。幅のせまい奥行の深い敷地に市民の家は互いに密着して建てられた。それらは大体2階建てだが2階は普通低くただ屋根裏部屋として使われた。農家と同様にこれら市民の家は前面から後庭に通ずる土間があり、これに並んで高床の店、居間・寝室・客室などの居住部分がその片側にあったので、道路に面する最初の部屋と後庭に面する最後の室のみに開口があり、この間のほかの室はみな大変暗かった。地表面と同じ高さの通り抜け部分の後部は台所として使われ、かまどと流しがある。後庭には耐火的な倉庫（土蔵または倉）、物置などが建っている。平面はそれで原則は農家と同様で、ただ間口はずっとせまく、奥行はそのため大変深くなっている【図314】。

　市民や商人の家の建築法は農家や一般の住宅と大変似ている。しかし家の正面は侵入に備えて丈夫な格子で守られ、これで市民や商人の家の独特な外観をなしている。冬雪の深くつもる東北地方では、市民や商人の家は冬期に通行できる唯一の歩道であるアーケードがついている。このアーケードは「雁木（がんぎ）」と呼ばれ、たまたまドイツ語の「Gang」と似ている。国のどの地方でも、古い商店の前に美しい家の紋のついたのれんがみられる【図313、315、316】。

---

*278　武生（たけふ）は福井県の都市だから、「北日本」より「中部日本」の方がふさわしい。

結語

　日本建築史を概観してみると、外国文化の積極的な導入と同時代に、伝統の非常に高い評価が特に目立っているように思われる。それゆえ、一方では伊勢神宮が現代に至るまでくり返し再建されたにもかかわらず、その古い形を確保できたのであって、その建築の精神は今日でも日本建築全体の基調音となっている。一方、中国からの仏教建築は、自国の神道の建築を排除することなく導入され、かえって新しい神道の建築の発展の母体となった。仏教建築は次第に日本化され、仏寺の建築は神社の建築と並んでつくられた。この建築における二元論的な、伝統的なものと異国的なものとの存在は、ひとり過去の時代の現象であるのみならず、現代の西欧の建築の導入の場合でも同様である。

　日本建築の最も強い特性のひとつは、建築とそれを囲む自然との密接な結び付きである。建築は自然の中にそれと調和し、一体として融合するようにはめこまれる。自然はそれどころか神社建築とその境内の意義の場合にみられるように、建築自体より本質的な役割を演ずる。恐らくこの中に新しい記念的建築の様式が提起されているのだろう。

　日本建築は主として新鮮な素地のままの木材でつくられ、その建築は単純明快である。構造的な建築の骨格はかくされず、同時に美的な形態として使われる。装飾的要素および色彩はわずかである。それで材料の質感は完全にその効果を発揮し、建築の外も内も単純さと清純さを反映している。日本の人類の文化への独特の貢献として、このような様子で他の国々の文化には表現されていない「清純性」を特筆したのは、ドイツの建築家、故ブルーノ・タウト氏であった。

　日常生活の芸術的な形式は日本文化のその他の特性のひとつであり、建築にもあらわれている。ほとんどすべての日本の建築様式は日常的な性格をもち、記念的ではない。住宅は日本建築の主流であり、日本的な本性をもっとも明確に反映している。左右対称のような純形態的なものではなく、家の合

213

目的性と機能が決定的なものである。

　規格化は早くから実施され、建設過程の単純化と迅速性を目指した。しかしこのことの中には、日本人が制限された型の中でつつましく彼の個性を発揮するために、型に従うことがまた表現されている。建築家の小我はそれで制限され、日本の建築はあの落ち着いた、控えめな、倫理的な美しさを発展させることができたのであった。

　この日本建築の特性は、恐らく日本ばかりでなく、他の国々の新しい建築にも、道を示すことができるであろう。

訳者のことば

　この本は日本人の著書であるのに、その翻訳という奇妙なことになっている。それは次のような事情によるものである。

　1956年に世を去られた吉田鉄郎氏がドイツのワスムート社から出版された、『日本の住宅』『日本の建築』『日本の庭園』の三部作がすぐれた著書で、日本文化の紹介に大きな功績があったことは、日本にも逆輸入されて一部の建築家の間にはよく知られていたことであった。

　これらの本を日本でも出版したいとは誰しも考えたことであったが、ドイツ語に堪能で、ブルーノ・タウトの著書を数冊訳されたこともあった吉田さんが、直接ドイツ語で書き下されたもので日本語の原稿はなく、そのため出版され広く読まれる機会がないまま今日まで過ぎてきたのであった。

　たまたま1968年に『吉田鉄郎建築作品集』が刊行され、その完成報告会が催された席上で、谷口吉郎先生が、これらの本を訳して出版するのは弟子達の任務だと発言されたのが、作品集の編集の一員であった私に本書の翻訳を決心させる動機となった。

　もとよりドイツ語を専門とするものではないし、語学力に自信があるわけでもないが、弟子のひとりとして吉田さんの日本建築に対する考え方はしばしばうかがっていたので、まんざら不適任でもあるまいし、御恩返しの一部にもなるかと考えたからである。

　3冊の中で『日本の建築』をとりあげたのは、吉田さんの建築観が一番よく表現された力のこもったもののように思われたし、1953年建築学会賞を授与されたように高く評価されているからである。

　本書の内容については吉田さんの序文、また本書に転載した、建築学会賞受賞に際して書かれた「拙著『日本の建築』について」で述べられているのでふれないが、今回翻

訳に当たって初めて熟読して、吉田さんの透徹した建築観によって、誠に整然と手際よくまとめられているのに今さらのようにようやく驚き、尊敬の念を新たにしたような次第である。

　私のいつわらざる実感として岡倉天心の『茶の本』に匹敵する名著ではないかと思ったのであった。

　本書は建築史の専門的な学術書ではなく、東京、大阪、両中央郵便局を始め数々のすぐれた作品を残し、日本の現代建築の基礎を築いた偉大な建築家であった著者の、芸術家としての鋭い眼で観察した日本建築の本質の歴史である点に最大の価値がある。また西洋建築についても深い造詣をもった著者が、西洋建築と関連をもった広い視点から日本建築を考察しているのも大きな特徴とされよう。

　設計に従事している人、また設計を志す建築学科の学生諸君には是非読んで戴きたいし、また造形芸術に興味をもたれる方々が日本建築についての知識を求められる場合にも、大分以前に書かれたものであるにもかかわらず今日も本書に勝るものはないと信ずる。

　訳するに当っては、原文ドイツ語に忠実に、直訳に近くするように努めた。吉田さんの書かれた日本文のように訳する自信は到底ないからである。そのため日本文としては多少読みづらい点があるかと思うが御許し願いたい。

　内容については私としては全力を尽くして誤りのないように努力したつもりである。

　本書の出版以後の研究によって原文に誤りが生じた点、その他については訳註で訂正することとし、伊藤ていじ博士に特に御願いして校閲して戴いた。厚く感謝の意を表する次第である。

　本書に載せられた写真は、吉田さんの鋭い眼によって厳重に選択されたものであって、いわば日本建築の傑作集ともいうべきもので、本書で占める役割は非常に大きいものであるが、出版当時の事情で止むを得使用したと思われる不鮮明で、複写に耐えられないようなもの十数図は止むを得ず差し替えることにした。写真を全部、撮影し直すのが理想的であると思ったが、これに要する時日、および同

一の状態のものが現在とれるか、特に民家の集落などについては大いに疑問があるので断念せざるを得なかった。

図版は大部分、本書出版当時新たに作製されたもので、見事に統一されているのも本書の大きな特色である。特に配置図の表現は著者独特の個性的なもので、そのフリーハンドの大部分と、ドイツ文字の書き入れは著者自筆のものと聞いている。

本の大きさ、図面の配置も原著と同じくしたいと考えていたが、東海大学出版会と打ち合わせの結果、写真を複写するためにはその大きさを縮めざるを得ない技術的な問題と、原著通りでは広く一般の方に読んで戴くにはあまりに高価になってしまうので、東海大学文化選書の一編として、小さい版でかつ上下2巻に分けて、手軽に求められるような形式とすることになった。

本全体が芸術的に構成されている原著の体裁を変更するのは吉田さんに対して誠に申し訳ないことであるが、この名著を広く多くの方々に読んで戴くためには止むを得ないこととして、普及版のつもりで御許しして戴きたいと思っている。副題をつけたのも全く同一の理由によるものである。

私のつたない翻訳の仕事が、吉田さんの日本建築の見方、考え方を広く紹介するのに御役にたてば、弟子のひとりとして喜びこれに過ぎるものはない。東海大学出版会の方々とくに、編集の草野恵子さんには一方ならぬ御厄介になり心から感謝する次第である。

1972年7月　薬師寺厚

註解者のことば

　1952（昭和27年）、吉田鉄郎の『Japanische Architektur』が刊行された。印刷はドイツで、出版社はチュービンゲンのErnst Wasmuth社である。私たちは、学生時代から単に「ワスムート社」と通称していた。

　この本の日本語版の出版権は、東海大学出版会に与えられていることが、東海大学出版会版に英文で明記されている。その日本語版が同大学出版会から刊行されたのは、20年後の1972〜73（昭和47〜48）年である。翻訳者は、薬師寺厚さんである。この方は「訳者のことば」として私が校閲したと書かれているが、そういう大げさなことをしたわけではない。

　また吉田鉄郎さんのこの本が東海大学出版会から出版されたのには、逓信省人脈をぬきにして語ることができない。東海大学創立者の松前重義さん、同大学の教授で理事であった山田守さん、翻訳者の薬師寺厚さん、および『日本の住宅』（1935年）の翻訳者代表ともいうべき向井覺さんも、すべて逓信省の官吏だった人たちである。私は東海大学の先生にならないかと誘われたけれど、勘弁してもらった。実をいうと私は、山田守さんと同郷、同中学、同四高、同帝国大学で、あの方は私の生家に遊びに来ていたのである。私はそれを頼りとしているかのように、もし誤解されることがあるとしたら嫌だったから、お会いしたことはないということにしよう。

　今回、鹿島出版会から31年ぶりに再版されることになり、監修を依頼された。ふたりの若い編集者がおいでになったけれど、人柄がいいのが何よりも気に入ったし、上から「自由にやれ、それがよい結果を生む」と言われていると聞いて、私は気分をよくした。

　しかし私は、「監修」は、この本にとってふさわしくないと考えたから、「註解」ということにしてもらった。今は「注

解」と書く場合が多いようだが、薬師寺さんは「訳者註」と「註」の字を使われているので、私も薬師寺さんのそれと平仄(ひょうそく)を合わせて、註の字とすることにした。古来両漢字とも使われていて、どちらが正しいというものではない。

　註解とする最大の理由は、吉田鉄郎さんのドイツ語も、薬師寺さんの日本語版も、もう日本建築史の「古典」になっていると、私にはみえるからである。
　この建築史は、大学の教育で使われるアカデミックな教科書となるようなものでない。この本には、様式論もなければ、技術・技法論もない。これは、誰が見ても昭和の前半期にモダニズム建築を信奉し実務活動で表現した吉田鉄郎というひとりの建築家の建築文化論を、歴史的な時間をたどりながら自らの哲学として告白・宣明した本のようにみえる。したがってそこには、モダニズムの思想的反映としての日本の伝統建築の姿が、映し出されている。
　でも今はもう、モダニズムを自分の設計思想だと公言する人もいないだろう。ポスト・モダンの時代さえ、遠く過ぎ去ってしまっている。とはいいながらモダニズムは、いつか来た道として踏みしめ、その洗礼を浴びることなくして、未来を語るわけにはいかないだろう。その過程は、たしかに建築を志す人の通過儀礼のようなものと言ってよい。

　吉田鉄郎さんは、1894（明治27）年5月18日富山県生まれ。同じ年、岐阜県西部（西濃という）に、堀口捨己さん（1895年1月6日の早生まれ）と山田守さん（1894年4月8日）が生まれている。堀口さんの家は、私の家から東北へ車で20分くらい。山田守さんは東南へ車で20分くらい。私は生まれていなかったが、私の家の屋敷に書院座敷が竣工していた。そしてそこに最初の客として、山田さんの叔父が住まいなしていた。
　東海三県は、「佐幕派」だ。明治・大正といえば薩長・土佐の連中が政権を握っている。大臣にはなれそうにない。そこで若者たちは理工医系へ進もうという気になる。

しかし吉田さんは、前田藩の地である。佐幕派の連中のような対抗意識をもたないで済む。そこには外様としての自由がある。そうして堀口さんは六高へ、山田さんは四高へ来て吉田さんと顔を合わせることになる。

1891（明治24）年、第四高等中学校の本館が完成する。赤煉瓦の2階建て。延床面積は約1,000m^{2}ほど。

生徒は最終学年つまり3年になると、この本館2階に入ることになる。吉田さん、山田さんはぴかぴかのこの建物に入ったわけだ。そして『日本の住宅』を翻訳した向井さんもいたわけで、私は彼と同じ教室だったのである。

生徒は、うしろからアイウエオ順に席が決められている。私は「イ」だから、窓ぎわの隅の席。吉田さんや山田さんは「ヤ」行だから、向井さんの「ム」と同じで、前の方の席、もしかしたら最前列かもしれない。

授業が終われば、白線帽、朴歯下駄、マント姿のばんから野郎が、香林坊、兼六園、浅野川、卯辰山へと繰り出して、放歌・吟唱する。吉田さんだって、私の時代とそう変わるとも思えない。

吉田さんが東京帝大の建築学科への道を選んだのは、どうしてか知らない。もともと越中は、江戸時代に出稼ぎ大工の多いところで、清水建設、佐藤工業、松井建設の創業者の出身地である。名棟梁として名の知れていた松井角平さんも、吉田さんより3年おくれて東京帝大を卒業している。でもそういう風土が、吉田さんを建築への道を進めたのか。どうもそういうこととは関係ないように、私にはみえる。要するに建築デザインが好きだったということであろう。

1919（大正8）年、吉田さんが、建築学科を卒業する。同級生は17名。そしてこの本に写真を提供している堀口捨己、岸田日出刀、藤島亥治郎、市浦健、関野克さんは、吉田さんにとって大学の後輩で、「おい、写真を使わせてくれ」と気らくに言える人たちである。

ちょっと考えてほしい。1894年生まれの3人のうち、吉田さんが1919年の卒業で、山田さんと堀口さんは1年お

くれでの卒業である。これはどうしたのか。

　人はみななま身の人間だ。神様のちょっとした手違いで、人生は大きく変わることがある。早い話が、3月31日生まれだったら今年入学で、翌日の4月1日に生まれたら、入学は翌年まわしだ。浪人、留年、病気、飛び級など、理由のせんさくなど、ここではかかわりない。

　問題は、大学の卒業年次は、吉田さんが1919（大正8）年で、山田守さんは堀口捨己さんと同じで翌1920（大正9）年である。こうして卒業年次の違いが、ふたりを逓信省に入省することを可能にしたともいえる。なぜなら卒業生数が16、7名のとき、いくら逓信省がふたりほしいといったとしても、東京帝大は「ふたりあげよう」とはかんたんに言わないだろう。

　ところが翌1920（大正9）年には、山田守さんのほかに森泰治さんが入省している。これはどうしてか。この年の10月2日「臨時電信電話建設局」が設置されているから、この年の割りあてをふたりにしたのか。本当の理由は知らない。

　しかし山田さんは〈東京中央電信局〉、吉田さんは〈東京中央郵便局〉の設計に携わったということぐらいは、記憶にとどめておいてよいだろう。戦後、逓信省の業務は、電信電話系（現NTT）と郵政系とに二分されていく。でもここではまだ大正年間の話だ。予兆というと、洞察力があまりにもよすぎる。

　大学は学生を配給していたのである。少なくとも私の時代までは、「おい、伊藤くん、内務省に決めておいたから、挨拶に行ってこい」。そういう調子だった。吉田さんや山田さんだって、そうかもしれないと想像する。「私は肺病です」と答えたら、主任教授の渡辺要さんから怒られた。

　ドイツ語版の『日本の建築』を見たのは、出版直後であると思う。正確には見せてもらったのである。さっと広げて最初に目に映ったのは「厳島神社の鳥瞰図」（本書図68）である。日本語版では小さくなっていて、その味は分かりにくいけれど、ドイツ語版は大きい。

　何よりも幾千とも知れない波が、ひとつひとつ丁寧に画

かれている。社殿の平面図だけならせいぜい一日仕事だ。波には途方もない日時をかけられている。多分丸ペンに墨インクを使われていたのだと思うけれど、厳島神社に出会った時の感動を頭と全身にみなぎらせながら、息を止め描きつづけられていたのだと想像する。そしてこの作業によって、厳島神社の社殿は、生き生きと海の上に浮かぶことになったのである。CADで描いた図面が「製品」であるとすれば、吉田さんの図面は「芸術品」である。

そして私は思い出す。四高時代の「図学」の授業を。図学とともに学ぶのが、製図とドイツ文字スタイルのペン書きである。吉田さんの時代だって変わるとも思えない。これがまたきびしいのだ。担任の星野信之先生はきびしい点をつけるので、その先生のただの1課目だけで落第する人がいた。でも図面の手書きには、生まれつきの得手、不得手がある。吉田さんは得手だったのは、確かだろう。

吉田さんの大学卒業時は、ひとつの転換期であったようにみえる。前年に第一次世界大戦は終わり、同年に辰野金吾が、翌年にJ. コンドルがこの世を去った。1年後輩の6名の学生が「分離派建築会」を結成し分離派運動を起こしていた。明治の巨匠時代はほとんど終わりをつげようとし、明治の建築にフラストレーションを起こしていた連中は、新しい活動を始めていたのである。そして吉田さん卒業後の1923（大正12）年の関東大震災は、その分離を決定的なものにしたようにみえる。

1931（昭和6）年、吉田さんの手になる〈東京中央郵便局〉が竣工する。逓信省に入ってから12年目である。この建築についての評価については、多くの方々がすでに書かれていて、私がここで書くことはない。実をいうと私は、太平洋戦争中の1942年、この建物を見学させてもらった。そして別れぎわに、東京駅とつながっている地下道を案内してもらった。向こうからは、1台の台車がやってきた。思えばこのころは、吉田さんが『日本の建築』の戦前の稿はでき上がっていて、新しい改定稿に入られる中間の時期であったようにみえる。そういうことは、今回はじめて想

像できた。

　この光栄ある仕事は、吉田鉄郎さんおよび薬師寺厚さんがおられて、初めてできたのである。でも今はこの世を去られている。それに同級生の向井覺さんにもお世話になっている。造本にあっては、鹿島出版会の川嶋勝、川尻大介さんにはお世話になった。記して御礼を申しあげる次第である。

2003年7月　伊藤ていじ

付記：
　本書の刊行にあたっては、たくさんの方々のお世話になりました。
　刊行をご快諾くださった原著者のご遺族、吉田尚之・登美子ご夫妻、訳者のご子息で鎌倉女子大学教授の薬師寺國人先生に厚く御礼申し上げます。また、30年振りの再刊をご許可くださった東海大学出版会の編集課長・三浦義博氏は、初版の訳書の編集担当でもあり、大変なご協力をいただきました。訳出作業の原本は、国際交流基金図書館の蔵書を使用させていただき、同図書館の栗田淳子さんにご便宜を頂戴しています。
　近江榮、向井覺、矢作英雄、大川三雄、田所辰之助の諸先生方には、前書『建築家・吉田鉄郎の『日本の住宅』』につづき、今回も企画の段階からさまざまなかたちでご指導をいただきました。
　そして、本書9ページの献辞に挙げられた「三浦百重（ももしげ）博士」とは、原著者の主治医であったことを矢作先生に教えていただき、その経歴を京都大学教授の林拓二先生にご教示いただきました。記して感謝の意を表します。

索引

( )＝図版番号
この索引は原書の項目立てにならって作成した。
原書ではローマ字表記のように日本語の読み方がつづられている。

【ア】

赤堀村[あかぼりむら] (28〜32)
赤松[あかまつ] 17
明障子[あかりしょうじ] 147, 156
足利氏[あしかがし] 34, 36, 104, 147
足利時代[あしかがじだい] 34
足利尊氏[あしかがたかうじ] 34
足利幕府[あしかがばくふ] 34
足利義政[あしかがよしまさ] 34, 149, 167, 168
足利義満[あしかがよしみつ] 34, 147
飛鳥[あすか] 28, 108
飛鳥時代[あすかじだい] 28, 30
安土城[あづちじょう] 129
天照大神[あまてらすおおみかみ] 48, 53, 57, 197
雨戸[あまど] 159
阿弥陀(仏)[あみだ(ぶつ)] 93, 95, 97, 100
阿弥陀堂[あみだどう] 93〜96, 99, 104, (125)
家形埴輪[いえがたはにわ] 44, (28〜32)
石落[いしおとし] 133
出雲[いずも] 27, 51, 57
出雲大社[いずもたいしゃ] 43, 51, (38〜41)
伊勢神宮[いせじんぐう] 18, 27, 46, 51, 53, 57, 70, 213, (33, 44〜50)
厳島神社[いつくしまじんじゃ] 32, 61, 65, 66, (68〜75)
入母屋[いりもや] 200
内露地[うちろじ] 187, 189
姥山[うばやま] (22)
裏千家[うらせんけ] 175, (241〜243, 252, 254)
栄西[えいさい] 99, 100, 167
栄山寺[えいざんじ] 90, (104〜106)
江戸[えど] 5, 20, 22, 31, 38, 39, 106, 138, 139, 161, 162, 164, 174, (178, 179)
江戸時代[えどじだい] 22, 31, 35, 37, 39, 102, 195
江戸城[えどじょう] 108, 134, 135, 138, 161, (174, 175)
円覚寺[えんがくじ] 102
延暦寺[えんりゃくじ] 92, 105
応仁時代[おうにんじだい] 35, 157
黄檗宗[おうばくしゅう] 106
大国主命[おおくにぬしのみこと] 51
大阪[おおさか] 37, 77, 108, 130, 136, 138
大阪城[おおさかじょう] 129, 132, (162, 164) 明治以前は「大坂」と書くのが正しいがここでは区別しない
太田道灌[おおたどうかん] 135
大津[おおつ] 108
大鳥神社[おおとりじんじゃ] 53, (42)
大鳥造[おおとりづくり] (42)
織田有楽[おだうらく] 171
織田信長[おだのぶなが] 36, 105, 127, 129, 157, 171
表千家[おもてせんけ] (253, 255)
園城寺[おんじょうじ] 154, 157, (188)

【カ】

神楽殿[かぐらでん] 74, 145, (44, 48, 58, 63)
掛物[かけもの] 183
囲[かこい] 168, 176
橿原神宮[かしはらじんぐう] 125, (160)
春日大社[かすがたいしゃ] (57〜62)
春日造[かすがづくり] 58, 61, (51)
春日山[かすがやま] 60, 61

225

勝魚木[かつおぎ]　44〜46, 56〜58
桂川[かつらがわ]　114, 164, 165, (195)
桂離宮[かつらりきゅう]　125, 160, 164, 166, 175, (4, 5, 195〜208, 226〜236, 245, 246, 251, 256〜258)
鎌倉[かまくら]　31, 33, 99, 100, 102
鎌倉時代[かまくらじだい]　32, 33
鎌倉幕府[かまくらばくふ]　34, 35, 99
神[かみ]　48, 57, 74
上賀茂神社[かみがもじんじゃ]　▶賀茂神社[かもじんじゃ]
上之茶屋[かみのちゃや]　166
賀茂川[かもがわ]　61, 64
賀茂神社[かもじんじゃ]　61, 64, (53, 64〜67)
賀茂御祖神社[かもみおやじんじゃ]　▶賀茂神社[かもじんじゃ]
賀茂別雷神社[かもわけいかずちじんじゃ]　▶賀茂神社[かもじんじゃ]
唐様[からよう]　30, 34, 102, 149
寛永寺[かんえいじ]　106
勧学院[かんがくいん]　157
雁木[がんぎ]　212, (315)
鑑真[がんじん]　89　ドイツ語版では「Kanshin:かんしん」とするが、現行の読みにかえる
観音堂[かんのんどう]　95
桓武天皇[かんむてんのう]　31, 91, 114
貴人口[きにんぐち]　182　ドイツ語版では「Kijin-guchi:きじんぐち」となっている
北山殿[きたやまどの]　147, 149
几帳[きちょう]　145
吉備津神社[きびつじんじゃ]　66, (80)
客殿[きゃくでん]　146, 154, (188〜190)
経蔵[きょうぞう]　61, 80, 87, 95, 102, (95, 126)
京都[きょうと]　31, 33〜37, 39, 40, 64, 77, 91, 100, 104, 106, 114, 120, 124, 125, 140, 145, 146, 157, 164, 175, (136)
京都御所[きょうとごしょ]　125, 145, (140〜160)
清滝堂[きよたきどう]　▶清滝堂拝殿(せいりゅうどうはいでん)
清水寺[きよみずでら]　92, (113〜117)
木割法[きわりほう]　25

金閣[きんかく]　147, 149, 167, (187)
銀閣[ぎんかく]　147, 149, 167
空海[くうかい]　91, 110, 112
熊本[くまもと]　(181)
組物[くみもの]　80
蔵[くら]　212　▶土蔵[どぞう]
九輪[くりん]　▶相輪[そうりん]
黒松[くろまつ]　17
外宮[げくう]　53, 57, (48〜50)
月光殿[げっこうでん]　157, (191)
月波楼[げっぱろう]　164, (195)
ケヤキ、欅[けやき]　17
玄関[げんかん]　139, 158, (173, 192, 215, 250, 290)
源氏[げんじ]　33, 203
建仁寺[けんにんじ]　104
光浄院[こうじょういん]　154, 157, (188〜190)
高台寺[こうだいじ]　(19)
講堂[こうどう]　78
弘仁時代[こうにんじだい]　28
興福寺[こうふくじ]　40, (83, 133)
弘法大師[こうぼうだいし]　91, 92
光明皇后[こうみょうこうごう]　85, 89, 140
高野山[こうやさん]　92
国分寺[こくぶんじ]　30, 85
護国寺[ごこくじ]　110, 157, (191)
腰掛[こしかけ]　44, 184, 188, 193, (195, 197, 250, 254〜258)
古書院[こしょいん]　164, 165, (197, 198, 205, 206)
孤篷庵[こほうあん]　175, (238〜240)
小堀遠州[こぼりえんしゅう]　159, 165, 166, 174, 175, 187
権現造[ごんげんづくり]　67, 70
金剛峯寺[こんごうぶじ]　92
金色堂[こんじきどう]　96, 99, (124)
金堂[こんどう]　78, 79, 83, 84, 86〜90, 92, 94〜96, 103, 110, (83〜85, 95, 101, 110, 111)
今日庵[こんにちあん]　175

【サ】

最澄[さいちょう] 91
堺[さかい] 105, 169
里内裏[さとだいり] 113, 124
佐野神社[さのじんじゃ] (82)
寂び[さび] 169, 170, 182, 193
佐味田[さみだ] 42, (24～27)
サワラ, 椹[さわら] 16, 17, 170, (2)
山雲床[さんうんしょう] 175, (238) 「じょう」と濁音の場合もある
三渓園[さんけいえん] 166, (192, 214)
三十三間堂[さんじゅうさんげんどう] ▶ 蓮華王院[れんげおういん]
三の丸[さんのまる] 130
三宝院[さんぽういん] 158
三門[さんもん] 100, (126)
慈照寺[じしょうじ] 34, 147, 149, 168
紫宸殿[ししんでん] 92, 117, 121, 122, 124, 125, 145, (139, 140, 142～149)
下地窓[したじまど] 179, (243)
四天王寺[してんのうじ] 77～79, 85, (83)
蔀戸[しとみど] 142, 143, (154, 155)
下賀茂神社[しもかもじんじゃ] ▶ 賀茂神社[かもじんじゃ]
下之茶屋[しものちゃや] 166, (209)
舎利殿[しゃりでん] 102
修学院離宮[しゅがくいんりきゅう] 125, 164, 166, (209～213)
十輪院[じゅうりんいん] 105, (132)
寿月観[じゅげつかん] (209～211)
珠光[じゅこう] 167～169
聚光院[じゅこういん] (248)
主殿[しゅでん] 120～122, 146, 154, 156, 157
主殿造[しゅでんづくり] 154
聚楽第[じゅらくだい] 130, 157, 160, 161, (163)
如庵[じょあん] 107, (222～225)
書院[しょいん] 131, 132, 147, 149, 154, 156～158, 160, (172, 173, 188, 197, 215, 240)
書院造[しょいんづくり] 35, 134, 154, 157～161, 164, 167～169

条[じょう] 109, 111, (133, 134)
笑意軒[しょういけん] 164, (195, 245, 246)
紹鷗[じょうおう] 169, 193 ドイツ語版では「Shōō：しょうおう」となっている
松琴亭[しょうきんてい] 164, 175, (195, 226～236)
将軍[しょうぐん] 16, 20, 22, 35, 39, 104, 135, 136, 146, 161, 162
相国寺[しょうこくじ] 104
障子[しょうじ] ▶ 明障子[あかりしょうじ]
正倉院[しょうそういん] 18, 30, 46, 88, 89, (10～13)
定朝[じょうちょう] 97
聖徳太子[しょうとくたいし] 28, 77, 78, 83, 90
浄土寺[じょうどじ] (109)
聖武天皇[しょうむてんのう] 18, 57, 81, 84, 86, 89, 95
浄瑠璃寺[じょうるりじ] 93
鐘楼[しょうろう] 80, 87, 95, 102, (95, 126)
白河天皇[しらかわてんのう] 96
白川村[しらかわむら] 202, (295～303)
真言宗寺院[しんごんしゅうじいん] 91, 93 ドイツ語版索引では「Shingon-Tenple」とあり、東海大学出版会版では「真言の寺院」としている
新書院[しんしょいん] 164, 165, (197～199, 207)
寝殿[しんでん] 33, 141, 142, 145, 146
寝殿造[しんでんづくり] 32, 65, 66, 97, 111, 123, 131, 140, 145～147, 149, 154, 156, 157, (183～185, 188)
神明造[しんめいづくり] 53, 57, 61, 71
新薬師寺[しんやくしじ] 90, (107, 108)
水煙[すいえん] 86, (93)
スギ, 杉[すぎ] 17, 53, 56, 61, 208, 209
数寄屋[すきや] 16, 35, 37, 176
朱雀大路[すざくおおじ] 108～111, 118, 123, (133～135)
朱雀門[すざくもん] 111, (137)
須佐之男命[すさのおのみこと] 51
簾[すだれ] 121, 122, 143, 180, (154, 155)
住吉大社[すみよしたいしゃ] 53, (39, 40, 43)
住吉造[すみよしづくり] (43)
清滝堂拝殿[せいりゅうどうはいでん] (78, 79)

清涼殿［せいりょうでん］ 122, 125, 145, (139, 140, 142, 149～157)
摂社春日若宮［せっしゃかすがわかみや］ 145, (57, 58, 63)
禅［ぜん］ 25, 32～34, 104, 147
禅宗寺院［ぜんしゅうじいん］ 100, 102～105, 167, (126)
千丈閣［せんじょうかく］ (68)
仙洞御所［せんとうごしょ］ 125, (247, 250) ドイツ語版では「Sendō：せんどう」となっている
千宗旦［せんのそうたん］ 175
千利休［せんのりきゅう］ 37, 160, 169～171, 174, 175, 179, 181, 187, 192, 193
増上寺［ぞうじょうじ］ 106
総門［そうもん］ 100, (126)
相輪［そうりん］ 79, 86, 92, (92)
蔵六庵［ぞうろくあん］ (209, 210)
蘇我氏［そがし］ 28, 29
祖師堂［そしどう］ 104
外露地［そとろじ］ 187, 189

【タ】

待庵［たいあん］ 171, (219～221)
大覚寺［だいかくじ］ (18) ドイツ語版では「Daigaku-ji：だいがくじ」と発音されているが、「Daikaku-ji」と濁らない発音の方が正しい
大極殿［だいごくでん］ 51, 90, 120, 122, (138)
大黒柱［だいこくばしら］ 199
醍醐寺［だいごじ］ 66, 96, 158, (17, 78)
大社造［たいしゃづくり］ 51, 53, 57, 58, (41)
大嘗宮［だいじょうぐう］ 46, (36, 37)
大内裏［だいだいり］ 90, 111, 113, 118, 119, (137)
大徳寺［だいとくじ］ 102, 104, 175, (126, 237～240, 248)
対屋［たいのや］ 141, 142, 145, (183)
大名［だいみょう］ 20, 22, 136, 138, 139, 162, 171, 174, (176, 177)
大(台)目畳［だいめだたみ］ 176, 184
平清盛［たいらのきよもり］ 66
内裏［だいり］ 108, 111, 113, 121, 124, (137, 139)
高田［たかだ］ (180, 315) ドイツ語版では「たかた」の発音にしている。今は上越市のうちの地名であるが、東海大学出版会版刊行時は高田市であった
宝塚［たからづか］ 42
橘夫人［たちばなふじん］ 81, 140
橘［たちばな］ 124, (142)
棚［たな］ 131, 147, 149, 156, 157, 186, (172, 173, 188, 192, 197, 210, 215, 226, 235, 236, 250, 299)
多宝塔［たほうとう］ 91, 92, (109)
多聞［たもん］ 132
談山神社［だんざんじんじゃ］ 59, (54, 55)
千木［ちぎ］ 46, 56, 58
茶［ちゃ］ 167
茶臼山［ちゃうすやま］ 44
着到殿［ちゃくとうでん］ (58, 59)
茶室［ちゃしつ］ 13, 16, 21, 35, 37, 159, 167～193, (140, 209, 210)
茶亭［ちゃてい］ 159, (226, 247)
茶庭［ちゃにわ］ 13, 167～193
茶の湯［ちゃのゆ］ 24, 34, 37, 159, 160, 167～170, 174, 179, 183, 186, 187, 189, 191, 193
中書院［ちゅうしょいん］ 164, 165, (197～199, 202, 208)
中尊寺［ちゅうそんじ］ 96, 99, (124)
(仏寺の)中門［ちゅうもん］ 78
(寝殿造の)中門［ちゅうもん］ 141
(茶庭の)中門［ちゅうもん］ 189
中門廊［ちゅうもんろう］ 142, 143, (188)
重源［ちょうげん］ 103
聴秋閣［ちょうしゅうかく］ 166, (214～217)
朝集堂［ちょうしゅうどう］ 90, 119, (138)
帳台構［ちょうだいがまえ］ 131, 156, (172, 173, 188)
朝堂院［ちょうどういん］ 90, 111, 119～122 (137, 138)
勅使門［ちょくしもん］ (17, 126)
衝立［ついたて］ 145, 168
ツガ、栂［つが］ 17
突上窓［つきあげまど］ 180
蹲踞［つくばい］ 190, (221, 224, 258～263)

坪[つぼ] 109
釣殿[つりどの] 141,(115〜117,183)
手燭石[てしょくいし] 191
伝教大師[でんぎょうだいし] 91,92
天守(閣)[てんしゅ(かく)] 129〜131,133〜135,138
天台宗寺院[てんだいしゅうじいん] 91,93
伝法堂[でんぽうどう] 81,140
天龍寺[てんりゅうじ] 104
塔[とう] 78
東京[とうきょう] 19,20,22,33,39,40,67,71,135,139,157,161,209,(174,175,178,191)
東求堂[とうぐどう] 149,168
道元[どうげん] 99
洞庫[どうこ] (224,243,244)
東照宮[とうしょうぐう] 16,67,70,(81)
東照大権現[とうしょうだいごんげん] 70
東大寺[とうだいじ] 18,30,33,34,51,57,79,85,86,88〜90,95,103,106,(3,83,95〜99,100,127〜130,133)
銅鐸[どうたく] 42,43,(23)
東福寺[とうふくじ] 104
遠山邸[とおやまてい] 202,(297〜303)
徳川家光[とくがわいえみつ] 67,135,175
徳川家康[とくがわいえやす] 37,67,135,158
徳川氏[とくがわし] 37,67,129,134,135,175
徳川幕府[とくがわばくふ] 67,106,164,166,174
床の間[とこのま] 131,147,156,157,177,183,184,193,195,197,(172,173,188,192,197,210,213,215,219,221,222,224,226,233,234,236,239,243,244,250,290,299)
土蔵[どぞう] 22,208,212,(6〜8,287,290)
飛石[とびいし] 165,190〜192,(250)
智仁親王[ともひとしんのう] 164
豊受大神[とようけのおおかみ] 53
豊臣氏[とよとみし] 36,67,106,134,157
豊臣秀吉[とよとみひでよし] 36,37,67,70,105,106,127,129,138,157〜159,169,171,193,(19)
鳥居[とりい] 51,54,57,61,65,72,73,75,(44,45,48,57,58,64,68)

【ナ】

内宮[ないくう] 53,(44〜47)
長岡[ながおか] 31,92,114
中大兄皇子[なかのおおえのおうじ] 29
中之茶屋[なかのちゃや] 166,(212,213)
中柱[なかばしら] 184,(224,226,236,244)
長屋門[ながやもん] 139,210,(292,311,312)
流造[ながれづくり] 58,59,61,64,71,(51〜53)
名古屋城[なごやじょう] 130
難波[なにわ] 77,108
奈良[なら] 18,27〜31,40,42,59,77,84〜86,90,91,108,112,114,117〜119,139,140,198,200,211
寧楽京[ならきょう] 112,(133) ドイツ語版では「Nara-kyō」とされているが、薬師寺訳本文では「平城京」と書かれている場合も多い
奈良時代[ならじだい] 28〜32,57,72,81,108,110
南禅寺[なんぜんじ] 104
南大門[なんだいもん] 78,83,86,103,(127〜130)
西本願寺[にしほんがんじ] 132,134,158,160,(171)
二条城[にじょうじょう] 129,134,158,162,(165,166,172,173,214)
躙口[にじりぐち] 181,(221,224,226,236,243,244)
日光[にっこう] 16,67,70,(81)
瓊瓊杵尊[ににぎのみこと] 51
二の丸[にのまる] 130,134,(166)
二の丸御殿[にのまるごてん] ▶二条城[にじょうじょう]
日本橋通り[にほんばしどおり] 139 ドイツ語版では「Nipponbashi-dōri」と発音させている。ここでは通称に変えた

仁徳天皇陵[にんとくてんのうりょう]　27,（9）ドイツ語版では仁徳陵「Nintoku-Mausoleum」としている
塗籠[ぬりごめ]　145, 156

【ハ】

拝殿[はいでん]　54, 61, 65〜67, 72〜74, 120, 125, 145,（48, 58, 68, 76〜79, 160）
萩城[はぎじょう]　（170）
八角堂[はっかくどう]　90,（104〜106）
法堂[はっとう]　102,（126）
羽曳野市[はびきのし]　195, 202,（290〜294）ドイツ語版では「Takawashi-mura」であるが、訳者によって上記のような現在の地名に改められている
飛雲閣[ひうんかく]　160,（218）
比叡山[ひえいざん]　92, 105, 166
東山時代[ひがしやまじだい]　34
庇[ひさし]　124, 143, 182,（142, 145）
檜材[ひのきざい]　17, 18, 23, 32, 54, 83,（2, 154）
ヒバ、檜葉[ひば]　17
姫路城[ひめじじょう]　130,（167, 168）
平等院[びょうどういん]　96,（15, 16, 121, 122）
屏風[びょうぶ]　145,（162, 163, 184）
平泉[ひらいずみ]　32, 99,（124）
檜皮[ひわだ]　▶ 檜皮屋根[ひわだやね]
檜皮屋根[ひわだやね]　23, 58, 59, 66, 92, 122, 142, 165,（154）
伏見城[ふしみじょう]　130, 134, 158
藤原京[ふじわらきょう]　108
藤原清衡[ふじわらのきよひら]　99
藤原氏[ふじわらし]　32, 61, 66, 94, 123
藤原時代[ふじわらじだい]　28, 93
藤原道長[ふじわらのみちなが]　94
藤原頼通[ふじわらのよりみち]　96
襖[ふすま]　18, 143, 156, 183,（18, 221, 232, 234, 236）
仏殿[ぶつでん]　78,（126）
豊楽院[ぶらくいん]　119, 120,（137）

古田織部[ふるたおりべ]　171, 174, 187, 192
平安京[へいあんきょう]　141,（134〜139）
平安時代[へいあんじだい]　31, 114, 116, 123, 124
平安神宮[へいあんじんぐう]　120
平氏[へいし]　32, 33, 203　ドイツ語版では「Taira-Familie：たいらし」となっている
平城京[へいじょうきょう]　▶ 寧楽京[ならきょう]
坊[ぼう]　109, 111,（133, 134）
鳳凰[ほうおう]　96, 97,（15）
鳳凰堂[ほうおうどう]　96, 97, 99,（15, 16, 121〜123）
法興寺[ほうこうじ]　77
豊国廟[ほうこくびょう]　67
法勝寺[ほうしょうじ／ほっしょうじ]　96
北条氏[ほうじょうし]　33, 34
法成寺[ほうじょうじ]　94〜96
忘筌[ぼうせん]　175,（239, 240）
法隆寺[ほうりゅうじ]　18, 77, 79, 83,（83〜89）
法隆寺東院[ほうりゅうじとういん]　90, 140,（87, 102, 103）
法界寺[ほっかいじ]　96, 99,（125）
法華堂[ほっけどう]　88〜90,（98〜100）
本丸[ほんまる]　130, 134,（166）

【マ】

前石[まえいし]　191
桝形[ますがた]　133
桝組[ますぐみ]　22, 80
待合[まちあい]　187, 188, 192, 193,（250, 254〜258）
松本城[まつもとじょう]　（169）
客人神社[まろうどじんじゃ]　65,（68）
万寿寺[まんじゅじ]　104
御簾[みす]　▶ 簾[すだれ]
水屋[みずや]　186,（192, 197, 210, 224, 226, 247〜250, 290）
御手洗[みたらし]　74
密庵[みったん]　175,（237）ドイツ語版では「Mitsu-an」となっている
源頼朝[みなもとのよりとも]　33

妙喜庵[みょうきあん]　171, (219〜221)
妙心寺[みょうしんじ]　104
陸奥・藤原[むつ・ふじわら]　32
室生寺[むろうじ]　92, (110〜112)
室町時代[むろまちじだい]　32, 34, 37
明治維新[めいじいしん]　37, 39, 71, 106
明治神宮[めいじじんぐう]　71
明治天皇[めいじてんのう]　39, 71
桃山時代[ももやまじだい]　36
桃山城[ももやまじょう]　▶伏見城[ふしみじょう]
母屋[もや]　124, 142, 143, 208〜210, (28, 142)

瑠璃光寺[るりこうじ]　105, (131)
蓮華王院[れんげおういん]　93, (118〜120)
連子窓[れんじまど]　154, 179
鹿苑寺[ろくおんじ]　147
露地[ろじ]　187, 189

【ワ】

侘び[わび]　▶寂び[さび]

【ヤ】

薬師[やくし]　83, 84
薬師寺[やくしじ]　85, 114, (83, 90〜94, 133)
薬師堂[やくしどう]　95
八瀬村[やせむら]　(284, 285)
大和地方[やまとちほう]　27, 77
大和朝廷[やまとちょうてい]　27
又隠[ゆういん]　175, (241〜243)
又新亭[ゆうしんてい]　(247, 250)
雄略天皇[ゆうりゃくてんのう]　45
悠紀殿[ゆきでん]　(36, 37)
湯桶石[ゆとういし]　191
湯原八幡神社[ゆはらはちまんじんじゃ]　(56)
夢殿[ゆめどの]　90, (102)
用明天皇[ようめいてんのう]　83
吉村邸[よしむらてい]　195, 202, (290〜294)
四丈殿[よじょうでん]　(44, 45, 48)
寄付[よりつき]　187

【ラ】

楽只軒[らくしけん]　(212, 213)　ドイツ語版では「Rakuji-ken:らくじけん」となっている
利休[りきゅう]　▶千利休[せんのりきゅう]
龍光院[りゅうこういん]　175, (237)
臨春閣[りんしゅんかく]　160, (192〜194, 249)

[上・中]
吉田鉄郎著
『JAPANISCHE ARCHITEKTUR』
(日本の建築)
Ernst Wasmuth(エルンスト・ヴァスムート)/
チュービンゲン/1952年
本体:タテ268ミリ、ヨコ216ミリ

[下]
薬師寺厚訳
『日本の建築──その芸術的本質について I・II』
東海大学文化選書/1972〜73年/
東海大学出版会
本体:四六判(タテ182ミリ、ヨコ127ミリ)
第2版では合本されて一冊となった。「訳者のことば」のように、この訳書初版では図版の一部を差し替え、縦組みのレイアウトとなっている(装丁:道吉剛)。今回の再刊にあたっては、すべての図版は原書から複写し、原書のレイアウトを踏襲した。

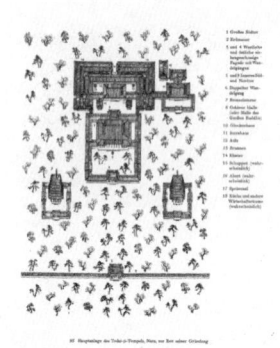

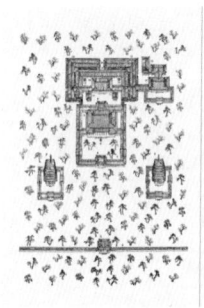

【原著者】**吉田鉄郎** よしだ・てつろう
建築家。一八九四年富山県生まれ。一九一五年第四高等学校卒業。十九年東京帝国大学建築学科卒業後、逓信省経理局営繕課に勤務。四六年日本大学教授、四九年脳腫瘍発病、五六年逝去（享年六二歳）。建築作品に〈東京中央郵便局〉〈馬場鳥山別邸〉〈大阪中央郵便局〉など。著書に『日本の住宅』『日本の建築』『日本の庭園』のドイツ語三部作（独ヴァスムート社）『吉田鉄郎建築作品集』（同行会編）東海大学出版会など。一九五二年度日本建築学会賞受賞（著書『Japanische Architektur』）。

【訳者】**薬師寺厚** やくしじ・ひろし
建築家。一九一三年東京小石川生まれ（父・主計［かずえ］も倉敷市・大原美術館などで知られる建築家）。三四年武蔵高等学校卒業。三七年東京帝国大学建築学科卒業。逓信省技師、郵政省建築部長、東海大学講師、フジタ工業（現・フジタ）専務、東京建築士会理事などを歴任。九八年逝去（享年八五歳）。建築作品に〈羽田空港郵便局〉一九五六年度日本建築学会賞受賞（京都中央郵便局〉〈京都保険局〉。著書に『建築設計原論』東海大学出版会『建築設計製図』美術出版社など。

【註解者】**伊藤ていじ** 本名・伊藤鄭爾
建築史家。一九二二年岐阜県生まれ。四二年第四高等学校卒業。四五年東京大学工学部建築学科卒業。工学博士。ワシントン大学客員教授、工学院大学学長・理事長などを歴任し、現在、同大学顧問。著書に『中世住居史』東京大学出版会、『日本の民家』（共著者・二川幸夫）A.D.A. EDITA Tokyo、『日本デザイン論』鹿島出版会、『日本の庭園』講談社インターナショナル（The Gardens of Japanとして英語版も刊行）『重源』新潮社など。一九六〇年度日本建築学会賞受賞。

SD選書 238

建築家・吉田鉄郎の『日本の建築』
JAPANISCHE ARCHITEKTUR, 1952

発行　二〇〇三年一〇月一〇日　第一刷©
　　　二〇〇四年　五月二〇日　第二刷

訳者　薬師寺厚
註解者　伊藤ていじ
発行者　新井欣也
印刷　半七写真印刷工業
製本　牧製本
発行所　鹿島出版会
　　　一〇七-八三四東京都港区赤坂六丁目五番地一三号
　　　電話　〇三(五六一)二五五〇
　　　振替　〇〇一六〇-二-一八〇八三

方法の如何を問わず、全部もしくは一部の複写・転載・無断転載を禁じます。
乱丁・落丁本はお取りかえいたします。
ISBN4-306-05238-9　C1352　Printed in Japan

URL http://www.kajima-publishing.co.jp
E-mail info@kajima-publishing.co.jp

本書に関するご意見・ご感想は左記までお寄せください。

179*	風土に生きる建築		若山滋著
180*	金沢の町家		島村昇著
181*	ジュゼッペ・テッラーニ	B・ゼーヴィ編	鵜沢隆訳
182	水のデザイン	D・ベーミングハウス著	鈴木信宏訳
183*	ゴシック建築の構造	R・マーク著	飯田喜四郎訳
184	建築家なしの建築	B・ルドフスキー著	渡辺武信訳
185	プレシジョン（上）	ル・コルビュジエ著	井田安弘他共訳
186	プレシジョン（下）	ル・コルビュジエ著	井田安弘他共訳
187	オット・ワーグナー	H・ゲレツェッガー他共著	伊藤哲夫他共訳
188	環境照明のデザイン		石井幹子著
189	ルイス・マンフォード		木原武一著
190	「いえ」と「まち」		鈴木成文他著
191	アルド・ロッシ自伝	A・ロッシ著	三宅理一訳
192	屋外彫刻	M・A・ロビネット著	飛田範夫訳
193	『作庭記』からみた造園		千葉成夫著
194	トーネット曲木家具	K・マンク著	宿輪吉之典訳
195	劇場の構図		清水裕之著
196	オーギュスト・ペレ		吉田鋼市著
197	アントニオ・ガウディ		鳥居徳敏著
198	インテリアデザインとは何か		三輪正弘著
199*	都市住居の空間構成		東孝光著
200	ヴェネツィア		陣内秀信著
201	自然な構造体	F・オットー著	岩村和夫訳
202	椅子のデザイン小史		大廣保行著
203	都市の道具	GK研究所、榮久庵祥二著	
204	ミース・ファン・デル・ローエ	D・スペース著	平野哲行訳
205	表現主義の建築（上）	W・ペーント著	長谷川章訳
206	表現主義の建築（下）	W・ペーント著	長谷川章訳
207	カルロ・スカルパ	A・F・マルチャノ著	浜口オサミ訳
208	都市の街割		材野博司著
209	日本の伝統工具	土田一郎著	秋山実写真
210	まちづくりの新しい理論	C・アレグザンダー他	難波和彦監訳
211	建築環境論		岩村和夫著
212	建築計画の展開	W・M・ペニャ著	本田邦夫訳
213	スペイン建築の特質	F・チュエッカ著	鳥居徳敏訳
214	アメリカ建築の巨匠たち	P・ブレイク著	小林克弘他共訳
215	行為・文化とデザイン		清水忠男他共著
216	環境デザインの思想		三輪正弘著
217	ボッロミーニ	G・C・アルガン著	長谷川正允訳
218	ヴィオレル・デュク		羽生修二著
219	トニー・ガルニエ		吉田鋼市著
220	住環境の都市形態	P・パヌレ他共著	佐藤方俊訳
221	古典建築の失われた意味	G・ハーシー著	白井秀和訳
222	パラディオへの招待		長尾重武著
223	ディスプレイデザイン		白井秀和訳
224	芸術としての建築	S・アバークロンビー著	白井秀和訳
225	フラクタル造形		三井秀樹著
226	ウィリアム・モリス		藤田治彦著
227	エーロ・サーリネン		穂積信夫著
228	都市デザインの系譜		清家清序文
229	サウンドスケープ		鳥越けい子著
230	風景のコスモロジー		吉村元男著
231	庭園から都市へ		材野博司著
232	都市・住宅論		東孝光著
233	ふれあい空間のデザイン		清水忠男著
234	さあ横になって食べよう	B・ルドフスキー著	多田道太郎監修
235	間（ま）──日本建築の意匠		神代雄一郎著
236	都市デザイン	J・バーネット著	兼田敏之訳
237	建築家・吉田鉄郎の『日本の住宅』		吉田鉄郎著
238	建築家・吉田鉄郎の『日本の建築』		吉田鉄郎著

086	建築2000	C・ジェンクス著	工藤国雄訳
087	日本の公園	田中正大著	
088*	現代芸術の冒険	O・ビハリメリン著	坂崎乙郎他共訳
089	江戸建築と本途帳		西和夫著
090*	大きな都市小さな部屋		渡辺武信著
091	イギリス建築の新傾向	R・ランダウ著	鈴木博之訳
092*	SD海外建築情報V		岡田新一編
093*	IDの世界		豊口協著
094*	交通圏の発見		有末武夫著
095	建築とは何か	B・タウト著	篠田英雄訳
096	続住宅論		篠原一男著
097*	都市の景観	G・カレン著	北原理雄訳
098*	SD海外建築情報VI		岡田新一編
099*	都市空間と建築	U・コンラーツ著	伊藤哲夫訳
100*	環境ゲーム	T・クロスビイ著	長谷川堯訳
101*	アテネ憲章	ル・コルビュジエ著	吉阪隆正訳
102*	アメリカ建築の新方向	L・ベネヴォロ著	松平誠訳
103*	プライド・オブ・プレイス	シヴィック・トラスト著	横山正訳
104*	構造と空間の感覚	F・ウィルソン著	井手久登他共訳
105*	現代民家と住環境体	H・ゼーデルマイヤ著	山本学治他共訳
106	光の死		大野勝彦著
108*	近代都市計画の起源		森洋子訳
107*	アメリカ建築の新方向	R・スターン著	鈴木一訳
109*	中国の住宅	劉敦楨著	田中淡他共訳
110*	現代のコートハウス	D・マッケイントッシュ著	北原理雄訳
111*	モデュロールI	ル・コルビュジエ著	吉阪隆正訳
112	建築の史的原型を探る	B・ゼーヴィ著	鈴木美治訳
113*	西欧の芸術1 ロマネスク上	H・フォシヨン著	神沢栄三他共訳
114	西欧の芸術1 ロマネスク下	H・フォシヨン著	神沢栄三他共訳
115	西欧の芸術2 ゴシック上	H・フォシヨン著	神沢栄三他共訳
116			

117	西欧の芸術2 ゴシック下	H・フォシヨン著	神沢栄三他共訳
118	アメリカ大都市の死と生	J・ジェイコブス著	黒川紀章訳
119	近代建築の失敗		P・ブレイク著 六鹿正治訳
120	人間の家	ル・コルビュジエ他共著	西沢信弥他共訳
121*	街路の意味	R・ダットナー著	神谷五男他共訳
122*	パルテノンの建築家たち	R・カーペンター著	竹山実著
124	ライトと日本	B・ゼーヴィ著	松島道也訳
125	空間としての建築（上）	B・ゼーヴィ著	栗田勇訳
126	空間としての建築（下）	B・ゼーヴィ著	栗田勇訳
127*	かいわい「日本の都市空間」		材野博司監訳
128	歩行者革命	S・ブライネス他共著	岡並木監訳
129	オレゴン大学の実験	C・アレグザンダー著	宮本雅明訳
130	都市はふるさとか	F・レンツロ=マイス著	武基雄他共訳
131	建築空間「尺度について」	P・ブドン著	中村貴志訳
132	タリアセンへの道	V・スカーリーJr.著	長尾重武訳
133	都市VS.ハウジング	M・ボウリー著	谷川正己訳
134	思想としての建築		栗田勇著
135*	人間のための都市	P・ペータース著	河合正一訳
136	都市憲章		磯村英一著
137*	巨匠たちの時代	R・バンハム著	山下泉訳
138	三つの人間機構	ル・コルビュジエ著	山口知之訳
139	インターナショナル・スタイル	H・R・ヒチコック他共著	武沢秀訳
140	北欧の建築	S・E・ラスムッセン著	吉田鉄郎訳
141	続建築とは何か	B・タウト著	篠田英雄訳
142	四つの交通路	ル・コルビュジエ著	井田安弘訳
143	ラスベガス	R・ヴェンチューリ他共著	石井和紘他共訳
144	ル・コルビュジエ		佐々木宏訳
145	デザインの認識	C・ジェンクス他共著	加藤常雄訳
146	鏡「虚構の空間」	R・ソマー著	由水常雄著
147	イタリア都市再生の論理		陣内秀信著

148	東方への旅	ル・コルビュジエ著	石井勉他訳
149	建築鑑賞入門	W・W・コーディル他共著	六鹿正治訳
150	近代建築の失敗	P・ブレイク著	星野郁美訳
151*	文化財と都市		関野克著
152	日本の近代建築（上）その成立過程		稲垣栄三著
153*	日本の近代建築（下）その成立過程		稲垣栄三著
154	住宅と宮殿	ル・コルビュジエ著	井田安弘訳
155	イタリアの現代建築	V・グレゴッティ著	松井宏方訳
156	バウハウス「その建築造形理念」		杉本俊多著
157	エスプリ・ヌーヴォー「近代建築名編」	ル・コルビュジエ著	山口知之訳
158	建築について（上）	F・L・ライト著	谷川睦子他共訳
159	建築について（下）	F・L・ライト著	谷川睦子他共訳
160*	建築形態のダイナミクス（上）	R・アルンハイム著	乾正雄訳
161	建築形態のダイナミクス（下）	R・アルンハイム著	乾正雄訳
162	見えがくれする都市		栗田勇他共著
163	環境計画論	G・パーク著	田村明著
164	都市の景観		長素連他共訳
165*	アドルフ・ロース		伊藤哲夫著
166*	空間と情緒		箱崎総一著
167	水空間の演出		鈴木信宏著
168	モラリティと建築	D・ウトキン著	榎本弘之訳
169*	ペルシア建築	A・U・ポープ著	石井昭訳
170	ブルネルスキ ルネサンス建築の開花	G・C・アルガン著	浅井朋子訳
171*	装置としての都市		月尾嘉男著
172	建築家の発想		石井和紘著
173	日本の近代建築構造		石村貞三著
174	建築の多様性と対立性	R・ヴェンチューリ著	伊藤公文訳
175	広場の造形	C・ジッテ著	大石敏雄訳
176	西欧建築様式史（上）	F・バウムガルト著	杉本俊多訳
177	西欧建築様式史（下）	F・バウムガルト著	杉本俊多訳
178	木のこころ 木匠回想記	G・ナカシマ著	神代雄一郎他共訳

SD選書目録

四六判（*＝品切）

- 001 現代デザイン入門　勝見勝著
- 002 現代建築12章　L・カーン他共著　山本学治編
- 003 都市とデザイン　栗田勇著
- 004 江戸と江戸城　内藤昌著
- 005 日本デザイン論　伊藤ていじ著
- 006 ギリシア神話と壺絵　沢柳大五郎著
- 007 フランク・ロイド・ライト　谷川正己著
- 008 きものの文化史　河鰭実英著
- 009 素材と造形の歴史　山本学治著
- 010 今日の装飾芸術　ル・コルビュジエ著　前川国男訳
- 011 コミュニティとプライバシイ　C・アレグザンダー他共著　岡田新一訳
- 012 新桂離宮論　内藤昌著
- 013 日本の工匠　伊藤ていじ著
- 014 現代絵画の解剖　木村重信著
- 015 ユルバニスム　ル・コルビュジエ著　樋口清訳
- 016 デザインと心理学　穐山貞登著
- 017 私と日本建築　A・レーモンド著　三沢浩訳
- 018 現代建築を創る人々　神代雄一郎編
- 019 芸術空間の系譜　高階秀爾著
- 020 日本美の特質　吉村貞司著
- 021 建築をめざして　ル・コルビュジエ著　吉阪隆正他共訳
- 022 メガロポリス　J・ゴットマン著　木内信蔵他共訳
- 023 日本の庭園　田中正大著
- 024 明日の演劇空間　A・コーン著　尾崎宏次訳
- 025 都市形成の歴史　星野芳久訳
- 026 近代絵画　吉川逸治訳
- 027 イタリアの美術　A・オザンファン他著　中森義宗訳
- 028 明日の田園都市　E・ハワード著　長素連訳
- 029 移動空間論　川添登著
- 030 日本の近世住宅　平井聖著
- 031 新しい都市交通　B・リチャーズ著　曽根幸一他共訳
- 032 人間環境の未来像　W・R・イーウォルド編　磯村英一他共訳
- 033 輝く都市　ル・コルビュジエ著　坂倉準三訳
- 034 アルヴァ・アアルト　武藤章著
- 035 幻想の建築　坂崎乙郎著
- 036 カテドラルを建てた人びと　J・ジャンベル著　飯田喜四郎訳
- 037 日本建築の空間　井上充夫著
- 038 環境開発論　加藤秀俊著
- 039 都市と娯楽　H・カーヴァー著　志水英樹訳
- 040 郊外都市論　藤岡謙二郎著
- 041 都市文明の源流と系譜　榮久庵憲司著
- 042 道具考　岡崎文彬著
- 043 ヨーロッパの造園　H・ヘルマン著　岡寿麿訳
- 044 未来の交通　D・H・カーンワイラー著　千足伸行訳
- 045 古代技術　藤井正一郎訳
- 046 キュビスムへの道　近代建築再考　篠原一男著
- 047 近代建築再考　篠原一男著
- 048 古代科学　J・L・ハイベルク著　平田寛訳
- 049 住宅論　S・カンタクシーノ著　山下和正訳
- 050 ヨーロッパの住宅建築　清水馨八郎・服部銈一共訳
- 051 都市の魅力　大河直躬著
- 052 東照宮　中村昌生著
- 053 茶匠と建築　中村昌生著
- 054 住居空間の人類学　石毛直道著
- 055 空間の生命　人間と建築　坂崎乙郎著
- 056 環境とデザイン　G・エクボ著　久保貞訳
- 057 日本美の意匠　水尾比呂志監訳
- 058 新しい都市の人間像　R・イールズ他共編　木内信蔵監訳
- 059 京の町家　島村昇他共編
- 060 都市問題とは何か　片桐達夫訳
- 061 住まいの原型I　泉靖一編
- 062 コミュニティ計画の系譜　R・バーノン著　佐々木宏著
- 063 近代建築　V・スカーリー著　長尾重武訳
- 064 SD海外建築情報I　岡田新一編
- 065 SD海外建築情報II　岡田新一編
- 066 天上の館　J・サマーソン著　鈴木博之訳
- 067 木の文化　小原二郎著
- 068 SD海外建築情報III　岡田新一編
- 069 地域・環境・計画　水谷頴介著
- 070 都市虚構論　池田亮二著
- 071 現代建築事典　W・ペント編　浜口隆一他日本語版監修
- 072 ヴィラール・ド・オヌクールの画帖　藤本康雄著
- 073 タウンスケープ　T・シャープ著　藤本庸也訳
- 074 現代建築の源流と動向　L・ヒルベルザイマー著　渡辺明次訳
- 075 部族社会の芸術家　M・W・スミス編　木村重信他共訳
- 076 キモノ・マインド　B・ルドフスキー著　新庄哲夫訳
- 077 住まいの原型II　吉阪隆正他共編
- 078 実存・空間・建築　C・ノルベルグ＝シュルツ著　加藤邦男訳
- 079 SD海外建築情報IV　岡田新一編
- 080 都市の開発と保存　上田篤・鳴海邦碩共編
- 081 爆発するメトロポリス　W・H・ホワイト他共著　小島将志訳
- 082 アメリカの建築とアーバニズム(上)　V・スカーリー著　香山壽夫訳
- 083 アメリカの建築とアーバニズム(下)　V・スカーリー著　香山壽夫訳
- 084 海上都市　菊竹清訓著
- 085 アーバン・ゲーム　M・ケンツレン著　北原理雄訳